智·慧·爱
Sapientiae et Cordi

了 解 和 爱 ， 终 将 成 就 一 切 ！

重新来过
Just Another kid

［美］桃莉·海顿（Torey Hayden）著

陈诗纮 译

图书在版编目（CIP）数据

重新来过／（美）海顿著；陈诗纮译.—北京：华夏出版社，2015.1
（桃莉老师疗愈成长之旅）
书名原文：Just another kid
ISBN 978-7-5080-8329-2

Ⅰ.①重… Ⅱ.①海…②陈… Ⅲ.①问题儿童-儿童教育 Ⅳ.①G765

中国版本图书馆CIP数据核字(2014)第290326号

Just Another kid by Torey Hayden
Copyright © 1988 by Torey L.Hayden
Simplified Chinese translation copyright © 2015
By Huaxia Publishing House
Published by arrangement with Curtis Brown Ltd.
through Bardon-Chinese Media Agency
ALL RIGHTS RESERVED
版权所有，翻印必究
北京市版权局著作权合同登记号：图字 01-2014-2481

重新来过

作　　者	（美）桃莉·海顿	译　　者	陈诗纮
责任编辑	马　颖	特约编辑	王春林
责任印制	刘　洋		

出版发行	华夏出版社
经　　销	新华书店
印　　刷	北京市建筑工业印刷厂分厂
装　　订	三河市少明印务有限公司
版　　次	2015年1月北京第1版　2015年4月北京第1次印刷
开　　本	880×1230　1/32开
印　　张	11.375
字　　数	177千字
定　　价	39.80元

华夏出版社 网址：www.hxph.com.cn 地址：北京市东直门外香河园北里4号 邮编：100028 若发现本版图书有印装质量问题，请与我社营销中心联系调换。电话：（010）64663331（转）

推荐序

学习倾听孩子的声音

21世纪,随着互联网的飞速发展,世界愈加扁平,各种资讯以及教育理念以前所未有的强度冲击着我们。育儿的话题在当今的中国变得越来越引人关注,也越来越重要。第一代的独生子女如今已经为人父母。在仍然以传授知识、考试测评为教育主线的中国,孩子的压力越来越大,反抗也越来越大。家长们一方面渴望孩子快乐成长,另一方面又难以抗拒整个社会的潮流,站在孩子的身后,举着考试的大旗打压着孩子们。

前日参加一个活动,有一个讨论是关于"如何做高效能父母"的话题。家长们七嘴八舌,提出了一大堆的建议。我却在想,也许,我们都需要安静下来,学习倾听孩子的声音。

桃莉·海顿,被美国教育界盛誉为"爱的奇迹天使",她的这套"桃莉老师疗愈成长之旅"都是从孩子的角度展开的,让我们这些糊涂的自以为是的大人有机会听到孩子们的声音,帮助我们贴近孩子那颗敏感的心,了解他们的需要和被爱的方式。

我非常感谢自己在芬兰的育儿经历,因为是个"外来母亲",什么都不懂,所以必须倾听(即使如此,也常常做不到很好的倾听)。

在某种程度上，女儿教会了我很多。记得女儿12岁左右的时候，喜欢上了一个西方的摇滚歌星。这个歌星的所有造型，都让我有一种心惊肉跳的感觉。我非常担心女儿的"喜欢"，试图了解她为什么会以这样一个"不正派"的歌星为偶像。女儿却说，他在台上的打扮和表演只是一种渲泄，是他情绪或生命中的一个部分。她还批评我（和很多中国家长）以貌取人。可是，我依然不明白，这个摇滚歌星渲泄的哪一部分引起了一个12岁孩子的共鸣，当时非常担心（现在我越来越理解一个孩子成长过程中的困扰）。此后，我们也偶尔会为这件事展开讨论，直到她15岁的某一天，我们又谈起这个歌星，她跟我说了不久前发生的一件事：有一个青少年持枪伤人，而他恰是这个歌星的粉丝。这件事引起各种媒体的关注，甚至有一种声音质疑歌星的音乐对青少年的负面引导。有人采访这个歌星，问："如果你有机会对这个孩子说几句话，你会说什么？"他静默片刻，回答道："我什么也不会说，我会倾听。"女儿说："妈妈，你不觉得他是一个很有智慧的人吗？"

是的，倾听的力量超出你的想象！在这个充斥着各种声音和各种理念的噪杂世界里，"倾听"也许是我们需要学习的一个重要技能。

无论你是家长还是老师，如果你心里有爱，并愿意用对的方式支持到你所爱的孩子，不妨打开这套书，在桃莉·海顿的帮助下，走进孩子的内心世界，开始学会倾听。看看你是否能够听到他渴望长大的声音，听到他内心的无助和他的需求，他的自豪和喜悦，体会到他在生命初期学习生存技能的那份努力和不易。

如果我们能够带着深深的爱，细心地倾听，全然地信任，耐心地陪伴，也许，生命就会展现给你一个奇迹！

芬兰富尔曼儿童技能教养法中国推广第一人：李红燕

目 录

1 意外的开始 _ 001
2 我需要一位助理 _ 010
3 酗酒的母亲 _ 021
4 家庭问题 _ 034
5 和泰勒博士谈话 _ 047
6 冲 突 _ 059
7 复仇天使 _ 066

8 敞开心扉 _ 075
9 助理利德布洛克 _ 088
10 教室里的"搏斗" _ 099
11 得力助手 _ 111
12 猴子布偶 _ 123
13 完美演出 _ 128
14 家 访 _ 134

15 童年创伤_145

16 进步的讯息_154

17 毁掉的城堡_163

18 席梦娜的笑声_173

19 我真的在乎！_180

20 半夜来电_188

21 戒酒协议_196

22 席梦娜说话了_209

23 表达困难_217

24 "我像是你的另一个孩子"_228

25 生日蛋糕_241

26 化脓的脚趾头_256

27 "汤姆，别把我当孩子对待！"_275

28 自我摧毁_290

29 劫后重生_306

30 爱莫能助_315

31 不再是另一个孩子_328

32 离别在即_339

33 最后的野餐_347

后　记_351

意外的开始

> 我喜欢这种不可预测与多样性。可是我也逐渐感觉到,我的生活方式有多么无常。

这简直是个大杂烩教室,和我以前所拥有过的教室完全不同。这一间巨大的跨世纪建筑物,挑高十二英尺,由窗户向外望,只见一大片砖墙和高耸的烟囱。整个房间被简单地隔开,一边当作教职员图书馆,剩下的一块人形地方是我的,隔间设计不恰当地挡住了门口视线。这就是我的班级所在,将情绪失调孩子的教室与教职员图书馆结合在一起的班级。

为了顺应教育潮流,这是校方第一次为情绪失调孩子成立正式的独立班级。我的工作职称是顾问志愿者,孩子们被称为行为失调者。对我而言,在阔别教职六年后,于8月下旬的某个早上走进这间教室时,激起我一种似曾相识的紧张,感觉好像离开了一辈子,却又好像从没有离开过。

我本无意再执教鞭,我已经在海外待了近两年,专心从事写作,同时打算返回威尔斯的小木屋陪伴我英籍未婚夫过日子。然后,家里的事情把我拉回美国,接着因为英国签证问题,让我一时无法回到英国。

某天下午,一位知道彼此但素未谋面的朋友来电。她说她听说了我的问题,而恰巧她们的一位高年级特教老师病得很厉害,而眼看只剩十天就要开学了,得在开学之前找到一位特教老师。她问我是否有兴趣。

不,我不假思索地拒绝。我正在等那份愚蠢的签证,一旦签证通过,我便马上启程。但这位朋友不轻言放弃,她说,如果我的签证很快通过的话,那么我就离开,他们另外再找代课老师,签证如果不顺利的话,等待签证期间我何不干脆去代课呢?

我还是拒绝了。但是等到特教督导找上我时,我已经认同了这个方法。好的,我说。有何不可呢?

我坐在这间教室里,望着窗外的烟囱与无聊灰暗的夏日阳光。我胡乱地整理出一个结论来:其实我是个不按常理出牌的人。我不是个事业型的人,过去虽然曾有过许多良机,我却不曾刻意把握。然后远离教职多年,博士学位念了一半,花了几年时间投入临床心理学研究工作,接着又投入写作,而现在我再次坐在教师桌前。我喜欢这种不可预测与多样性,的确,我真的很喜欢。

敲门声打断了我的思绪。

"桃莉?"有个声音喊道。我看不到那个人,于是站了起来,前面办公室的秘书正把头探进来。"有一个你的小朋友已经到了,"她说,"家长就在前面办公室里。"

这栋古老建筑物已不再用来教学,他们把它改成行政办公室,大部分的办公室都设在一楼,整个二楼都是我的,其余的教室则用来充当储藏室。事实上,整栋建筑物里只有两间功能齐全的教室,我的教室和地下室那间专供学龄前智障儿童教育使用的教室。在这开学的第一天,走廊出奇的安静。

我跟着秘书来到大办公室,一到门口外面便听到嗒嗒嗒的打字声。会客室里站着一男一女。那个男的少说也有二米以上,因为以我一米六几的身高站在他的旁边只及他的肩膀高度。他看起来温柔且有品位,一头松卷有型的灰发像个孩子。他的年纪看起来五十多岁,虽不特别英俊,却散发着一股自信的吸引力。

那个女人,看起来至多三十几岁,貌美惊人,我从未看过如此美丽的女人。她的身材高,脸庞秀丽,下巴有一个小小的凹陷。淡绿冷傲的眼珠有如猫眼一般不停闪烁着,给人一种高傲的感觉。

"早安,"我说,同时伸出手,"我是桃莉·海顿。"

那个男人和我重重地握了手,那个女人则不为所动。她穿着随意,上了淡妆,但她的礼貌可是一点都不随意,每块肌肉都紧绷着,令她的美丽叫人更不敢逼视。

沉默紧随而来,我完全不知道这两个人来此的目的为何。

"实在很抱歉,"我说,"这个班级原来的老师,已经出人意料地住进医院了。我是她的代课老师,几天前才接下这份工作。我不得不承认……"

"她在车内不愿出来。"女人突然插嘴说。

"哦。"

男人四处环顾，一副心不在焉的样子。女人则紧紧盯着我，她的表情没有敌意但也不友善，只是不停地研究我。

"我们今天就到此为止吧。"男人说，眼睛看着其他地方。她则有气无力地低头看着我："或许明天她会觉得比较好一些。"

没有任何预警，女人的眼眶中突然蓄满泪水，脸也跟着红了起来。"不。"她咬着牙说，然后突然转身冲出办公室。

男人不自在地移动双脚，我以为他也会跟着离开，可是他没有。"我的妻子对这件事情有点不高兴。"他淡淡地说。停了停，他又低头用那双湛蓝的眼睛看着我："我想我们就先离开好了。"

"何不让我来帮帮忙呢？我很习惯这种事情。她的反应很正常，新老师、新教室，一切都是新的。"

他摇摇头："不，我们还是离开的好。我明天会带她过来。"语毕，不等我说话，他便转身离开。

我不敢相信地瞪着空荡荡的走廊。我转身，看到三个秘书看着我。在一时无言以对的气氛下，我们都忍不住地爆笑出来。

"你相信这种事吗？"我问，"我甚至连他们是谁都不知道。"

"康西迪尼斯家族。"其中一位秘书说。

回到教室没多久，我的第二位学生抵达了，玛莉安娜·吉尔克里斯特。陪她前来的是她的母亲，一个看起来不会超过二十五岁的女人，她的头发剪得很短，眼睛还上了妆，整体上给人一种很前卫的感觉。反观玛莉安娜的穿着打扮，却像个传统女孩。

"我是第一个到的吗？"她问，"哦，太好了。我是最先拿东西的人，我要先去挑我要的东西。"她离开她母亲身边。

"你在这里要乖一点,"吉尔克里斯特太太说,"你一定得乖一点。这里的这位女士会教你乖乖的,你可不能像在其他地方一样地胡来。"

"我的位子在哪里?"玛莉安娜问,她已经站在教室的远处,"我的位子会在哪里呢?"

"我要走了。"她母亲说。

"那些玩具是给我们小孩子玩的吗?"玛莉安娜已经打开水槽下方的橱柜,并把里面的东西全翻了出来。

"再见,我要走了,我要把你留在这里。"

女孩的头连抬都没抬一下。

玛莉安娜今年八岁,是标准情绪失调的孩子:智商不明,注意广度短暂,是过度攻击性,同时有早熟性行为的记录。在她短短的就学过程中已换过几个特教班级,但情况未见任何改善。从幼儿园到现在已经三年了,她既不会读也不会写,只会一些最基础的数学。

"其他的小朋友在哪里呢?"玛莉安娜突然问。她站起来,把拼图、游戏和美劳材料留在身后的地板上。"还有谁要来这里?会有女孩子吗?"

"是的,有一个。虽然以后还会有其他小朋友加入我们班级,但一开始就只有你们三个。"

"那个女孩叫什么名字?她也是八岁吗?"

"她叫莉丝莱,今年七岁。"

"她还要多久才会八岁呢?她的生日是什么时候?"

"明年春天。"

"没有关系,就算她比我小一点点,我们还是有可能变成好朋友。"

玛莉安娜拾起一支铅笔，试图在桌巾上戳洞。

门弹开来，我的第三位学生到了。

对于德基这个孩子，我早已有心理准备，他们已经把有关他的一切都告诉我了。

他今年十一岁，十一年来都在收容机构生活。他有过一段可怕得令人不敢回想的幼年生活，饱尝家人的虐待、遗弃之苦，然后有很长一段时间住在州立精神病院。十八个月前，一对夫妻档的心理学家在州立精神病院工作时认识了德基，他们爱上了这个孩子，愿意收养他，希望他有机会过正常人的生活。可是，德基的问题光靠爱是无法解决的，他被诊断出患有童年精神分裂症，经过治疗也未见改善。他种种惊人特异行径的结果是，他无法在上个年度的正规班中生存，最后养父母只能把他带回家中自己教。

那天早上，德基的养父母一起陪他过来，一人一边抓着德基进教室。他一面挣扎一面尖叫，"不！不！不！不要逼我进去！不！救命啊！"他高声叫嚷。

我将门撑开。他一进到里面，便挣脱钳制，奔到对角。"呼——呼——呼！"他一阵狂喜，并跃上桌子。

"德基，拜托，下来，"她的养母柔声、耐心地说，"记住，桌子不是用来站的。下来。"

"呼——呼——呼！"他从桌子上跳下来，然后躲到桌底下。

我对他的养父母微微一笑，立即对他们抱以同情。"我想我们不会有问题的。"

女人也对我微笑，我看到她松了一口气的表情。我分辨不出那是来自我的自信，相信我们一定不会有问题，抑或根据我对德基的观察。

养父母离开后，德基还是躲在桌下不愿出来。

"那个孩子疯了，"玛莉安娜说，"你知道吗？你知道那个孩子就快疯了吗？"我点点头。

"另一个女孩不会也疯了吧，她会吗？那个女孩不会也疯了吧？她可是要当我的好朋友的呢。"

"我还没有看到她，所以我也不知道。不过她不会有德基的问题，所以你大可放心。每个人都不一样。"

"德基？德基？天啊，真是个蠢名字，难怪他会疯。嘿，德基火鸡，你躲在那下面还好吗？"

"玛莉安娜……"

"德基火鸡，德基火鸡。"然后她突然间停了下来，跪下来想把德基看个清楚。

"天啊，你看看他在干什么，老师。他在摸他自己耶。看，他弓起背，他抱着椅脚。"她跳了起来。

我过去把椅子移开，然后伸手进去。"呼——呼——呼！"他兴奋地叫着。

"来，德基，出来。来，拉着我的手，让我们坐到椅子上。我今天准备了一些好玩的东西。"

我起身，把德基拉出来。

"玛莉安娜！"我惊讶地大叫，"你在干什么？"

她把她的上衣撩到腰部，正在脱下她的底裤。

"马上把衣服穿回去！"

"哦哦哦……"德基兴奋得两眼发亮，并从椅子上滑下，动作有如奶油在锅中熔化一般。

这时教室门突然被打开又关上，我看不到来者是谁。在我还来不及阻止德基再次躲到桌下之前，康西迪尼斯太太走了进来，一手紧圈着她女儿的脖子。

"早安，又见面了。"我微笑地说。一面敏锐注意着玛莉安娜，她还没把裤子拉上来。德基在桌底疯狂叫嚣着。

康西迪尼斯太太把女儿推到前面。

"你好，莉丝莱，"我说，"很高兴你终于来了，我们正准备开始上课。"莉丝莱望着我却没有在看我，她的表情完全的空洞。

"来，我带你去看你的柜子，你可以把你的午餐盒放在那里面。"我把手放在她的肩上，轻轻地将她带离她母亲的掌握。

玛莉安娜回神了，她把衣服穿好，并站到我的身边。"你好，你，"她对莉丝莱说，"我是这个班级的另一个女孩，你要当我的最好朋友吗？你要坐在我的旁边吗？"

莉丝莱皱起眉头，用手捂住双耳。

"哦，可恶，"玛莉安娜低声叫着，"她疯了，和他一样。"

我返身回到康西迪尼斯太太面前，她一脸害怕的样子。"我相信莉丝莱不会有事的，在新学年开始的头几天总是会有些不适应的。我很感激你不辞辛苦地带她过来，康西迪尼斯太太。我明白要带她过来不容易，但能够在一开始就参与是再好不过的。"

她点点头，然后低下头，打开手提包，从里面拿出一包装有瓶瓶杯杯的东西。

"这是莉丝莱的东西,试剂、胰岛素和其他一些药。我还多放了一些糖果在里面,以防她受到惊吓。你真的知道你在做什么吗?"她问,抬头看着我。

我希望她所指的是莉丝莱的糖尿病。我点点头,"他们已经都告诉我了。护士威克太太每隔几个小时就会过来帮她打一次针。"

我把药包放在书架的最上面,以防孩子们拿到,然后领着康西迪尼斯太太出去。

我转身,她则跟在我身后。

"哦,还有一件事,"走到门边时她说,"我不姓康西迪尼斯,康西迪尼斯是我丈夫的姓,我姓泰勒。"

"哦,对不起,泰勒小姐。"

她摇着头:"不是小姐,我是泰勒博士。"

我觉得很丢脸,"哦,好吧,对不起。"

德基悄悄地走到我的身边,凝视着泰勒博士好一会儿。"天啊,"他口气非常严肃地说,"你的奶头真大。"

2

我需要一位助理

> 有人可以一起欢笑，有人可以倾吐一天所发生的种种。

莉丝莱·康西迪尼斯就像是个非常奇怪的艺术品的一部分。我送走她的母亲，返回教室时，发现她还站在原地不动。我拉出桌前的一张椅子，对她指了指。她坐了下来，而且动作十分流动优雅，但是显然心不在焉。整个早上她都是一个口令一个动作，没有口令时，身体便一动也不动，双眼空洞地凝视着远方，不看我也不看其他小朋友。就连我坐在她的正前方，将她的脸转过来对着我，她也依然注视着前方，好似我是个隐形人一般。我看得出来她没有在看我，但看不出来她是否故意如此。

办公室给我的资料让我相信，德基是我班上情绪困扰最严重的孩子，但是莉丝莱的情绪显然比早上还严重。她是三个孩子中唯一不说话，也还没有受过马桶训练的孩子。此外，她患有糖尿病，到了中午得忍受注射胰岛素之苦，但她依然对这种苦没有反应。护士进到教室，把她带到一旁注射,但她从不眨一下眼睛。就连护士在她身上扎针时,她也还是直视着前方。

十二点十五分,孩子们去吃午餐,我则坐在工作桌前,桌上摆着几份档案。我已经见过三个孩子了,现在想要从档案中进一步了解他们。

一阵急促的敲门声传来,然后门被推开了。我抬头看,视线再次被隔间的棚架挡住。在教室中无法清楚掌握门口动静,这种情况已经快把我逼疯了。"请进。"我喊道,并等着对方进来。

"是我啦。事情进行得如何?一切还好吗?"是卡罗琳,地下室特教班的老师。

我点点头:"很好。"

她露齿一笑:"你要不要和我们一道去安瑞卡餐厅?我们都在那里吃午餐。"

"谢谢,不过我自己带了午餐。我得在下午上课之前把这些档案看完,明天再跟你们去吧。"

"你在看哪些人的档案?"她问,同时走过来看档案上那些名字。

我第一眼看到她就很喜欢她,她的年纪和我差不多,单身,好相处。巧的是,这整栋大楼里就只有我们两个老师。

卡罗琳突然吹了声口哨:"康西迪尼斯在你班上?"

"是啊,你也教过康西迪尼斯吗?"

"哦,老天爷,没有。感谢上帝,没有。这个孩子绝对是个怪胎,不过那倒无所谓,因为那样才像康西迪尼斯家族的人。只要在这里待上一段时间,你就会知道康西迪尼斯家族的所有事情,或者至少会听到汤姆·康西迪尼斯或泰勒博士的事情。"

"没错，也许你不相信，我已经领教到了。"

卡罗琳翻开莉丝莱的档案，指着父亲栏上的名字。"他是个艺术家，据说很有名气，但我没有在艺术界听过他的名字。"

然后她脸上的笑容消失了，拉了张椅子坐下，然后说："你想不想听一些小道消息？很热门哦。"她伸手拿了我的洋芋片吃，"据说她是个天才、科学家之类的人物。反正没人知道他们是怎么认识的，她比他小二十五岁，在西部某所大学工作。不过他们拥有私人飞机，所以经常可以到处去玩。然后突然有一天，一切都停止了，我听说她被学校革职，她还有很严重的酗酒问题。不过她的问题还不只这些，我还知道她和小儿科诊所的艾迪生医生发生婚外情，而且她对此还不以为意。这件事情令康西迪尼斯蒙羞，因为大家都知道她干了什么好事。"卡罗琳忍不住大笑。"看看这位泰勒博士那副高傲的样子，高傲得不屑跟我们讲话，连开口打声招呼都不愿意。她以为她是谁啊？要不是跟着康西迪尼斯先生，她哪会有今天呢？真正出名的人是他，他有钱，个性温和又友善，只要和你讲过一次话，就会记得你的名字。如果说他有什么不好的地方的话，就是他对事情太不在乎了，总是无法贯彻到底。去年他差点没把丽塔气死，丽塔是莉丝莱一年级的导师，她很努力地和他一起安排莉丝莱的事情，他总是承诺他会做到，但最后却什么都没有做。而且他从不接电话，需要他帮忙的时候永远找不到他。丽塔不得已，只好去敲他家门。他在他家后面弄了一间工作室，成天待在里头画画。去年，莉丝莱因糖尿病陷入昏迷，丽塔跑到他的工作室敲他的窗户玻璃，他却连回头看看是谁都不愿意。"

"这听起来很像通俗连续剧的剧情，卡罗琳。"

"哦，更精彩的还在后面呢。"她说，眼中闪着光彩，"真的。"

看到我扮了个鬼脸，卡罗琳会意地微笑着，然后拿过其他几份档案："要我也把这几个的情况告诉你吗？"

"你知道他们的背景？"我不敢相信地问。

她大笑着："不知道，不过我确定我可以想到些什么。"

我们两人相视着咯咯笑了起来。

卡罗琳离开后，我翻开莉丝莱的档案，里面完全看不到刚刚卡罗琳所讲的事。泰勒博士的身份是心理学家，康西迪尼斯则是画家。档案中唯一让我比较注意的地方是泰勒博士的姓，不过它并没有引起我的好奇。档案上提到莉丝莱诸多严重的困扰，但并没有明确地指出真正的问题为何，以及因何而起。她的出生和婴儿时期都很正常，是足月生出来的宝宝，安静、反应不敏锐，但很好照顾。虽然在成长的各个重要阶段出现进步缓慢的现象，但都还在正常的范围内。然后，大约在两岁半的时候，情况开始恶化。她原先知道的词汇都不记得了，原先学会的马桶使用和自我照顾技巧也都忘记了。刚满三岁时，已经看过无数的医生和心理医生，都找不出原因。自闭症，一位医生的结论；心智迟缓，另一位医生说；童年精神分裂，第三位医生的报告指出。但没有人敢确定，每个都是猜测。

令我不敢相信的是，莉丝莱一直都没有接受特殊治疗，而且两年来一直被安置在正规班里受教育。她在正规班的时间甚至比玛莉安娜还长。档案中，丽塔对莉丝莱有些负面的评语，并提到到最后任由她去做自己想要做的事。

档案里没有写到对莉丝莱父母如何配合教育这个孩子的建议，也没有提到任何莉丝莱的家庭状况。只大概提到两个继子女，其中比较年轻的那个（已是青少年年纪）对莉丝莱不好，如此而已。

第一个星期结束了。三个孩子极端不同，使我一个星期下来什么都没做，只忙着应付三个人的突发状况，努力维持秩序。和其他精神分裂的孩子相较，德基的情况算是好的，他会使用马桶，能够清楚地表达自己的意思，能够配合简单的指令，甚至懂得许多学业技巧，只是不及同龄孩子的程度。总之，在功课上他还需要一对一的指导。

德基最大的问题在于他对事物的着迷，诸如猫、头发、老人、女人、引擎、门铰链，而且几乎一整天都会陷入这种着迷出神的状态。在看到一张照片、图画或听到一个声音时，他的魂魄便跟着出窍。他开始变得兴奋，接着是愤怒，然后是狂乱，而且必须完成所有仪式后才能回神或再想其他的事情。每次他要发作时，我一眼就能看出来，因为在发作之前他说话的声音会变得很奇怪，好像一个小孩在模仿父亲的声音。他一旦着魔，声音就会逐渐变得深沉和急迫，一种听起来像被深深吓坏的声调。然后，随着兴奋状态的升高，他便失去了控制，再也无法言语，只会呼呼地叫。接着他开始拍手，然后肉体的兴奋占据了他，让他再也无法安静地坐在椅子上。闹到最后，他总是躲到桌子底下，坐在那里，不停地拍着手，并发出呼呼的声音，然后常常对着桌脚进行手淫，最后才回过神来。有时候我能够及时在他愤怒的阶段拉他回神，分派功课给他做以分散他的注意力。但大部分时候，我无能为力。当我无力阻止他欲罢不能的兴奋时，我们原定的课程就毁了。

"你有猫吗？"上课第一天他问我。

"有。"我答道。

他的眼中闪着兴奋的光彩："哪一种猫？"

"只是一般的猫，白色的母猫。"

他还不满足："它有多高？它的尾巴有多长？"

为了敷衍他，我说那不是我的猫，是我的祖父母寄放在我那里陪我的，所以对它并不是那么清楚。显然他还是不满意："它的眼睛什么颜色？它是什么时候生的？你祖父母养了多久才寄放到你那里的？拿去，"他递了一张纸给我，"把你的猫画出来。"见我有异议，他惊慌了。"画呀！画呀！画你的猫呀！画它在它的篮子里，画它在浴缸里，画它在吃东西。"他尖叫着，命令的声音越来越大声。

于是我开始画，德基见状马上安静下来。"那是你的猫，你在画你的猫，你画你的猫坐着。"但一等我画好，他马上再递一张纸到我的面前："画你的猫躺着的样子。"后来整间教室就像家艺术长廊，到处都是我的猫画杰作。

我们的关系就从我的猫开始。每次见到我，德基就不停地问我的猫。同样的对话一天总要重复个二三十次，我只能离开他的视线以逃离这个问题，一旦又被他看到，话题如果不是我的猫就是别人的猫。

另一个吸引德基兴趣的话题是我的头发有多长。我有一头过肩的长发，令德基十分着迷。"你的头发有多长？"他总是如此问，"我喜欢你的头发，你会把它剪掉吗？"

"不会。"我答道。

"不要剪，把它留得长长的。我喜欢它很长，我喜欢长头发。"然后他马上接着说，"我得摸摸你的头发。"

他摸了。我很快地发现最好还是不要让他摸，否则那只会刺激得他更兴奋，让他狂奔，然后那个兴奋的仪式又开始了。或者，他并不是去摸，而是使劲地又抓又拉。他会一而再地问我我的头发有多长，我数过，一个小时内他一共问了十四次。

在开学第一天即将结束之际，我决定把头发绑起来。到了星期五，我已准备把头发剪短。

莉丝莱的情况比德基稍微好一些，不过在某些方面却更严重。由于她不会使用马桶，因此我一天得和尿布战争好几次。此外，我每天还要用测试棒测量她尿液中的含糖量。而替她换尿布这件事会延伸出另一个问题，当我带着莉丝莱到女厕时，就得把另外两个孩子单独留在教室内，如此一来，我不免又担心他们会发生什么意外的事。若是把他们两个也一起带到厕所，恐怕德基一看到莉丝莱脱裤子，对他又会是一个有力的刺激。他会疯狂地对着水槽或厕所门手淫，同时口出秽语，而他的这种行为又会引发玛莉安娜的情绪反应。性行为以及与性相关的事是这两个孩子情绪困扰的一部分，因而我绝不可能带着他们两人同行。

在教室中，莉丝莱什么都不做。我叫她坐下，她就坐下。万一我忘记叫她坐下，她就僵站在原地不动，但一旦开始动作就变得欲罢不能。举例而言，若我给她蜡笔和画纸要她画图，她就会不停地画，直到整张纸都涂满了，还是不停地在上面着色。

她是我见过最畏缩的小孩，有些时候我甚至觉得她不只心神缺席，连身体也不在，有如她根本不在教室似的。但在其他方面，我又不得不承认莉丝莱没有问题。

如果让她做她自己想做的事，她绝对不会惹麻烦，除了会有一点点兴奋之外，她什么表情都没有，也不说话。虽然档案里说她更小的时候会说话，但教室里的她却没有显露任何会说话的迹象。除了哭之外，她不吵不闹，但是她很少哭。

就我看来，莉丝莱需要非常密集性的照顾，类似一对一的照顾。只是在这个备受钳制的班级中，这又是另一项不可能的任务。我不得不经常让她安静地"消失"。

我对她的补偿方式就是，尽量找机会和她做身体上的接触，摸她、抱她、搂她等等。但即便如此，她还是像个有体无魂的孩子，抱她是我确定她还存在于这个世界的唯一方法。

可怜的玛莉安娜交不到朋友。撇开她自己的问题不谈，相较于德基和莉丝莱，她算是最正常、最没有问题的一个。她快快不乐地接受她在这个班级交不到最知心朋友的事实，每天早上一到教室，便拿着她的作业资料夹远远地坐在角落。在课业上，她和另两个小朋友一样显得无力应付。虽然要花很多时间指导她，但是相较于其他两个小孩，她的问题显然没有那么严重。不过，自私而言，我倒很感激玛莉安娜加入这个班级，至少偶尔我还有个人可以正常对话。我努力地想要抽出时间和她相处，但德基和莉丝莱的存在，让这个想法变成一种挑战。他们是无法被忽略的，而玛莉安娜也能够体谅她偶尔的被忽略。对此，她毫无怨言。

我知道我需要什么——一位助理，极需要！在我多年的特殊教育经验中，所带的孩子大部分是严重情绪失调的孩子，所以教室里都需要额外的助手。即使在最小的班级里,也都会有帮手,那会让整个教室变得有秩序。有人可以替莉丝莱换尿布,或是我在换的时候,有人可以帮我照顾其他两个孩子;当我在个别指导某一个孩子时,有人可以帮我看前顾后;有人可以一起欢笑,有人可以倾吐一天下来所发生的种种,比比看谁身上的瘀血处多——那正是我所需要的。

我和卡罗琳讨论过这个问题。她有一个全天的、受过训练的助理,再加上两名义工。由于初来乍到,我并没有足够的信息在这个小区中寻找义工,只好不停地问她:她是在哪里找到义工的?她是否知道还有谁有兴趣当义工?她是否有其他办法?同时我与特教部的督导法兰克·卡顿谈过,我们每天都会碰面,他会到教师休息室和我们一起喝咖啡,和我们一起到安瑞卡餐厅吃午餐,没多久他便直呼我们的名字,就像好朋友一样。

"我开始认为我有困难了。虽然我只有三个学生,却一直无法构成一个班级。"我解释我内心的感觉,指出照顾德基和莉丝莱占去我太多的时间,根本无法正常上课。

法兰克往后靠着椅背,温和地笑着:"你觉得你应付不过来。"

我点点头,露齿而笑:"是的,我猜是有点那样。只是我一直觉得,我们还是可以变成一个团体的。一直以来我就很善于把我的班级变成一个团体,可是这次真的行不通。"

"才开学嘛。"法兰克说。

"但还是需要人手啊。"

他抚摸着他的唇:"孩子人数不够。"

"太够了,谢谢你。"

"不，我是说真的，还不足以组成一个团体。你以前所带的班级人数一直都比较多，不是吗？"

我点头："可也不是很多。在州立医院的时候，我的班级只有四个学生，而且还变成很亲密的一个团体。我所需要的是一名助理，法兰克。"

"我很希望我能够给你提供一个。"

其实在开口之前，我便已知道我的希望会落空的，可是把它讲出来，讲给一个掌权者听，会让我舒服一些。"你可知道有任何人愿意担任义工？"

他摇头："我不知道。你应该去问卡罗琳，她似乎有这方面的渠道。"

"我已经试过了，没有用。"

我们继续聊了一会儿，然后法兰克俯身向前，看着我。"关于我们先前谈到的……"他停了停，别开头去，又转回来，"这实在有点难以开口。"

我突然惊觉自己是否做错了什么。

法兰克微笑着："没有什么大不了的，只是……呃，我该怎么说呢，下个星期你还会再增加两个孩子。"

"两个？"

"是的，一对姐妹，五岁和八岁。她们来自北爱尔兰，她们的家人在那边遇到了麻烦，所以把她们两个送过来和这里的亲戚住，好让她们有一个新的开始。她们在华盛顿小学注册入学，不过情况很不好。她们无法适应，小的那个完全不开口讲话。所以我就立刻想到你啰，你在这方面的经验相当丰富，所以把她们安排到你班上最适合不过了。"

"哦。"我想我已吃惊得不知如何反应。刚刚我还在抱怨人手不足，无法应付三个孩子，现在他却告诉我还要再增加两个孩子！

"诚如我刚才所说的，我觉得你需要更多的孩子来组成一个团体。三个是不够组成团体的，至少目前这三个是不可能的。再说，这样对玛莉安娜也比较好。"他愉快地微笑着，"这样一来你就有前进的动力了。"

的确，我心想。

3

酗酒的母亲

> 她干吗把自己灌得烂醉呢？她拥有美貌、金钱、好脑筋，又有一个很棒的丈夫。

由于天主教和基督教的对峙，长久以来北爱尔兰饱受宗教战争的摧残。在未与这对姐妹碰面之前，我在购物或加油时便已听到许多有关她们的故事。原来她们悲惨的遭遇已经为她们创造了小小的知名度。

根据大家所传说的故事，女孩的父亲是位活跃的税务人员，十八个月前，在一次大扫荡中被皇家北爱尔兰警察逮捕，被指控参与某些严重的活动，包括谋杀行动。但不久之后便因罪证不足被释放，不过，他和他的家人此后不停地遭到骚扰，而且不知道是谁在找他们麻烦。有一天晚上他家的门前被放了一个汽油弹，然后房子就爆炸起火。父亲虽然奋力救出两个女儿，但他的妻子和年幼儿子却葬身火窟。火灾过后不到三个星期，女孩的父亲被发现在车库中上吊自杀。两个女孩辗转寄居于各个亲戚家中，直到她们拿到了美国签证，才过来这里和她们的姑姑、姑夫住在一起。

听到这么多有关她们的点点滴滴后,我终于在星期一早上见到了吉萝丹和席梦娜两姐妹。原以为她们会是饱受煎熬的谜样女孩,其实不然,她们是再平凡不过的两个小女孩,圆圆的脸上长着雀斑,有着灰蓝色的眼睛。席梦娜有一头长长的波浪金发,吉萝丹则戴着一副近视眼镜,粉红色的塑料镜框让她看起来活像个五十岁的家庭主妇,一头黑发剪得短短的。

两个女孩怯怯地走进教室,年纪较小的女孩一手紧抱着一只破烂的布猴子,另一只手紧抓着姑姑的衣角。伦何太太指了指桌旁的椅子,两个女孩乖乖地坐下,双手放在大腿上。伦何太太在席梦娜的旁边蹲下,温柔地将盖在她眼睛上的头发拨到后面:"你们在这里要乖乖的,好吗?你们要听这位女士的话,她是来这里帮你们的。"然后她起身,转身看着我:"她们是好女孩。"

其他三个孩子还没到,教室就只有我们三人。我建议她们把外套脱掉,然后带她们去看挂衣服的位置以及她们的柜子。我拿出她们的作业资料夹,在她们的对面坐下。吉萝丹先拿过她自己的资料夹,仔细看了一下,然后再拿席梦娜的。年幼的席梦娜只是坐着,紧抱着布猴子,什么都不做。

"我们在这里上的课和其他地方有些不一样,"我说,"每个人的情况都不一样,所以每个人都得负责做完她自己资料夹里的功课。我一整天都会在这里协助你们做功课,可是有时候我也要帮助其他小朋友,那时你们就得自己做功课了。当你们遇到不会做的功课,而我又正好在帮其他小朋友,无法过来帮你们时,你们就把不会的先跳过去,继续做其他的,直到我有空为止。"

吉萝丹点点头。"这些我会做。"她说,指着其中一张功课,"这个功课我会做,"她轻轻地瞄一眼妹妹的资料夹,"席梦娜说她也会做她的。"

席梦娜僵硬地坐着,直盯着我。她的眼神,一如她的脸,有种让人猜不透的表情。

最高兴的莫过于玛莉安娜。"这两个女孩将会是我最好的朋友。"一踏进教室看到这对姐妹,她立刻如此说。她把她的椅子拉到吉萝丹旁坐下,"你们要当我最好的朋友吗?你们要一颗糖果吗?你们给我一些好东西,我们就是最好的朋友。"

一看到糖果,吉萝丹的眼睛便亮了起来,充满渴望地接了过去,并将它丢进口中。

然后她露出还要更多的表情。"席梦娜也要一颗。"她说。

玛莉安娜抬头看着她们。

"给席梦娜一颗糖果。"

"要当我最好朋友的是你,不是她,她还太小。"

带着一脸难过的神情,吉萝丹出其不意地从玛莉安娜手中夺过糖果,拿出一颗,递给席梦娜。

玛莉安娜突然哇的一声,大哭起来:"那是我的糖果!我妈妈买给我的。"

"嘿,"我说,同时从吉萝丹手上拿过糖果,"谁都不准吃,拜托。"

一听此言,换成吉萝丹哇地大哭。

这时候,德基到了。"她们是谁?"他问,声音中夹着兴奋。

"坐下,德基。这是新来的两个女孩。记不记得,上星期五我告诉过你,今天会有新来的同学。现在,请你坐下。"

吉萝丹吸了吸鼻子。玛莉安娜抽噎着:"糖果是我的,老师。"

"好吧,拿去,"我把糖果还给她,"现在,告诉我,带糖果来教室的规矩是什么?"

玛莉安娜沉默不语。

"必须分给大家吃。"德基高兴地说,期待着那些糖果。

"没错,必须分给大家吃。现在,你如果给吉萝丹一颗糖果,你也要给席梦娜和德基一颗才公平,然后把剩下的收起来。否则就得全部把它们分完。"

玛莉安娜又哭了起来:"那不公平,那是我妈妈买给我的。"

"我了解你的感觉。你喜欢你的糖果,也想要把它留着,但你只给吉萝丹一个人也是不公平的啊。吉萝丹关心她妹妹并没有错,只是她不应该那样做。"

玛莉安娜不情愿地拿了一颗给德基,然后回到她的座位上数着还剩下多少颗糖果,并且将它们全部扫进她的口袋里。"你现在要给我什么呢?"她问吉萝丹。

吉萝丹耸耸肩:"什么都没有。"

玛莉安娜不悦地踢了一下桌脚:"你还真的是个最好的朋友哩。"

德基被这两个女孩催眠了,整个早上,他就那样直直地看着她们。午餐后,他还不放弃地绕着桌子看她们。这时我才想起他何以会如此入迷:是席梦娜的头发。

莉丝莱留着长发,就连玛莉安娜的头发也很长,但是以前我未曾见过他对她们着迷,以为他只对成人的头发感兴趣,因而看到他对席梦娜如此着迷令我颇感惊讶。我唯一能够想到的因素是,席梦娜的头发和我一样都是金色的,而这正是引起德基着迷的要素。总之,他就是无法放过席梦娜的头发。他微微佝偻着身体,肌肉兴奋地紧绷起来,一圈接一圈地绕着桌子。当来到她的身后时,他停下脚步,全身打着战。只要吉萝丹或席梦娜回头看他一眼,他便跳了起来,然后又开始沿着桌子绕圈子。"呼——呼——呼!"他低声地叫。

"德基,坐下。"我说。我正把莉丝莱抱在腿上教她做功课,一时无法分开身去抓他回座位。

德基走到一旁,但不到一会儿工夫又回来了,又开始鬼鬼祟祟地沿着桌子绕行。

"小姐,"吉萝丹说,"席梦娜不喜欢这样,这个男孩在烦她。"

"德基,"我说,"坐下,现在坐下。你的资料夹里有很多功课要做,现在你过来这里坐下,开始做功课。"

我把他的资料夹拉到我的前面,待他过来时,我让他在我身边坐下。坐在桌子远端的吉萝丹抬起头,注视着我们。

"你是个女孩,"德基低着声音对她说,"她也是女孩。"

吉萝丹翻转着眼珠,露出不可思议的表情,然后低头继续做她的功课。

"还有她是女孩,她也是女孩,"他指着玛莉安娜和莉丝莱。

"还有你是女孩!"他指着我。"你们知道那表示什么吗?"

"女孩的私处。"玛莉安娜说,然后咯咯笑了起来。

吉萝丹面露愠色。

"女孩，女孩，女孩！"德基兴奋地说。

"德基，是做正经事的时候了。拿去，我们开始来做你的功课。"我从他的资料夹里拿出一份作业。

他观察着席梦娜，斜过身看她的功课。"而那个女孩，"他对着她说，"那里的那个女孩，有长长黄头发的。她是个女孩，她有女孩的尿道，那个有黄色长头发的女孩。"

"德基，我是说真的，坐好。"

德基的兴奋显然越来越难抑制，他再次站起来，悄悄地沿着桌子绕到席梦娜旁边。

"小——姐！"吉萝丹惊声尖叫起来，"我们在做功课，叫他不要这样。"

我将莉丝莱从我的腿上抱下来，起身过去抓住德基的肩膀，将他拉回来，用力把他按在他的椅子上。

"那个有黄色长头发的女孩。你有长头发，你也有黄色长头发。你会把你的黄色长头发剪掉吗？"

"不会，德基。"

"那个女孩，会剪掉她的头发吗？那个女孩会剪掉她的黄色长发吗？"

"也许会。"吉萝丹不怀好意地说。

"不，德基，她不会剪掉她的头发的。现在赶快，我们来做今天的数学功课，看看你能不能在下课之前把它完成，我来帮你。"

可是他不听指挥。"嘿，女孩，"他说，"有长头发的女孩，你有猫吗？"

吉萝丹在放学后朝我走过来："席梦娜不喜欢那个男孩，小姐。"

"是的，他的确很吵。可是如果席梦娜不喜欢他的话，叫他走开就好了。他会走开的，他无意伤害任何人。"

吉萝丹皱起眉头。

"那么你呢？"我问，"你觉得他怎么样？"

"席梦娜觉得他很蠢，我也这么认为。"

平静度过一天是让人再高兴不过的事。虽然没有发生什么大事，但要熬过一天也是不容易的。我一直很担心那两个苦命女孩，心中总是忐忑不安。其他三个孩子的情况也不稳定，尤其是德基，这一整天都在掌控之外。我答应让他们提早五分钟到操场上去等他们的车子。

玛莉安娜和德基的车子来了，然后席梦娜和吉萝丹的姑姑来接走她们，就剩下莉丝莱，牵着我的手。

"你的妈妈呢？"我问，"她不可能会迟到的。"我扫视着远方街上，寻找泰勒博士的黑色奔驰。通常她都会在放学之前抵达，有时当我晚一两分钟下课，她还会到教室外走廊等。

我们又等了一会儿，然后我带莉丝莱到操场角落去荡秋千。二十分钟过去了，仍不见泰勒博士的人影。四点四十五分时我还得到邻近一所学校开会，这样等下去不是办法。四点整，我带着莉丝莱到办公室打电话到康西迪尼斯家。

没有人接听，一时之间我也不知该怎么办。我可以把莉丝莱留在这里吗？我应该亲自送她回家，并相信她家中一定会有人在吗，或者我应该继续等下去？我又拨了一次电话，并让电话铃声一直响着。

我们返回二楼的教室。我让莉丝莱自己去玩玩具，我则坐到桌前翻阅待会要开会的资料。四点二十分，我开始紧张。康西迪尼斯家与学校正好坐落于城的两端，如果我现在送莉丝莱回去，势必赶不上开会时间。再说，万一到时候康西迪尼斯家没有人又该怎么办？但若不如此做，我又能怎么办呢？

我走到教室外的走廊，站在阶梯处翘首望着远方，希望看到泰勒博士的车影。不一会儿，莉丝莱也来到我身后。

"过来这里，甜心，"我说，"我不知道你妈妈去哪里了，不过我知道她会来的，会来带你回家的。"我搂着她。

情急之下，我带着莉丝莱到卡罗琳的教室。她正准备离开，也要去参加那个会议。我向她解释我的状况，希望她过去开会时向他们打声招呼，我会尽快赶过去。

此外，我也非常担心莉丝莱的糖尿病。她的食物和点心受到严格控制，而且我知道她马上就得吃东西，以维持胰岛素正常。卡罗琳给我一些饼干和牛奶。

"你今晚要来游泳吗？"

我点点头。

"如果你赶不及开会的话，我们就在游泳池碰面，我再把开会的内容告诉你。"

然后她对我邪恶一笑，转身离去。

我回到办公室，再拨电话，依然没有人接听。难道是康西迪尼斯先生在家，但不接电话，还是根本没有人在家？

回到教室，我注视着窗外。身后的门被推开，期待在我心中升起。

我转身去拿莉丝莱的外套,但还没拿到,那个脚步声已经消失在图书馆里了。莉丝莱看着我,我也看着她,我猜她一定也很失望。

我拉了张椅子坐下,莉丝莱爬到我的腿上,我双手紧抱着她:"别担心,亲爱的。你妈妈不会忘记你这么惹人爱的女孩的,我们只是需要一点耐心。"

她放松地靠着我,头发飘着花草香,我将脸颊压在她的香发上。

五点十五分了,我决定等到五点半,然后再打电话给法兰克。我注视着窗外天空上的云层,它们正随着夕阳的接近而转为粉红。四周一片死寂,莉丝莱静静地坐在我的腿上。

然后,啪,门被打开,泰勒博士终于现身了。我瞄了一眼手表,五点二十五分。

我们等了近两个小时。

"我迟到了。"那是她唯一的解释。她站在远处角落,没有走过来,只对着莉丝莱伸出手。女孩立刻滑下我的腿,朝她母亲奔去。

被她的突然现身吓一跳,我竟忘了心中的怒气。我起身走到她的前面,她正俯身帮女孩扣外套扣子。这时我才意识到,她并非因健康而脸颊红润。泰勒博士喝醉了!我惊讶得无法动弹,呆呆地看她摸索着纽扣。

她似乎不知道我就站在她的面前,扣好纽扣后,她站直身子,转身,拉着莉丝莱便往门口走去。

"泰勒博士?"

她在门口停住脚步回头看我一眼,看到我欲言又止,她转身继续往前走。

"泰勒博士，你一个人吗？"这时她已经到了走廊。"等等，"我说，并追了出去，"泰勒博士，等一下。"

"干吗？"

"你开车吗？"

她擦过我身旁牵着女孩往前走，我迅速拉住莉丝莱的另一只手。由于两只手分别被两边拉扯着，女孩哭了起来。

"我可以开车送你回家。"我说。

"不用了，谢谢。"她说，扳开我的手。浓烈的酒气冲鼻而来，令我倒退几步。

她把莉丝莱拉到身前，继续走着。"我不需要你的帮忙，谢谢。"她咬着牙说，语气传达出叫人想都别想的意味。

我抓住莉丝莱的外套："我觉得让你开车不是个好主意。"

她瞠目结舌，一副不敢置信的表情。她的眼神令我自惭形秽，好似我说了一些连乞丐都无法相信的蠢话。不过我的手指还是拉着莉丝莱的衣领。

"这个时候我对莉丝莱有责任，"我说，"而且我觉得她跟你走很不安全。"

她丝毫不让步，眼睛眨也不眨地瞪着我。

"拜托，我们理智一点吧。"我说。

"放手。"

"拜托？求你，泰勒博士，理智一点。"

"我说了，放手。"

"就让我开车送莉丝莱回家吧。你要干什么都行，但是请你让我送莉丝莱回家。"

"你没有听到我说的话吗？"她问，"放手。"

"求求你？"

她眯起眼睛，带着非常冷漠而压抑的态度，伸过手来。不等她碰到我的手，我便放开莉丝莱的衣领。我一放开，她们两人便迅速离去，消失在视线外。

听完我的故事后，卡罗琳忍不住大笑。漩涡池中就只有我们两人，我把颈子以下全泡在水中。

"一点都不好笑，卡罗琳。"

"她真的不给你面子，对不对？也好，这下可让你学乖些，真的，桃莉，别以为你是初来乍到，就可以打破这个小镇的不成文的定律。"

"我无意打破任何定律，那个女人当时真的烂醉如泥。"

卡罗琳闭上眼睛，放松地享受着漩涡水疗："你最好不要理她，他们和我们是完全不一样的类型。"

"哦，这太可笑了，卡罗琳，简直是胡扯。"

"才不呢。他们非常富有，他们的生活方式和我们这种普通人完全不同，就连交往的朋友类型也都不同。"她睁开眼转头看我，"你知道以前在罗斯坦街经营艺术长廊的卡莉·琼森发生了什么事吗？几年前她应邀参加康西迪尼斯家的圣诞宴会，你知道他们在宴会里提供什么吗？"

我摇摇头。

"可卡因，每个人都有。真的，我没有开玩笑，桃莉。"

"我没有说你在开玩笑,但是她并没有飘飘欲仙的样子,卡罗琳。她喝醉了,而且是烂醉。我不在乎她过着什么样的生活方式,我在乎的是莉丝莱。泰勒博士以前经常会如此烂醉地到学校接孩子吗?"

"没错。"卡罗琳说,此时她已闭上眼睛放松自己,"我不常见到她。我的教室和丽塔的教室(莉丝莱的班级)刚好在同一栋建筑物的两端。不过她经常喝得烂醉,尤其到冬季的时候更严重。丽塔永远无法预期她会带着清醒的神智还是醉意来接孩子。现在你该知道你所面对的状况了吧。"

"难道没有人想要去改善这个问题吗?"我问。

"譬如呢,精确一点?"卡罗琳眼睛半张地望着我。

"我不知道。可是她这样真的会严重地伤害到她自己。她还年轻。她多大?三十?三十五?"

"我说真的,桃莉,谁在乎呢?她又不是落后地区那种三餐不继的人,不是吗?她是如此高傲的一个人,根本不在乎你我这类凡人,所以我也无须同情她的处境,没有人会同情她的。她与你交谈时可曾超过两句话?"

"没有。"

"现在你懂了吧?况且,我们只是学校老师,不是义工或是心理医生——我猜那才是这个女人真正需要的。"

"我担心的是莉丝莱。"

"莉丝莱似乎不太受干扰。很多小孩都有酒鬼父母,桃莉。我自己的父母也是,但我们还是生存下来了。"

我叹了口气,向后仰靠着池边,注视天花板。

"别这么丧气。她不会制造任何麻烦的,她属于酒癖问题还不大的那一种人。虽然我说她差点没把丽塔逼疯,但她并没有惹上任何麻烦。不理她就是了,反正她也不屑和我们互动。你不和她说话,她也绝不会主动和你聊天。"

"我还是觉得她需要帮助。"

卡罗琳站起来:"我不妨老实跟你说,桃莉,我真的一点都不在意。我是说,她干吗把自己灌得烂醉呢?她拥有美貌、金钱、好脑筋,又有一个很棒的丈夫。我们没有必要对她抱以同情。"

家庭问题

> 就某种角度来看，或许她发生意外会是比较好的结果，至少可以让她清醒过来。

吉萝丹和席梦娜真的是一对，她们是一个整体的另一半。席梦娜很安静，终日沉默不语，她的表情永远令人猜不透。她经常会目不转睛地盯着我看，即使我不看她时，她的目光也从不离开我。每当出现这种情形时，总让人难以想象她只是个五岁大的小女孩，因为她的眼神中完全不见童稚的天真。

吉萝丹正好相反，她执着、多话而且爱闹小孩子脾气。从一开始，她便坚持随时跟在我身边。我坐着，她便立刻爬到我腿上，搂着我的脖子，摸我的头发和我的脸。我站着，她便走过来紧挨在我身边。我身上所有的东西都是她亲吻和抚摸的目标：我的头发、我的手、我的皮带……有时甚至出其不意地亲吻我的鞋子。

虽然我一向也喜欢和小朋友做身体接触，但她的这些举止却令我不悦。她把我的身体看成她的财产。

除了无法替席梦娜上厕所外，吉萝丹会主动为妹妹做任何事情。不论是一支笔、一张纸或一杯水，她都会起身张罗。下课时，会帮妹妹披上外套后才出去玩。午餐时，她会先把妹妹的食物切碎。我从未看过她离开妹妹身边超过三英尺范围。她紧紧地守护着妹妹，随时随地注意她，替她发言。吉萝丹照顾妹妹的效率无人能及。对于一切事物，席梦娜只是接受，而非被吸引。感觉上，她像个小皇后，而吉萝丹是个佞臣。

当然，最令人无法忽略的是席梦娜的无言，我想不出解决之道。若是以前，在有完整设备的环境下，我可以一对一地辅导她。然而在目前没有助理的窘境下，我无法不受干扰地专心指导她。更有甚者，我无法将她带离吉萝丹身边，只要两个女孩在一起，席梦娜就不可能开口讲话。几个星期就这样过去了，我一事无成。

三个星期后，我约伦何夫妇于放学后到学校来。为了能够更有效地辅导这对姐妹，我觉得有必要进一步了解她们的居家生活状况。

伦何夫妇有四个年纪和这对姐妹相近的孩子，很乐意谈这对姐妹的问题。

"我是在贝尔法斯特见到她们的，"伦何太太说，"每隔几年我就会回去探亲，我的家人大多还在那里，我要我的孩子们知道他们的根。"

"你最后一次在贝尔法斯特见到这两个女孩时，她们都还好吗？"我问。

她点点头："她们很正常，和其他孩子没有两样。"

"席梦娜一直都比较安静。"伦何先生附言。

伦何太太再点点头,"没错。她是个非常自我的小东西,就是独立,你知道吗?我们最后一次见到她时,她不过三岁多,她在椅子上用一条毯子给自己造了个小家。你不需要陪她玩。当时我还觉得这个小孩真乖,我们自己的四个可就没么好性情了,总是麻烦不断。"

"那吉萝丹呢?"我问。

"那时候她已经在上学了,所以并不常见到她。可是她放学后倒是很喜欢和我们的孩子玩。不过,我觉得她们都只是再平凡不过的孩子。当那些不幸的事情发生,而我们幸运地找到她们两姐妹时,抚养她们自然是我们的责任。你当然可以预期她们情绪绝对不可能太好,不过我们想她们会适应过来的。带她们来这里,给她们充分的爱,她们一定可以适应过来的。我们倒是没想到会是今天这样的结果。"

"她们得到过任何外来的协助吗?任何心理方面的协助?"我问。

伦何太太皱起眉头:"有。我们曾带席梦娜到一家诊所去看医生,但是她不愿开口说话。连续八个星期,她只是坐在那儿不说一句话。由于费用实在太高,她的情况也未见改善,因此不如让她待在家里。"

"席梦娜是不是一直以来都不说话?"

"从没说过一个字。"伦何先生回答。

"我不知道她这种情况是从什么时候开始的,"伦何太太接着说,"这种情况已经持续很久了。甚至在来这里之前,在她和我姐姐卡西住一起时,也没有开过口。起初我们觉得没有什么,以为等到一切安定后,她的情况会自然改善。"

"席梦娜和吉萝丹说话吗?"

伦何太太耸耸肩:"我觉得一定有,只是我们没有听到。"

"能想的办法我们都想了,心理医生也看了,也去找了神父帮忙,但席梦娜就是不开口讲话。"伦何先生说。

"你们怎么会决定要收养席梦娜和吉萝丹呢?你们在贝尔法斯特一定还有很多亲戚呀。"我问。

"只有我姐姐卡西能收养她们,她自己的孩子大多已经成人且离家,但是她要上班,还要忙其他事情,根本无力照顾她们。而我们又不希望她们被送到寄养家庭,我们希望给她们一个奋斗的机会。"说到这里,他们两人陷入沉思。一会儿后,伦何太太抬起头缓缓地说:"席梦娜经常在半夜哭,那是我唯一听到她出声的时候。通常她会等到吉萝丹睡着后才哭,但我一走进她们的房间,她就马上装睡。我打开灯,看到她躺在那儿,鼓着一张红红的脸。有时哭得太厉害了,我还得换枕头,但当我试着想要摸她时,她便翻到一旁。你可知道那一刻我有多么想要抱着她,她是那么的小。但我不敢,从她的表情你就看得出来,你最好和她保持距离。"

第二天早上的下课时间,当我们在操场上时,吉萝丹和席梦娜过来坐在我身边。

我背靠着砖墙,双手插在口袋里。吉萝丹也学我靠在墙上,一手勾着我的手,席梦娜则用手指玩着我们脚趾缝间的沙土。

"你们想念北爱尔兰吗?"我问。

吉萝丹没有马上回答,倒是席梦娜抬起头来。我注视着她的脸,怀疑才五岁的她是否知道北爱尔兰是什么东西。

"席梦娜想念它。"吉萝丹说。

"那你呢？"我问她。

停了一下，她慢慢地点头："是的，想。"

她向我靠得更近，现在连另一只手都勾着我。我抽出手，搂着她的肩。

"你想要回去吗？"

她坚定地点点头："我要回去，席梦娜和我，等我们长大了以后。我们会在这里是因为我们还只是小女孩。"

"失去爸爸和妈妈一定让你们两个很难过，发生那种事任谁都很难适应的。"

"我们的弟弟马修也死了。"吉萝丹附言。

"是的，那一定很难过。你们失去很多，有时候这一定会让你们觉得非常伤心。"我说。

一时之间我们都沉默不语了，只看着玛莉安娜玩球。

"现在席梦娜是最小的孩子，"吉萝丹说，"我是老大，我一直都是老大，"她停了停，"如果我也被杀死，那么席梦娜就变成独生子了。"

其他我想要见的家长是康西迪尼斯先生和泰勒博士。莉丝莱丝毫不见进步，一如席梦娜，我无法全力辅导她。在我帮她换好尿布、检测血糖并注射过胰岛素后，已经没有时间指导她的功课了。

我想要更进一步知道莉丝莱的家庭生活状况。见过她与她母亲互动的大概情况后，我觉得她对她母亲比较有回应，对我反而比较沉默。难道她在家中会比较自如吗？另一个问题是，我无法忍受泰勒博士的酗酒问题。正如卡罗琳所预测的，泰勒博士经常喝得一身烂醉来接莉丝莱放学，而且她的态度常常让我觉得有问题的人是我，不是她。

我越来越确定泰勒博士是个人人讨厌的人。她态度高傲无礼，对人总是充满敌意。更有甚者，她让人觉得她是个非常危险的女人。没有人会去冲撞她，因为大家都不敢。

我也不敢。我幻想过面对面地问她，但每当直视她的眼睛时，我就变得哑口无言。不过，我并没有放弃，每天下午，我还是会抓着莉丝莱的衣领，泰勒博士依然重复地与我四眼对峙，那一刻我甚至觉得她很清楚我提不起勇气，我心中很害怕。

会议安排在星期五很晚的时段，是我刻意选的时间，因为那时候整栋建筑物已没有什么人。当泰勒博士放学后来接女儿时，我提醒她会议的时间，很庆幸她是清醒的。然而开会时间到了，该出席的人却都没有现身。我坐下来等候，桌上放着莉丝莱的功课与我的记录，时钟滴答滴答地吵着。

终于，门被打开又关起来，不一会儿，汤姆·康西迪尼斯巨大的身躯出现在角落。我起身和他轻轻打个招呼并请他坐下，然后开始进入正题。

"我恐怕我的妻子没办法来，她人不舒服。"他说。

"听你这样说实在很难过。她在三点三十分来接莉丝莱放学的时候，我还提醒她。"

"胃痛，她的老毛病。"

"哦，我明白了。"然后我打开莉丝莱的资料夹，开始谈她的功课，谈她的毫无进步和我的担心。虽然卡罗琳先前已告诉我有关康西迪尼斯先生的种种恶行，但我眼前的他却有礼又友善，令我有些惊讶。他带着热情而开朗的态度说着话、聆听、问问题、开玩笑。可是他的言语中也有些挑逗,让我感到有些不舒服。

"她很喜欢你的班级,"他说,淡淡微笑着,"我把这点视为你能力的最佳指标。她每天早上一起床就急着要来上学,她没有时间观念,你知道的。她的行为让人觉得很可爱,半夜三点半就起床穿衣服准备上学,连星期六也不例外。我告诉她时间还早,要她回床上继续睡觉。然后,还不到六点,她已站在我们的卧房,要我们送她去上学。"

听起来似乎比我所观察到的要正常许多。我无法想象她自己穿衣服,我向她父亲提到这一点。

"她无法和陌生人相处,恐怕这点是遗传自她母亲,有点害羞。"

"在我看来似乎她不只是害羞而已,"我说,"有时她根本就像个隐形人。"

他点点头:"的确,她在家里有时也会这样,让人难以捉摸。"

"你是什么意思?"

他耸耸肩:"有时候她很正常,看情况而定。当她对你所做的事情感兴趣时,她可能会非常有响应,或是某种她知道你不要她去碰的事物……"他笑了笑,然后笑容立刻被疲倦取代,"可是……有时候她真的很难缠。"

"我可以想象得到。"

"她就是这个样子,我不再对抗,只能接受、适应。老天,我们曾试过所有的专家,倾尽所有和他们配合,但没有用。"他再次耸肩,"我们不再对抗了,只能接受现状,别无他法。莉丝莱只是不一样罢了。"

"你的妻子也能坦然接受吗?"

他沉默地摸着下巴，然后慢慢地点点头："我想是吧，只是她的耐心比较不够。利德布洛克是个非常——你们是怎么说的——非常神经质的人。而莉丝莱，呃，你无法搞清楚莉丝莱，而是要去'感觉'莉丝莱。你必须以直觉的方式和她互动，而我的妻子对这种事情实在很不拿手。我猜我们两个有时其实都一样。说我可以接受她这个样子，并不表示我觉得她是个容易相处的孩子。"

我点点头："是否还有其他莉丝莱特别难以适应的地方？"

他想了一下："我想晚上是我们最麻烦的时段，莉丝莱似乎不需要很长的睡眠时间，这真的很不可思议。她可以十一点上床睡觉，凌晨三点起床，而且不再补觉。有时候，她很快就会入睡，但每隔一两个小时就醒过来，一个晚上总要醒过来六七次。这种情形已经持续好几年。你不曾过过那种日子，不能体会其中的痛苦。我们试过给她服药，但除非你把她敲昏，否则她还是照样醒过来。"

"她醒过来后会待在床上吗？"

"不，不完全。我必须承认，当没有其他事情可以让她分心时，她就会把整个屋子检查一次，把所有的抽屉、柜子全检查过，确定所有的东西都还在。我猜那样可能会让她觉得有安全感。"

"当你说'把所有的抽屉、柜子全检查过'时，你所指的到底是什么？"

"呃，当她在半夜起床时，她会打开橱柜和抽屉之类的东西。她会走进厨房，尤其是浴室，把所有东西都拿出来。"

我十分吃惊，继续追问着："你是说，莉丝莱在半夜起床，然后把橱柜里的东西全部拿出来？"

"哦，她是非常小心的。她没有摧毁性，几乎不曾打破过任何东西。"

我试着去想象那种状况，想象我家中所有柜子及抽屉的东西都被拿出来的样子。

康西迪尼斯先生似乎没有注意到这种行为的好奇价值。

"只有一个问题让我们很伤脑筋。她很喜欢到处乱涂东西，像是瓶瓶罐罐的或番茄酱、牙膏等东西，反正任何可以涂抹的东西她都不放过。有时候我干脆就带她到画室去让她涂个够。"他的唇际泛过一抹微笑，"她的杰作还不止如此呢。几个星期前的某个半夜，我们都没有听到她下床的声音。第二日早上，当我们到楼下的厨房时，发现她把冰箱打开，将里头所有东西都拿出来放在地上，还把冰淇淋涂得满地都是。天啊，我这辈子从没见过这种事情。"

"你的妻子对这一切有何想法？"我问。

"哦，那都是她的错，她忘记把冰箱锁上。"

"不，我的意思是，整体的行为而言。难道她不在乎莉丝莱的这些行为吗？"

他耸耸肩："有时候利德布洛克对凌乱的状况很没有耐心，但诚如我所说的，她并不是这个世界上最没有耐心的人。我曾向她解释莉丝莱需要我们的耐心相待，但她真的不了解孩子。再者，我们家中有管家，所以她也不在意家中是否凌乱不堪，我也不强求她。"

"我明白了。"

短暂沉默后，他说："我没头没脑地乱讲一堆，请你务必见谅。我没有机会多谈莉丝莱。人们大都无法理解这种事，不是吗？人们根本对她不感兴趣。"

"没有关系,我绝对有兴趣。现在我更清楚状况了。"

"我真的很爱这个孩子,"他说,"这种事情很难说清楚的。人们都只看到她的缺点,但如果一定要我承诺的话,我得说我爱她胜过另外两个正常的孩子。她是那么的纯真无邪,凭感觉做事,没有压抑,没有智力,只是纯真,是一个百分之百自然的人。"然后他甩了甩手,"不过那并不表示她日后不会遇到困难。"

"我想大多数的人是无法体会家中有这种孩子的生活状况的。"我说。

片刻沉默后。"你们特别为莉丝莱请过帮手吗?"

"我们有管家康苏拉,不过她不单纯只是照顾莉丝莱,她还得准备三餐和做家务。不过,事实上,她大部分的时间都在陪莉丝莱。康苏拉一直和我们住在一起,要是没有她,我真不知道该怎么办。利德布洛克根本不管家中的事情,没有康苏拉,我们这个家早已四分五裂了。她很有耐心,尤其是对莉丝莱。"

"她睡在莉丝莱房间吗?"

"不,不,她在房子的另一头有自己的房间。"

"当莉丝莱半夜醒来的时候,都是谁在陪她?"

"我们,我妻子和我。"

"每个晚上都如此?"

他点点头。我则是一边问,一边在莉丝莱的档案上做记录。

"老实说,大部分时候都是利德布洛克起来陪她。我睡得很沉,常常没有听到她下床的声音。"

"你的妻子是何时放弃她的工作的?"我问。

"已经好一段时间了,三年半左右吧。"

"什么原因让她决定放弃工作的?"

"她的企划案结束了。她是位心理医师,你知道的,她和其他几个人在普林斯顿大学从事研究工作,他们必须经常开会讨论事情,但她又放不下莉丝莱,再加上基金会老是找他们麻烦。总之,她心里明白这项实验迟早都会被迫结束的,就这样,她决定退出。"他说。我研究着他所讲的话,与卡罗琳先前所提到的落差颇大,我不知道谁说的话才是真的。

"从那之后她就没再工作了?"

"没有,当时莉丝莱的情况正开始恶化,我的妻子全天候地陪她。反正她也不适合再回去工作,她在那个地方得不到专业上应有的尊重,不是吗?"

我摇摇头。"莉丝莱是你们计划中的孩子吗?"我问。

他会意地微笑着:"哦,不是,完全不是,相信我。不过那并不表示她没人爱,或没人要。"

我点点头:"我明白。"

他微笑着说:"你可以说莉丝莱是我们生命中意外的惊喜。"

我们两人都沉默不语。我心底里希望他起身离开,如此一来我可以省下接下来要说的事情,这实在有点难开口。

"接下来这件事情我觉得有些难以开口。"我低声地说。

"什么事?"

"是关于你的妻子。"

"你是指我妻子酗酒那件事?"他毫不避讳,"那就是你想要说的吗?"

"是的。"我缓缓地说。

"那并不是什么秘密，亲爱的。我们希望它是秘密，但它不是。"

"难道没有人鼓励她加入戒酒协会之类的组织？难道没有人很严肃地把她的问题告诉她？"

他轻轻地笑着别开头去："显然你并不了解我的妻子。"

"我是不了解，那也正是我的问题之一。"

现在他回过脸来看着我，他原本愉快的神情变得令人难测。

"其实现在有很多这类的活动。我相信，如果她对戒酒协会没有兴趣的话，应该还会有其他的替代方式。替代方法有很多，我很乐意为你寻找相关的数据。"

"谢谢，"他说，声音中有着保护的意味，"你的关心让人感到温暖，只是，我怀疑利德布洛克会对这些感兴趣。她不是那种人，她根本不可能去加入那种组织。"他还是盯着我看："听着，我相信你的关心绝对是好意，只是我们都已经习惯这一切了。就我看来，你也只能接受人们的某些事情。我希望利德布洛克不要喝酒；我希望就算她喝醉，也不要闹得尽人皆知；我希望她能够清醒，就算只是一天也好。但就像莉丝莱的情况一样，你只能接受她们的本质，无法期待她们照你的希望改变。"

"只是接受是不够的。每次你妻子来接莉丝莱放学时，我就吓得半死，我很担心迟早会发生意外。我知道如果我插手干预的话，势必会引起你妻子的不悦，可是有一天我一定会那样做的。要是我让莉丝莱跟她母亲走而发生任何事情的话，我得负起完全的责任。"

"如果你指的是利德布洛克的驾驶技术的话，那么你大可放心。那段路程只有两英里半，我又给她买了一部性能好又安全的车子，她以前从未出过意外。我很相信她的技术,她是个很可靠的司机。"

我无言以对。

"我不知道,"他说,同时伸手拿起放在桌上的外套,"就某个角度来看,或许她发生意外会是比较好的结果,至少可以让她清醒过来。"

"或是让她丧命。"

他耸耸肩:"那是她自作自受。"

和泰勒博士谈话

> 他们过度强调谁该为孩子的问题负责任,是很残忍的。

星期一早上,伦何太太带着席梦娜走进教室,吉萝丹因感冒而留在家中休息。席梦娜坐下之前,我关上门。看她的表情,我知道席梦娜不想一个人来上学。

不过,我反倒觉得这是我渴求的机会。我把席梦娜带到桌前,打开她的资料夹,检视她早上的功课。她静静地坐在我身边。

"另一个女孩呢?"德基一进来便问。我从没听他称呼过别人的名字,总是女孩、男孩、小姐和先生地叫。

"她生病在家,今天不来了。"

"那么就只有这个女孩啰。"他说着并且笑了起来,"这个有黄色长头发的女孩。"

他朝席梦娜走来,席梦娜愤怒地伸出双手打他,德基大声叫骂起来。

"你这个有尿洞的女孩。"他说。

席梦娜朝他吐口水。

"嘿,你们两个,"我说,"都别闹了。"

玛莉安娜靠了过来。"席梦娜不喜欢那个男孩,小姐。"她模仿吉萝丹的声音说。

我让德基和玛莉安娜做功课,让莉丝莱听卡带,然后我带着席梦娜到放置黑板的角落。我从粉笔盒中拿出一根有色粉笔递给她。

"写给我看。"

她写了。

"很好。接下来,画七个方块。"

她小心翼翼地画着,还把每个方块都着上颜色。一如我所希望的,那根有色粉笔深深吸引着她。我们就这样继续玩着,有时我也会画一些。席梦娜的数字观念很强,和她玩数字游戏的目的,是让她放松,让她投入愉快的新事物,让她从事她的专长。接着,我在黑板上写满数字,利用数字竞赛游戏慢慢地将她的兴致引出来。她对用粉笔画画的兴致越来越浓,而且画得很仔细,当线条画得不直或不圆时,便用手指擦掉再重画。她欲罢不能,最后我不得不拿走她的粉笔,告诉她以后再继续画。

"指8给我看,指4给我看,指11给我看……"我的速度越来越快,席梦娜一个都没有漏掉。有的数字太高了,她指不到,便跳起来指给我看,她兴奋地咯咯笑了起来。"这是多少?7。这个呢?2。"

她一个接一个地写着,一个比一个更快,整个黑板上都是数字。她笑得很大声,我听到了。

"这是多少?4。这是多少?10。这个呢?8。这个呢……"

沉默了。

那个答案是6，她知道。她早就跳起来指着那个方向，等着我说。见我没有说，她突然退缩了，手臂停在半空中，期待的微笑依然停留在她的唇间。

"这个数字是什么？"我问，指着6。

她看着它，脸上的笑容渐渐消失，只是瞪着那个数字，好似那是外国字。

"这个数字是什么？"我轻敲着黑板。

她继续瞪着它。

"这个数字是什么？"我知道动力已消失，我知道我失败了。如果刚才我没有把握住她兴奋的时刻，此时就更不可能了。我微微一笑，化解我们之间渐失的美好感觉。"这是6，对不对？"她半真心地跳上来指着，想要留住幸福的心情和我一样。

我把那盒粉笔拿给她。"你真的做得很棒，对不对？你知道所有数字。这粉笔拿去，你可以一直用到下课。"

卡罗琳在她助理的协助下，下课的十五分钟她可以不必到操场上陪小朋友。我就得到操场去，因为没有人帮我看着小朋友。卡罗琳能够体会这种不得喘息的压力，有时也会与我轮替，把我的孩子视为她自己班上的孩子。

所以，我每天有十五分钟得以休息。通常我会把握这难得的时间做一些杂事，如看孩子们的作业或准备美劳教材，再不然便是向清洁工借拖把，清理我教室内的厕所。当莉丝莱出现在教室厕所门口时，我吓了一大跳。我的第一个反应是看手表,警觉到自己忘记注意孩子们回来的时间。但是还有五分钟才上课呀。

"你在那里做什么,甜心?你需要什么东西吗?"

莉丝莱的脸颊红通通的,神情比平常更警觉。她别过头看着教室外的走廊。

"是什么东西?"我探出头去,循着她注视的方向望去。

莉丝莱在我和楼梯间来来回回地看着,她的身体因紧绷而兴奋。

"你不应该来这里的,"我说,"你应该和贝瑞小姐及乔依丝在操场上玩。她们知道你到这里来吗?"

她举起一只手指着走廊,然后嘴里发出咕噜的声音。那是我第一次听到莉丝莱发出声音。

我再次探头望着走廊:"是什么东西?"

"哭。"她粗哑着声音说。

"哭?谁在哭?你能够指给我看吗?"

莉丝莱转身走开,我紧随在她后面,穿过走廊,走下楼梯。穿过楼梯门时,我被一股声音吸引住了,就在主办公室附近。走到办公室时,卡罗琳正好先我一步进入,她一手抓着德基的衬衫领子,一手抓住席梦娜的外套。德基大哭着,席梦娜则歇斯底里地扭着身体,还不停地尖叫。

"哦,谢谢老天,"一看到我,卡罗琳便喊着,"我还以为你消失了呢。"

"发生什么事了?"

"她想要杀我!"德基大叫,"那个女孩,那个有黄色长头发的女孩,她想要杀我!"

"真是名副其实的德基，"卡罗琳说，放开德基，同时抓了一把面巾纸给他，"你实在有点恼人，对不对，德基？你一直想要摸席梦娜的头发。我告诉过你好多次，要你不要去碰她的。"

"她想要杀我！"他向我们展示被抓伤的脸颊。

"我才想宰了你呢，"卡罗琳说，"我跟你说过多少次不要去惹她？五次？十次？难怪她会被你搞得很烦。"

席梦娜的尖叫声让我们几乎无法交谈。更糟糕的是，其他的小朋友也都围了过来。

我看着卡罗琳，"你可以请乔依丝先帮我带孩子回教室吗？为了安全起见，也许你暂时得替我看着德基。"

卡罗琳点点头。我抓着又踢又尖叫的席梦娜的外套往教师休息室走。一进到里面，我牢牢地把门关上，然后把她拉到另一端的沙发上坐下。

"你要坐在我旁边吗？"我问。

她还是一个劲儿地尖叫。

"你要不要坐到我的腿上？"

"不要！"

"哦，好吧，非常好。不过，问题是我不能让你出去。我得看着你，以免你在这里伤害你自己或伤害其他人。等你看起来比较冷静后，我再放开你。"

这个决定增强了她原本的怒火，她疯狂地用她那锐利的爪子抓我的手臂。我一言不发地抓住她的手，任由她尖叫着。终于，她声音嘶哑了，眼眶中蓄满泪水。她软化了，先是跪了下来，然后颓坐在我脚边的地毯上。我放开她。

我微笑着。"很难熬，是不是？"

她没有回应。

"我现在累了，你呢？"

她的手腕上依然清晰可见我留下的握痕，她用袖子擦了擦鼻子。

"这一整天你一定很难熬，没有吉萝丹陪你一起来学校，一定让你感到很害怕，你一定很想念她。"

她非常轻地点了点头。

"吉萝丹很照顾你，对不对？"

她强忍着眼泪，咬着下唇忍住不哭。

"你要不要坐到我旁边的沙发上来？很软的，你看。这个沙发很棒，你也许会发现它比地板还要舒服。"

她摇摇头。

"我也有些不应该，对不对？在黑板上和你玩那个游戏，你是不是觉得我在设计你讲话？我不认为那是设计，你知道的。那是帮助，只是要让你跨出第一步，因为第一次总是最困难的。然后是德基，他真的是个很讨厌的男孩，也是一天到晚想要摸我的头发，让我也觉得很烦。"

她看着她的手，泪水开始滚下脸颊，滴到她衬衫的领口上。她任由泪水流着。

我靠过去："过来这里，席梦娜。"

她摇摇头。我看着她，她看着她的脚。

"我觉得有点口渴，"我说，"你渴吗？在尖叫了那么久后，我想你应该会的。"

"我们要不要去喝点饮料呢?"

她抬起头,带着泪眼看着我。

"你喜欢喝哪种饮料?"我站起来,从口袋里掏出一把零钱,并走到饮料机前。

"可乐吗?我们要一起喝一瓶吗?"

她点点头。

我拿出可乐,喝了一大口,然后将整罐递给她。席梦娜接过可乐,急切地喝了起来。

待她放慢速度时,我说:"你该说什么?"

"谢谢。"

对席梦娜还是没有突破,不过至少紧张关系化解了。但一回到教室和其他小朋友在一起,她又缩回到沉默中。不过在教师休息室那短短几分钟很值得,虽然无法让她开口,但至少已强迫她承认我的存在。我知道,是疲累和孤独让她开口说话,还有那罐可乐,不是我的功劳。

不过,在席梦娜的事情结束后,我才回想到还有一项重大的突破,那就是莉丝莱。当她出现在厕所门口时,那是她第一次试着主动和人沟通,我被她这个突如其来的举动吓得一时不知如何应对。事后我不禁想,她真的能说话吗?她能够控制她的言语吗?我将她的沉默视为理所当然,猜想她的语言能力早就退化了,可是,莉丝莱真的能够说话吗?

放学后,我和莉丝莱在教室等候,借此诱使泰勒博士走出她的奔驰车，走进教室来接孩子。不到五分钟，其他孩子都已离开，泰勒博士出现了。

"我可以和你谈谈吗？"我问。

她皱起眉头，露出一副疲倦的表情。我猜她一定以为我要和她谈上星期五她没有来开会的事情。我们就那样注视着彼此，我没有别开我的目光，她见无法用眼神使我手足无措，于是缓和了她的瞪视，然后几乎是不露痕迹地点了点头。

"我先带莉丝莱到楼下请其他老师照顾。"我牵着莉丝莱朝门口走去，"你要不要喝杯咖啡？"

泰勒博士摇摇头。

回到楼上，我在桌旁坐下。她不是像她的先生一样坐在我身边，而是远远地坐在无法触手可及的对面。

"那天晚上你不能来真的很可惜，我准备了所有的数据要给你看，这些数据我现在没有带在身边。虽然这样邀你谈话显得有些唐突，但能够和孩子的父母亲都谈过，对我会有很大的帮助。再者，今天也发生了一件非常不寻常的事，我很好奇地想要知道莉丝莱在家中是否也如此。"

泰勒博士就只是坐着，在我讲话时审视着我。她有一种很厉害的能力，能够保持眼光的接触，而且她有很尖利的眼神，能使人在她的注视下逐渐不安起来。总之，她的注视让我觉得必须不断地看向别的地方，但是这么做又让我觉得很恼怒。

"莉丝莱在家中的状况如何？她最喜欢和什么东西在一起？"我问。

这个问题终于打断了她的目光。她看看上面，看看下面，再四处看了一下，然后又回到我的脸上。她轻轻地耸耸肩："就只有莉丝莱。"

"上星期五和你先生谈过后，我有种感觉，她有时候很难缠。"

又一次耸肩。

"你是否有时候会觉得难以面对？"

她顿了顿，然后轻轻地点点头。

"可以告诉我是哪方面的事吗？你先生说她的睡眠情形不是很好。"

她摇摇头。

"发生什么事？"我问。

"她会醒过来。"

"然后呢？"

"到处晃。"

这场对话就像一场拉锯战。在我所有其他和泰勒博士的会面中，她都给我一种印象：降低身份和我谈话，是一件她不能说服自己这么做的事。此刻，这种感觉似乎少了许多。我不知道是不是现在这个情势让她备感威胁，还是她只是在保护她的隐私而已。

"当她半夜醒来时，都是谁起来陪她呢？"我问。

"是我，大多数时候。"

"你会再哄她入睡吗？"

"如果她睡得着的话。"

"那么万一她睡不着呢？"

"那我就得熬夜陪她。"

"这种情形多久发生一次？"我问。

她轻轻耸肩："每天晚上。"

"每天晚上？"我简直不敢相信,"每晚不止一次吗？"

又耸肩:"有时候。"

"昨晚你起来陪她几次？"

"三次。"

"听起来一定很累人。"我说。

她轻轻地点点头。

"难道都是你起来吗？难道康西迪尼斯先生不会偶尔也起来帮帮忙吗？"

"他不太听得到她起床。"

"那么,如果我说错的话请纠正我,"我说,"你每天晚上都会起床两三次,有时候能哄她再入睡,有时候则必须熬夜陪她到天亮。"

"呃,也不是每一个晚上啦,只要等到她再入睡就行了。"

"我明白了。那么你一个晚上的睡眠时间够吗？"

耸肩:"够吧。"

"如果你任由她醒着,不去哄她再入睡的话,会怎样？"

"她会搞得天下大乱。"

"你有没有想过利用特制的门将她限制在她的房间里？"

"我先生觉得莉丝莱需要现在这样,他说这会让她有安全感。"

"你也同意吗？"

耸肩:"我想是吧。"

对话暂停,我看了一眼我在活页纸上匆忙写下的重点记录。

"今天这里发生一件不寻常的事。"我说,把今天早上所发生的事情讲给她听。她只是看着我,表情没有变化,不高兴也不惊讶。

"她有时候会那样。"她说。

"真的吗？我一直以为她不会讲话，没有人跟我提过这件事。"

"并不是持续性的。"

"可是她真的会讲话，对不对？她多久会讲一次呢？"我问。

泰勒博士皱了皱鼻子，想了一会儿："一个月一次，也许吧，我不知道。"

我思考着这件事。外头突然下起雨来，雨声打乱我的思绪。当我再看着她时，她也正凝视着我。

"我觉得我对莉丝莱还有很多不了解的地方，我希望可以更密切地辅导她。我这里绝对需要一个助手，尤其是班上有莉丝莱这样的学生。问题是，校方绝对不可能提供一个了解教育的助手给我，而我又没有找到义工，"我说，"可是，等我找到了以后，我一定会把莉丝莱列为第一个一对一的辅导对象。我觉得她的潜力不只是目前的程度而已。"

她开始用力啃着拇指指甲，双眼依然紧盯着我。我觉得她想要说话，但是随着时间的消逝，沉默气氛转浓。

"你要不要告诉我你的意见？"我问。

此话显然让她有些丧气，她迅速别开头去，轻轻地摇了摇头。又是一阵长久的沉默，只是她不再注视着我，这反倒给我机会仔细地看清楚她。

"我在想，"她的声音非常轻细，"你所想的也许会引发莉丝莱的问题。"

"你是指她整体上的障碍？"

她点点头。

"这很难说,我对莉丝莱还有很多不了解的地方。"

她轻微地点点头,就像是我给了她一个答案一样。

"我强烈感觉出,那是某种组织的机能障碍,就像自闭症。她的行为和我教过的自闭症孩子有些类似,但我并不是很确定。"

"组织的机能障碍是什么意思?"

"那是指生理上的某个地方无法正常运作。由于我们对这种事情所知不多,我们并不知道像莉丝莱这种障碍是怎么发生的,不过证据显示,那是先天性的问题,并非情绪困扰所致。"我看着她,"我并不是说这类孩子没有情绪问题,他们的确常有情绪问题。就算是在适应最佳的家庭中,他们一样会感到不安,只是家人很难适应他们的需要。我是说,就以你的例子来说吧,大约五年以来,你虽然已习惯每晚起床,但在这样的环境下,谁都无法正常地过日子,因此家庭或个人生活会出现问题是可以想象和理解的。"

她低头不语,手指不停地玩着头发。

"我们的心理学和精神医学对残障孩子的父母一直都是很残忍的,"我说,"他们过度强调谁该为孩子的问题负责任,我却认为,这种理论对谁都没有好处,责备并不能解决现存的问题。我不在乎谁对谁错的问题,那都会过去的。我在乎的是现存的问题。现在的问题是什么?该怎么做才能改善情况?那才是我真正感兴趣的。"

她缓缓地点着头:"我只是怀疑罢了。"

冲 突

我不知道你自以为是谁,可是我现在就可以告诉你,你将不会在这所学校继续教下去了。

"你一定会宰了我。"法兰克走进教室时说。

"怎么说呢?"

"因为我是来告诉你,你将会多一个孩子。"

"你开玩笑的吧。"

"不,"他说,"恐怕不是。此外,他是个爱尔兰小孩,马克三世。"

我停下手边的工作,抬头望着他:"哦,少来了,法兰克。你一定是在开玩笑。"

"不,很抱歉,伦何家人似乎又申请了一个过来。"

"这算什么?难道他们开始做起进口生意不成?"

"是有点那种感觉。"

"我不认为这里还能再增加学生。"我说。

"这个是表弟之类的,一个男孩,十三岁。"

"而他要来这里?来这个班级?"

"呃,从有关他的许多事情听起来,他绝对有问题。"

法兰克不怀好意地笑着,伸出手和我一握,谢谢我的支持。"高兴点,桃莉。伦何太太特别要求校方把那个孩子安排到你班上,她觉得你很聪明、厉害。"他语气夸张地说。

"谢了。"

他叫夏米,是伦何太太的姐姐卡西的儿子。由于夏米的学校记录无法送过来,伦何太太希望可以协助我事先做些准备。她的确帮了大忙,从她的口中,我对他有更进一步的了解。

夏米是家中八个孩子里最小的一个,个性温和,具有艺术天分,是那个大家庭的心肝宝贝。他称不上是个聪明的孩子,她说,但他心地善良又勤劳。和席梦娜与吉萝丹的家庭一样,夏米的家庭也被严重卷入北爱尔兰政治斗争中。他和舅舅(席梦娜的父亲)感情相当好,原本还想长大后继承舅舅的衣钵,但在舅舅遭逮捕后,学校的男孩们开始排挤夏米。其实那也没有什么大不了的,伦何太太说。但他一直是个很敏感的孩子,把这件事情看得很严重,并开始出现忧郁、失眠和心神不宁的现象,深信他和他的家人也会像舅舅一样遭到杀害。最后夏米决定要和两个表妹一样,到美国来和阿姨住在一起。听完伦何太太这番话,我不禁对夏米心生同情。

六天后,他来到我的班级。他是个瘦骨嶙峋的男孩,看起来不到十三岁,一头黑发,剪的是像马桶盖一样的发型。他的外表柔软且具女人味,身上飘着女性的香味,睫毛又长又翘,几乎就要遮住他的眼睛,给人一种梦幻惺忪的感觉。

"这是夏米表哥,"吉萝丹骄傲地宣布,"他远从贝尔法斯特来的。他住在我们隔壁,他家的地址是格林纳亭44号,我家是38号。"

"现在再也不是了,"夏米说,"你已经不住在那里了。"他微笑着。听他讲话,我才知道吉萝丹的乡音已经消失了,相较于夏米,她的口音早已美国化。

"我会回去的,"吉萝丹说,"等我长大时,我要回那里住。席梦娜也是,对不对,席梦娜?我们要回去一起住在38号。"

"不可能的,它已经被卖掉了。"

"可以的,夏米。我们可以把它买回来。"

"真蠢,你不会有钱买的。"

吉萝丹嘟起下唇。"席梦娜和我,"她煞有介事地说,"我们会找到工作,我们会赚很多袋的钱,并且把38号买回来。"

"到那时候已经都不一样了,吉萝丹。"夏米答道。

"我们会把它弄得跟现在完全一样,我们会像以前一样住在那里。对不对,席梦娜?"

我站在一旁,出神地发呆。

"呃,"夏米耸耸肩说,"如果你想的话,你就可以做得到。我是不会回去的,永远都不回去。我要永远待在这里。"

那次放学后与泰勒博士的简短交谈,让我更能自在地面对她。不过,我尚未对她完全解除武装。她依然是那么高傲,不屑与人交谈,只是我不再把这件事视为个人恩怨,不再觉得她对我有敌意,只觉得那就是她的个人特质。这个转念令我受惠,我不再怕她。更让人高兴的是,她不再烂醉如泥地来接小孩放学。我想康西迪尼斯先生应该跟她说了些什么,因为从那之后,她每天来接孩子时都很清醒。为此,我还为自己的正确做法而沾沾自喜。

11月的某个下午,泰勒博士正坐在她的车内。这已成了我们之间的默契,她待在车内,我打开后座车门让莉丝莱进去,并帮她系好安全带。

可是那个下午,当我打开车门时,一阵浓烈的酒味冲鼻而来。这到底是怎么回事?

我一时想不到更好的办法,急忙解开莉丝莱的安全带,将她拉出车外并关上车门,然后牵着莉丝莱倒退几步。她显得一头雾水,但保持镇静。

车窗被摇下。"你在干什么?"泰勒博士生气地问。

我一语不发,也不靠过去。拉起莉丝莱转身,开始朝着教室的方向迈步走去。

远处的车门被打开,泰勒博士跨出她的奔驰车。"你在干什么?"她高声问着。

我停下脚步回头看她,"我要把莉丝莱带到办公室,并替她叫一部出租车。"

酒精显然并没有减损泰勒博士的反应能力,因为她迅速地绕过车子跑到我和莉丝莱前面。

"你以为你在干什么?"她问,"她是我的孩子,我爱带她到哪里就带她到哪里。"

"我们不要小题大做了,好吗?我会替她叫一部出租车的。你回家就会见到她了。"

她怒瞪着我:"把她交给我。"

"不行。"我的态度坚定。我们就那样互瞪着彼此好一会儿。"请你不要挡路。"我说。

泰勒博士显然没有让步的意思,她眯起双眼,拿掉吓人的冷漠表情,狂怒写满她的脸庞。"如果你敢这样做,就别怪我毁了你。"她说。"我向你保证,等我回到家,我的第一通电话就是打给我的律师。"她的声音低沉安静。

我无言以对地咽咽口水。

"我不知道你自以为是谁,"她说,"可是我现在就可以告诉你,你马上就不再是那个人了。他们会再去找一位老师,因为你将不会继续在这所学校教下去了。相信我。"

我想不出任何自我防卫的方法,只是静静地站在那儿瞪着她。这是种虚张声势的计策,不过我想这个计策早就被她识破了,她狠狠反盯着我,一点都不受制于我的沉默。

终于,我别开头去,垂下目光,盯着脚下的地板好一会儿,不知接下来该怎么做。我在衡量着和她短兵相接的可能性。她和我差不多高大,如果我要强行通过的话,不见得过得了她的阻挡。我抬起头看看四周是否还有什么人,我想象着可以用什么方法引出办公室的秘书。

我深深吸了一口气,轻轻转过身,拉着莉丝莱的手,大步地绕过泰勒博士，朝学校大楼走去。

泰勒竟然慈悲地没有阻挡我。相反地，她回到她的奔驰车上，关上车门，扬长而去。

我的腿差点没软掉，抖着双腿走进办公室。等到我拨了电话到出租车公司时，才发现原来连声音都在颤抖。

莉丝莱从头到尾都好奇地保持镇静。出租车来了，我送她进车内，给了她一个拥抱："别担心，甜心，一切会很好的。你的爸爸和康苏拉会在家里等你的。或许你的妈妈也在。"我又抱了抱她，然后预付了出租车费。

接下来的时间我过得很不愉快，泰勒博士的影子占据我所有思绪。她说要打电话给律师的事情是认真的吗？如果是，那她会采取什么行动呢？我有任何地方做错了吗？如果她意欲让我不好过的话，那这下子她真的成功了。那个晚上，我的心情恶劣到无法吃晚餐，无心思做任何事情，就连躺到床上都无法成眠，整个过程一次又一次地在我脑海重演。

事情到翌日早上还是不见改善。因为睡眠不足再加上其他事情，我已经累坏了。

卡罗琳要去看牙医，她的班级暂由代课老师带，但那位老师无法维持秩序。我觉得有义务帮忙照顾她的班级，于是便过去和她班上的小朋友共进午餐，顺便帮她看看小朋友的功课。

回到自己的教室后，我一一检查着，确定一切都进行得很顺利。夏米不做头痛的数学，改做阅读功课。吉萝丹和席梦娜一起画画。我把其他三个孩子聚集起来，和他们玩起乐透游戏来。平和的气氛一直持续到约两点四十五分。然后砰的一声,教室门被打开了。

我吓了一跳,抬头望去。我借口要他们三个自己玩,然后起身走过去看看是谁。

泰勒博士就站在那儿。

复仇天使

不是莉丝莱的问题,是我。我真希望我有勇气自杀。

利德布洛克·泰勒的眼神让我很确定,我看见的是一位复仇天使。还有,她真的醉得很厉害。

"我来接我的女儿。"

我可以感觉到孩子全聚集到我的身后,偷偷地看着她。我把他们哄走,可是他们又悄悄回到距离不远的地方。"回到你们的座位上,"我命令着,"回去做功课。"他们全都不动。

我走到门口等着泰勒博士:"我们到走廊上谈吧。"

孩子们还是不愿散去。

"夏米?"我说。

"是的,小姐。"

"这位是莉丝莱的妈妈。我有一些话要和她讲,而且我们要到走廊上去讲。你可以帮我照看他们吗?如果你喜欢的话,可以放故事录音带给他们听。我一会儿就回来。"

"是的,小姐。"

泰勒博士已经醉得步履不稳。原先我还没有意识到她醉得那么厉害,等到我察觉时,我的原始恐惧已经散去。我心中暗下决定,不管事情如何发展,我最好速战速决。

一等我引她到门外,并牢牢关上门时,她立刻说:"我要带我女儿回家,而且现在就要。"

"放学时间还没有到,泰勒博士。莉丝莱大约还有四十五分钟才会上完课,你何不先回家等她呢?"

"我现在就要她。"

"是的,我知道,可是现在是她的上学时间。"

她怒瞪着我,这早在我预料中,不过此刻我所盘算的是绝对不可以让她闯进教室。但是如果她坚持的话,我没有把握能够挡得住她。

"或许你需要一杯咖啡,"我说,"我们何不到教师休息室去?"

"你可不可以不要再做表面文章了?"

"我不是在对你做表面文章,泰勒博士,我只是想要赶快回到我的教室。我是个老师,我应该在里面教书。"

"那就让我把我的女儿带走。马上。"她的怒气高涨。

然后,出其不意地,她闪过我,朝着教室门口走去。我及时抓住她握在门把上的手,但其实我大可不必担心,她已经醉得无法正常反应了。这个突如其来的动作令她失去平衡,她先撞到我,接着重重地撞到门板的另一边,然后整个人无力地滑跪到地上。

"我知道你在想什么,"她抬头看着我说,"你觉得像我这种人应该抓去关起来，对不对？"

其实不然。我心中想的是，她又何必把自己弄成这个样子呢？我伸手抓住她的肩膀："起来吧，泰勒博士，拜托，你不可以待在这里。"

"你不是人。你对任何事情都没有反应，对不对？你到底是什么东西？机器人吗？你一定不是人。你到底是什么东西？"

"清醒一点，马上。我是说真的，起来，赶快。"

她做不到。她奋力地站起来，但又突然像个被剪断线的皮偶一样，崩溃倒地，并昏了过去。

哦，可恶。我站了一会儿，努力克服心中的恐惧。已经消退的惊慌重升至我的喉咙。现在我该怎么办呢？总不能让她醉倒在这里吧。我跪了下来，摸了摸她，"泰勒博士？醒醒，你不能躺在这里。快点醒醒，拜托？"

没有回应。

我唯一能想到的办法就是先把她拖进教室。我双手夹着她的腋窝，吃力地拖着她，就像拖个沉重的死尸一样。我打开教室门，探头进去。"夏米，夏米，出来一下。"

夏米来到门口，见状，吓得脸色发白，倒抽一口气。

"拜托，夏米，她没有死。"

"她怎么了，小姐？"

"她醉倒了，就这样。"

"我还以为你杀了她呢，小姐。"

"夏米！看在老天的份上。"我弯下腰，"现在，帮我个忙，我要把她拖进教室里。"

就算两人合力拖，还是很吃力。一将她拖进门内，我马上放手，"可以了。"

"我们要不要去请卡顿先生过来？"夏米问。

我考虑了一下，摇摇头，"我想不用了，她自己会醒过来的。"

"她看起来非常不舒服，小姐。你看我们要不要拿个枕头给她睡？"

"这里又不是饭店，夏米。她不会有事的。"

德基突然绕着角落的架子打转。他的反应和夏米一开始一样，只是更大声地叫着："你杀了她！她死了！"

"各位，放轻松。我看起来像是个会杀人的人吗？我没有杀任何人。她没有死，只是醉倒了。我们不要理她，她待会儿就会好一些了。她没有死，德基，相信我。"我走过去要带他回座位上做功课。他跳起来，绕着架子跑了起来。

"你也是，夏米。快点，我们继续做功课。"

他望过去，脸上有一丝沉思的表情。

"感觉好像教室里来了个睡美人。她就像个童话故事里的人物，真的好漂亮。"

"的确很漂亮，夏米。现在，赶快过来。"

教室里躺了个睡美人当然让小朋友们无法专心做任何事，更何况她也不安静，她每动一下，我们便全被吓得跳起来。玛莉安娜、吉萝丹和席梦娜觉得这整件事情实在太好笑了，忍不住咯咯笑个不停；德基还是深信我把她给做了；夏米则是每隔几分钟便起身过去检查看看她是否还在。只有莉丝莱显得毫不关心，或许她早已司空见惯。

约二十分钟后，我颓丧地放弃了，他们根本无法静下心来做功课。

距离放学只剩几分钟，我索性要孩子们收拾自己的东西，然后带他们到楼下。卡罗琳正在上音乐课，我知道她不在意多几个孩子加入的。

"你绝对不敢相信我的教室里发生了什么事。"我带孩子们进她的教室时对她说。

"没错，"德基抢着接话，"有个死女人躺在那里。"

回到教室，我在泰勒博士的身边跪下，用力猛摇她。这次她有回应了，呻吟了几声，然后翻了个身。

"起来。"我的声音变得很无礼。

她缓慢而吃力地坐起来，用双手撑着头。

"这样还不够，站起来，立刻。"这对她而言显然更困难。我突然明白我无法打开门，将她赶出去。我只能稳住她，带她到角落的桌前，拉出一张椅子。她瘫在椅子上，驼着身躯，双肘放在桌面上，用双手掩着脸。

"这简直是一团糟，"我说，"接下来我们该拿你怎么办呢？"不见她的回应。

"可恶。"我说，同时转身走到窗前。我真的很烦，为什么是我？我靠着墙壁，凝视着外面的景物。几分钟后，我回到她的旁边。她还是一动也不动。

"你还好吗？"我问，看她那个样子似乎不太对。

我的感觉是正确的。因为就在下一秒，她发作了。她完全违背她平日力持的形象，吐得到处都是，桌子、椅子、地上、她自己身上，她可能把这个星期所吃下的食物全都吐出来了。

那一刻，我的脑海突然一片空白，麻痹得不知作何反应。然后，她又开始作呕，我迅速地将垃圾桶塞到她的手里。"拿去，吐在这里。我去找清洁工。"语毕，我快速走出教室。

比尔正在教室里喝咖啡、看报纸。"是你学生的家长吗？"他不敢置信地问。我转了转眼珠，问他的清洁柜里有没有任何可以让她清理自己的东西。他把钥匙丢给我，"别锁上，待会儿我会用到柜子。"然后他一口饮尽杯中的咖啡。

柜子里没有可以派得上用场的东西。

我回到教室，泰勒博士仍在原地。她又吐了，垃圾桶就夹在她的双膝间。室内弥漫着酸腐难闻的味道，我走过去打开所有窗户，接着打开水槽下的橱柜，拿出水桶，装满水，并加入碳酸氢钠，然后拿出一块干净的抹布。

"你还想吐吗？"我问。

她摇摇头。

"确定？"

她点点头。

"那好，请过来坐在这张椅子上。"我说。她听话地过来坐着。

就像擦洗一个小孩子一样，我努力地擦掉她衣服上的呕吐物。此时我还不确定她的神智是否清醒到可以自己清理，而且我没有心情问她。我们两人都沉默不语，任何语言都只会让我们更无法自处。我很清楚当这一切结束后，困窘依然会回荡在我们之间，但此刻已无法想那么多了。

比尔带着他的工作家伙进来，对我们微微一笑，然后一语不发地去拿水,开始起劲地拖起地来。一会儿后,室内的气味渐渐飘散。

"待会儿见,桃莉。"他说,并愉快地提着水桶、拖把走出去。我把水桶和手上的抹布拿回水槽并清洗干净。泰勒博士转头望着我,她的脸颊已恢复血色。

"你要不要喝杯水呢?"我问。

她轻轻地点点头。

我把我的咖啡杯洗净,倒了杯水给她,接着我将洗干净的抹布折好,放在桌面上,然后拿过那盒碳酸氢钠。"这个东西很好用,"我说,"可以把气味驱散。我一直在教室里放着这种东西,以防小朋友们,你知道的。它具有强力的去味功能,而且不会伤害衣料。"

她低头瞪着我的双手。"你被我弄得一身脏,对不对?"她说。

"呃……"我耸耸肩,"我相信你不是故意的,这种事情没有什么大不了的。"我说。

"我相信你一定很恨我。"

"不,"我说,"我甚至不怎么认识你呢。"

她的下巴颤抖着。

"不过,我还是得说,你应该找人帮你解决你的酗酒问题。这种事情对谁都没有好处。"

她伸手掩住脸,努力地克制不让眼泪流下来。"总有一天我会杀了我自己的。"她说。

意外地,我发现自己对眼前这个女人充满同情。她的沮丧迅速在我们之间扩散着。经过那一番尴尬折腾,她已完全崩溃,她的这个模样反而感动了我。

"我能帮你些什么呢？我不只是指在这里，而是任何事情。我能帮得上忙吗？"我问。

她摇摇头，强忍着欲滴的泪水。她伸手到口袋里拿出面巾纸。

"我知道这一切对你一定很困难，"我静静地说，"从我们所听到的有关与莉丝莱一起生活的点点滴滴，你一定承受了很大的压力，一定很难适应这样的环境。"

"我不知道该怎么办。"

"也许我可以帮你分担一点照顾莉丝莱的责任，"我说，"如果你愿意的话，我想或许我可以稍微减轻一点你的负担。"

摇头。

"你不想吗？"

"不是莉丝莱的问题，是我。我真希望我有勇气自杀。"

我忧心地注视着她。

"我无法入眠。每夜躺在床上，我都不停地想着我该怎么做，在脑海中列了一串明细。"

"明细？"

她轻轻耸耸肩："关于要打电话给谁的明细。你知道的，就是律师之类的人，交代一些必要的后事。"

我一时无言以对。

"我躺在床上想着这些事情。我很害怕把事情搞砸了，汤姆就一辈子都不会原谅我了。"

"我明白了。"

"我绞尽脑汁地想,然后下楼,想着,只要喝一杯,我就有勇气自杀。可是一杯不够,我还是很懦弱。"这时她脸上肌肉紧绷,泪水再次蓄满眼眶,但没有掉下来,"然后汤姆来到楼下,看了看时钟。这时候大概都已经是早上六点三十分了。他会说:'你怎么会变成这么一个恶心的贱女人啊!'"

敞开心扉

> 我要当个更好的母亲,我要我们的关系像你和她一样。

我帮莉丝莱收拾好东西,然后送她和她母亲回家。由于不知道泰勒博士体内还存留多少酒精,我不愿让她开车回家。这段路程遥远又沉默,我可以感觉到她的自我防卫又回来了,我又再次变成陌生人。

终于,车子进了康西迪尼斯家的车道。泰勒博士摸索着想要打开车门,我心急着想告诉她些什么,"泰勒博士?"

她没有回答,也没有回头看我,不过开车门的动作停了下来。

"我可以帮你些什么吗?我明白今天下午是个可怕的经历,我可以想象你可能永远都不想再看到我的脸,可我是认真的。有什么事是我可以帮忙的吗?"

"譬如什么?"

我不好意思地笑了笑:"我也不知道,我们可以再找个时间谈谈吗?"

她轻轻点点头,打开车门。"谢谢你所做的一切。"她说,声音轻得几乎听不到，然后下车，走到后面为莉丝莱打开车门。我看着她们朝着房子的大门走去。

泰勒博士没有来找我谈。事实上，接下来几天她几乎刻意躲我，接送莉丝莱的都是康西迪尼斯先生。那一整个星期我都没有看到泰勒博士，一开始我不以为意，虽然不知道她对自杀这件事到底有多认真，但我知道绝不可轻视此事。问题是，我不确定我该怎么做。在那一刻，最重要的似乎是让她回来找我，毕竟如果她没有意愿的话，我说得再多或愿意提供再多的帮助也是枉然。但是，她若真的回来找我，我也不知道该如何面对她的处境。我能做好的只是努力收集当地几个戒酒协会的简介。

随着时间的推移，事情的紧迫感渐渐减少，日子恢复常态。我对夏米、吉萝丹、席梦娜的期待因现实环境而不同于其他孩子。我从未辅导过战后余生的小孩，我原以为他们会时时把北爱尔兰的紧张气氛带在身上，让我们永远跳不出战争的阴影。这其实是我的无知，他们和其他孩子一样的正常。虽然这三个孩子在先前的环境中遭受过痛苦，但和其他遭受不同形式痛苦的孩子一样，都是默默地承受着，只有他们的口音和偶尔冒出来的奇怪措辞会让我们想到他们是外国人。三个人中只有吉萝丹会主动谈到贝尔法斯特，她毫不掩饰对家乡的思念，也总把两边的生活拿来比较。

几个星期后，我对这几个孩子越来越了解，我发现他们的行为和那些严重受虐的孩子很相似。吉萝丹在操场上很不喜欢和其他孩子一起玩，和卡罗琳班上的孩子完全划清界限。她的感受我能够了解，因为那些孩子的年纪和所玩的游戏都不适合一个八岁大的女孩。但拒绝和玛莉安娜与德基玩,这点我就有些不解了。的确,她甚至不会自己一个人玩,总是待在我或卡罗琳身边,而席梦娜自然有样学样地跟着姐姐。要让这个女孩加入游戏的唯一方法就是,我也加入。

有天早上下课时间,她又待在我身边磨蹭。

"你看那边,"我说,"乔伊斯正在带他们玩游戏,你何不带席梦娜过去,看看你们能不能也加入游戏?"

"不要。"吉萝丹抱着我说。

"看起来好像很好玩的样子。"

"他们都是婴儿,我不玩婴儿游戏。"

"玛莉安娜也在那儿啊,看起来他们好像在玩躲猫猫,如果你过去的话,也许玛莉安娜会选你当王。"

吉萝丹把我抱得更紧,"席梦娜不会喜欢的。对不对,席梦娜?"

站在我们身旁的席梦娜抬头看了我们一眼,没有回应。

我扒开吉萝丹的拥抱,"那如果我也一起玩呢?"

"不要,小姐。"

"为什么不要?"

"就是不要。"

"你害怕那些孩子吗?"

"我什么都不怕。"吉萝丹回答。

然后我们静静地看着那几个孩子玩,每个孩子都玩得兴高采烈。

"你知道他们曾对我做了什么吗?"吉萝丹淡淡地说。

"什么?"我说。不知道她所指何事或何人。

"他们把我丢到垃圾桶里。"

她更贴紧我,我伸出手将她拉过来。

"我在大街上,我不应该到那里去的,妈妈不会让我们自己去那里的,可是我有钱,我要去买糖果。但是当我看到那些穿学校制服的孩子时,我知道我不该去那里,于是我转头穿过马路到对面,跑到两间房子中间。可是那些男孩看到我,开始追我。我使尽力气一直跑,可是他们比我还大,他们抓到了我。有一个男孩抓住我,并抢走我的钱,然后他和其他男孩把我高高抬起来,丢到垃圾桶里。"

我低头看着她,将她拉得更近,"这里的孩子不会做那种事的,吉萝丹。"

她没有立刻回答,不过席梦娜倒是站了起来,靠到我们的身边。

"我不知道,"吉萝丹柔柔地说,"我从来没有和有问题的孩子一起上过学。"

接下来的那个星期一,依然是汤姆·康西迪尼斯送莉丝莱上学。那天下午,当我带孩子到楼下等车时,泰勒博士的车子竟然就停在那里。当我和莉丝莱靠近时,她下了车,但仍站在街旁,没有过来。

"你好。"我说,礼貌地微笑着。我弯下身,打开后车门,让莉丝莱进去,并帮她绑好安全带。

"我很抱歉上星期没来。"等我关上车门时,她说。

"没有关系的。"

"我是说真的。"

"没有关系的,别放在心上。"

她犹豫了片刻，然后别开头去。我觉得气氛有些尴尬，于是后退几步，准备转身回教室。

"再见，莉丝莱。"我说，同时弯下腰对她挥挥手，"明天见啰。"接着我转过头看着她母亲："再见，泰勒博士。"

"不，等一下。"她说。

她打开车门，从座位上拿出某样东西。"我不太会说话，"她怯怯地说，"那也就是我没有来找你谈的原因。我能够想到的就只有这个了。"她匆忙地把一本绿色封皮的笔记本滑过车顶，我必须迅速地接住它，以防它掉落到地上。她没有再说一句话，转身钻进车内，驱车离去。

我翻了翻笔记本，那是一本日记。

回到教室坐定后，我翻着那本日记，每页都写得满满的。我快速瞄了最后一页，猜测接下来应该有另一本。

康苏拉去她母亲家度周末，所以我为莉丝莱准备晚餐。她吐得满地都是，因为我忘了先帮她围上围兜。正当我在清理她的呕吐物时，她尿尿了，弄得椅子上到处都是。汤姆进来对着我大骂，因为我没有带她去厕所。他说我应该知道她什么时候要去上厕所的。他很生气，因为奶油玉米掉到新地毯上，还让猫舔着。我说，你要是受不了的话，可以过来帮忙啊。他用力甩上门，躲进他的工作室，也没有回来吃晚餐。我索性帮莉丝莱洗澡，把她放到床上，让她自己一个人睡觉。她痛恨这个样子，一直到凌晨两点半才入睡。

到处都是尿液，衣服、地毯、家具，没有一个地方幸免。我相信清洁公司的人一定觉得我们全家都尿失禁，因为尿液实在太多了。可是汤姆坚持不让莉丝莱穿尿布，因为，他说，她一定会来不及脱下尿布，那会让她很受挫的。我告诉他，莉丝莱也让我很气馁，我告诉他他偶尔可以帮忙清理。他却告诉我，如果我更机警一些的话，就会及时带她去上厕所。他告诉我，如果我是个好母亲，就不会让这种事情发生了。

又轮到汤姆照顾柯丝蒂和提杰。我无法在照顾莉丝莱的同时，忍受他们两个整整两个星期。柯丝蒂整晚不停地叫莉丝莱"怪胎"。我进入浴室时发现莉丝莱又把所有东西搬出来，这个连尿布都不会粘贴的孩子，不但把姐姐柯丝蒂的面霜全涂在镜面上、拿她的眼影笔在镜面上写字，还把她的东西弄得一团糟。柯丝蒂简直气炸了。她今晚要出去约会，却让莉丝莱在后面毁了她的人生。我告诉柯丝蒂可以用我的化妆品。她看着我的化妆品，然后挥手将它们全都扫落到地上。哎呀，那是意外，她说。我很生气，然后汤姆进来查看发生什么事，结果又把气出在我身上。他说我和孩子们一样笨，笨到连柯丝蒂都有办法惹我生气。她才十五岁，而我已经三十二岁了，我应该很清楚怎么拿捏情况的。虽然我不想哭，但我还是忍不住地哭了起来。浴室一团糟，东西散落一地，有一半都已打碎，莉丝莱躲在被子里，不愿出来让我帮她洗头。

我唯一想要的是能够早早上床睡觉。柯丝蒂正在微笑，我告诉汤姆，他称了柯丝蒂的心，和她联合起来对付我。汤姆却说我称了柯丝蒂的心，被她给惹火了。似乎，一切称了柯丝蒂的心。终于，当我上床睡觉时，发现被子里夹着一张小字条，是用眼影笔写的："哭吧宝贝，哭吧／把你的手绑在床柱上／让你就那样死去。"

我拿了药，二百七十一颗，应该够了吧。我拿着药瓶坐下来，五颗一堆地将它们分开，我想我可以一次吞下五颗。然后我停下来，把瓶子放回原处。我想到我在书上读到关于人们用酒配呕吐药后的惨状，于是我决定用水来配。反正我的胃也已经很醉了。

读到这里，我合上日记本，无法再读下去，只是呆呆地坐在那儿凝视着那个再平凡不过的绿色封皮。

翌日早上泰勒博士送莉丝莱来时，我把日记本还给她。"听着，"我说，"你可不可以进来和我谈谈呢？有些问题真的很严重，不是吗？我很感激你把这个交给我，因为它让我更容易了解状况。但是如果我们不谈谈的话，我也无力再做些什么。"我说。

她垂下头，没有回答，眼神一直望着别处。

"你何不今天下午过来呢，就在学校放学之后，大约三点四十五分？我们聊聊，好吗？只是聊聊而已，就你和我。"

她轻轻地点了点头。

她依约前来,清醒且镇静。她迟到了很久,几乎拖到快五点才现身。我原本已经放弃希望,打算去做其他事情。她进来时,我正坐在桌前翻着其他数据。

看到她出现令我感到惊喜,不禁微笑了起来:"嘿,快进来。"

她在我对面的椅子坐下,她的模样看起来像个女学生,外套依然穿在身上,双手插在外套口袋里。

我再次对她微笑,企图缓和气氛,但她并没有看我。不一会儿,我看到泪水滑下她的脸颊。我调了调椅子,将桌上的东西清理到一旁。"你要不要喝杯咖啡?"

她摇摇头。

"你确定吗?一点都不麻烦的。我正好也要去替自己倒一杯。"

"不要,咖啡会让我的胃不舒服。"

"哦,我明白了。那么你要不要其他什么东西?茶?饮料?果汁?我想楼下应该有果汁。"

"不,我很好。真的,只是这一切对我太难了。"

我微笑着:"我能够体会。从你的日记本里,我知道你在家里一定很不好过。莉丝莱似乎不是你唯一要应付的孩子,好像你丈夫的另外两个孩子也很麻烦。"

她点点头。

"他们多久来一次?"

"每周周末,还有寒暑假。"

"他们的年纪多大了?"

"柯丝蒂十六岁,提杰十七岁。"

"我有种感觉,他们是不好相处的孩子。"

她耸耸肩。

"你也这样觉得吗?"

"我想是吧。"

"你可以告诉我哪些方面特别严重吗?我明白,要你开口讲这些很困难,但千万不要让它困扰你,我不会被这件事情困扰的。"

这番话再度引出她的泪水。

我轻松地靠在椅子上,但我心里其实一点都不轻松。她用面巾纸擦了擦眼泪,几分钟的沉默后,她重新整理她的情绪。

"你有没有发现,其实你不习惯和不熟悉的人交谈?"

她点点头。

"因为紧张吗?"

"我想是吧,我也不知道。"

"那么,在这里就不要让这个问题困扰你,好吗?"这种事情一点都不会困扰我。

在我的职业生涯中,我曾和很多不善说话的人交谈过。我对一种叫作选择性缄默症的特殊问题很感兴趣,它大多发生在孩童身上,他们能讲话,却不讲。总之,长期辅导他们让我能很自如地面对沉默。

几分钟过去了,她还是一言不发,然后她歪了歪头,一脸的痛苦。"它困扰我的丈夫。"她淡淡地说。

"怎么说呢?你连对他都无法轻松交谈吗?"

她点点头。

"的确，他似乎是那种很健谈的人。"

"我就是无法像那样与任何人交谈，你知道，只能简短说几句。"

"那会让他生气吗？"

她点点头："他以前经常举办宴会，他在这方面非常有名，可是现在不再办了，都是因为我。他的第一任妻子很能投入他的宴会，那叫什么来着？女主人。我想汤姆大概期待我也能够扮演那种角色，你知道的，就是穿上美丽的衣服并且……"

"而你做不到？"

她摇摇头："是，我做不到。有时我会躲进卧室，锁上门，待在里面直到所有客人都回家，这让汤姆很愤怒。有时候我会喝得大醉，那是另一个逃避宴会的方法，到那时候我就可以面对他们，因为不论发生什么事，我都不会记得。"

沉默不语。

"你的酗酒问题已经很久了吗？"我问。

她耸耸肩。

"你可曾得到过特殊的协助？"

"没有。"

我注视着她，此时她转过头来，我们有片刻的眼神交流。

"我并没有真正进入戒酒协会这类团体。我曾经去参加过一次，但事后我必须喝得烂醉才能克服这件事。说来好笑，它们并不适合我。我想，我宁愿继续当个酒鬼，也不要去那种地方。"

"还有很多办法解决的。"我说。

"其实如果我想要的话，我可以戒得掉的。我可以的。我是说，没错，我的确经常烂醉，可是我说到做到。我并不是个无法控制自己的人，每个人有时都不免烂醉。"

我看着她。

她低下头看着放在腿上的双手，眼泪再度浮现。

我明白我该适可而止。她不是在开玩笑，她很清楚。可是我看得出来，如果我继续探究问题，只会助长她的自我防卫，甚至愤而起身离开。

"你在这里有任何家人吗？"

"我只有一个弟弟，可是他住在宾州。"

我们的谈话就这样很困难地继续下去。她还是无法顺畅地聊天，甚至当她情绪较放松时，她的语言能力还是无法正常发挥。大多时候是我问她答，简短地摇头、点头、耸肩、是或不是。最能引发她开口的话题是莉丝莱，也是我们交谈中着墨最多的地方。

我们对莉丝莱的看法落差极大。刚开学时，我以为莉丝莱是典型的被忽略的孩子，但和泰勒博士谈过后才知道其实不是这么一回事。莉丝莱是康西迪尼斯家的生活中枢，随时随地，她爱吃就吃，爱睡就睡，甚至随时随处爱吐就吐。诚如汤姆·康西迪尼斯所描述的，她沉迷于她的"独角戏"中，任何时刻都可能把家里搞得一团糟，而且没有人会试着去阻止她的行为。

墙上的时钟指着六点，接着六点三十分，然后是七点，我的胃早已饿得直叫。到了七点二十分，我终于显露出疲累的沉默，而且没有力气将之驱走。

泰勒博士望着我，那是一种探究的表情，好像想要从我身上找到什么东西，并将它吸收过去。终于，她别开头去，玩着手中的面巾纸。"你知道我要什么吗？"她静静地问。

"什么？"

"我要当个更好的母亲，我不要和莉丝莱维持现在这种关系。"她停了停，瞟了我一眼，"我要我们的关系像你和她一样。我看过你们在操场上的互动情形，你和她在一起时很快乐。你可不可以教教我呢？"

我淡淡地笑了笑："呃，我想我比较容易做到那样，因为她不是我的孩子。"

她低下头，盯着两腿好一会儿，然后很迅速地又瞟了我一眼："我可以问你一个问题吗？"

"当然，请说。"

"我有一个想法，"她的声音轻淡但警觉，"但是我不知道该怎么开口。"

"到底是什么事？告诉我好吗？"

"呃……"她犹豫低头，"你一定会觉得我很可笑。"

"我不知道，除非你说给我听。你到底有什么想法？"

"呃……呃，你知道你曾说过……我们第一次交谈时，在放学后。你说过你没有足够的时间和莉丝莱相处，还记得吗？"

"记得。"

她几乎都是对着她的大腿讲话："你提到你需要一名助理，可是学校不可能为你增编。呃，自从那次谈话之后我便一直在想那件事。"说到这里，她抬起头，然后又迅速垂下："你愿意接受我吗？"

我真的被吓了一大跳。

"这是个蠢主意，对不起，我让你为难了。我是说，我知道我不是最……我的意思是说，我……呃，我对这份工作一点都不了解。我这项要求很愚蠢。"

"不，一点都不蠢，你倒是提醒了我这件事。这是个很棒的主意，我仍然急需一名助理。问题是，你是真心想要做这件事吗？"

她点点头，还是不抬头看我，"我已经考虑很久了，只是不知道怎么开口问你。我是说，我对这份工作一点都不了解。但我觉得我可以学。"沉默片刻后她接着说，"我想这样或许会有帮助。汤姆老是告诉我说我是个很差劲的母亲，他说得没错，我对莉丝莱没有耐心，我就是没有办法像他那样对待她。所以我一直在想，如果我学会做得更好的话，或许会有帮助，而你在这方面似乎做得很好。"

"可是你必须记住，泰勒博士，我并不是这些孩子的母亲。和在家中陪伴他们生活、整夜哄他们睡觉比较起来，我的工作显然容易多了。再者，从你的角度看，我是很成功的，但其实不然，我经常搞砸，我经常犯下大错。"

"没有关系的，"她说，"我也会从错误中学习。"

助理利德布洛克

我第一次看见她流露出关怀的眼神。

"你发什么神经?泰勒·利德布洛克?在你的班上?这是怎么一回事?你班上的疯子还不够多吗?"卡罗琳问。

"是她的主意,而且我也很感激有人愿意帮我。"

"看在老天的份上,桃莉。她对这份工作又知道多少呢?"

"她不需要知道,只要适应并勤劳就够了。再说,根本也没有其他人愿意来当义工,不是吗?"

"你得到的不是帮手,桃莉。你得到的只不过是另一个孩子罢了,一个从你面前走过时高大又高傲的孩子。万一她又烂醉如泥地出现,你该怎么办?"

"赶她出去,再次送她回家。"我回答。

"你真的以为你可以把她训练成一个助手吗?看看她的穿着,饶了我吧。你能想象她穿着名牌衣服,趴到桌下哄德基吗?"卡罗琳突然咯咯地笑了起来。

"我是认真的,卡罗琳。她今晚会再来找我,如果届时她还是不放弃的话,我会接受她的。"

"你真得好好地去检查一下你的脑袋。"

这次,泰勒博士准时出现,就站在进门的角落处。我从桌前望着她,露齿而笑。

"这次你没有退缩?"

"没有。"她说,甚至没有回报我微笑。

"好,请来这里坐,我来告诉你我们在这里要做些什么。"

她过来在我旁边的一张椅子坐下,我闻到她身上散发出来的古龙香水味。我将孩子的资料夹推到她面前,试着简略地为她介绍每个孩子的背景。我提到玛莉安娜及她的性早熟;德基对事物的着迷;吉萝丹和席梦娜的血缘关系,还有席梦娜的自闭不语。我还提到夏米的体贴、善解人意,但不成熟。我特别提到德基对金色长发的特别偏好,并建议她最好把头发绑起来。为什么?她问。我第一次看见她流露出关怀的眼神。之后,我介绍我们一整天的上课模式,向她解释助理大部分的工作内容,过去我与助理相处的情形,以及如果她觉得这份工作适合她的话,未来我希望我们之间的关系会有什么样的发展。由于她没有经验,一开始我会安排她一些特别的工作,并仔细地监督她的进度。但我同时也强调,我希望她能视情况而自在地协助,不需严格地规划工作内容,我喜欢一个合作无间的团队。我唯一不希望她协助的孩子是莉丝莱。这点我很坚持,并且对她说明莉丝莱在这里自有她小小的规矩必须遵守。虽然我无意让泰勒博士忽略她的女儿,但在这里我情愿由我来带她。

"你觉得怎么样?"介绍完后我问她。

"还好。"

"那就是你的想象吗?"

她抖着双唇,"我不知道该想象些什么?我以为你会告诉我我做不来这份工作。"

我微笑着,"过去我曾有过几个做得非常出色的义工妈妈。你是喜欢或是痛恨这份工作,很快就会知道了。不过,这是一份很艰难的任务,错不得的。"

"以前,再难的工作都难不倒我。"她说。

我瞄了一眼笔记本,"还有一件事,我非常不愿提,但又非提不可。那就是你的酗酒问题。你每次都是一身烂醉地来这里,对此我恐怕得严格地限制,如果你喝酒,我会请你离开的。你必须了解,我不会生你的气,也不会敌视你,但只要待在这里一秒钟,你都得保持绝对的清醒。这是基本条件,好吗?"

她轻轻点点头。在片刻沉默之后,她说:"你要我什么时候开始?"

"你的时间由你自己安排。然后让我知道你什么时候会在这里,以便我安排事情。你觉得你多久可以来一次?"

她注视着我。"我想,我会每天都来。"她说。

"嗯,可以,我想,如果你想要那样的话。"

"你几点来?"她问。

"大约每天早上七点半。"

"我可以也在那个时候来吗？"

"那可能太早了一些，孩子们大概要到八点四十五分才开始上课。我看这样好了，如果你想要早上来帮忙的话，何不在八点的时候来？然后我们可以利用上课前的时间计划当天的工作。"

"好。"她推开椅子站起来，并伸手拿过她的外套。

"哦，还有一件事，泰勒博士。"我说。

"什么事？"

"你有没有比较不那么正式的名字可以让我们在这里称呼你呢？我打算拿掉你的头衔，我觉得那样大家比较没有距离。"

"当然，"她回答，"就叫我利德布洛克。"

我和她握手，"叫我桃莉。"

她突然非常没有敌意地微笑着，我第一次在她的脸上看到这种微笑。"也许一切会很顺利的，"她愉快地说，"我们都有怪怪的名字。"

直到当晚回家后我才开始质疑自己所做的事，接受泰勒·利德布洛克当助理，太出人意料了。我怎么会接受她当我的助理呢？我的脑袋到底在想什么？

为了信守承诺，她准时八点抵达。虽然她还是一身的名牌，但显然她已经努力改变了。我坐在桌前注视着她，"你得把珠宝拿下来。你可以把它放在档案柜最上面的抽屉，可以上锁的那个。反正你不需要那些叮叮当当的东西。"

她看了看自己，"为什么？"

"这样一来，如果有人抓你的话，你才不会受伤。"

"还有，你可以把你的头发在后面扎个髻。架子上有一些发圈。"

她不确定地摸着一头蓬松的头发,但我很清楚,那样的发型势必逃不过德基的魔爪。

我没有对孩子多提,只说班上将会来一个助理,但因不确定利德布洛克是否真的会来,所以不想让他们有太多的期待。不过,初次和孩子们见面的确为利德布洛克制造了一些无法预见的问题。孩子还深刻地记得上次她在我们教室门口醉死过去的情景,他们对她的兴趣远比我们所预期的强烈。

"你现在好些了吗?"听完我的介绍后,夏米关心地问。

利德布洛克瞟着我的方向,露出一脸疑问的表情,让我想起她可能对那天的事情还有点印象。

"他的意思是说你上次在这里的时候,上周一开始的时候。"我给她一个会意的表情。

利德布洛克的脸一下红了起来,"是的,谢谢你。"她回答。

"你是我们的新老师吗?"吉萝丹问。

"她是我们的新助理,你们的老师就站在这里。"我说。

"你很漂亮,"吉萝丹对利德布洛克说,"你应该当老师的,你比她漂亮。"

在角落跳来跳去的玛莉安娜突然停了下来,她注视着利德布洛克好久,然后露出友善的微笑。"我知道我上次在哪里看过你,"她轻快地说,"你就躺在我们的地板上。"

利德布洛克又是一阵脸红。

德基当然是不可能错过的。他在教室的角落绕着圈子,一边转一边注意着利德布洛克,然后突然惊声尖叫,好像有人拿刀子刺他一样。

"是那个死女人!"他惨叫着,"那个死女人就在我们的教室里!"

我在他冲出门之前及时抓住他,牢牢抓住他的衣领,让他冷静下来,"德基,她没有死。她不会死的,我告诉过你。"

"你杀了她。"

"她活得好好的,德基。现在冷静一点。"

"我不要看死女人,让我走!叫她走开!叫那个死女人走开!"

看到我抓着德基朝她走过来,利德布洛克的吃惊反应是可以理解的,她只差没有尖叫着率先跑出这间教室。

我一手抓着德基,一手拉过利德布洛克的手,"来,德基,摸摸她的手。摸摸看。"

"我才不摸死女人呢!"

"摸摸看,摸摸她的手臂。看,你看她的手臂是温的。摸摸我的,摸摸你自己的,它们都是温的,对不对?她怎么会是死人呢?死人是冰冷的,不是吗?利德布洛克是和我们一样活生生的。来摸摸看她的手臂有多温暖。"

我硬将德基的手放在利德布洛克的手臂上,一碰到她温暖的体温,他终于松了一口气。然后他摸摸自己的,摸摸我的,又摸摸利德布洛克的。

"摸过了吧,德基。"

"呼,呼,呼。"他说,唇间闪过淡淡的微笑。

"德基?我是说真的,不要再摸了,人们不喜欢那样被摸。"

利德布洛克的表情比先前还害怕,全身每块肌肉都紧绷起来,整个人僵在那里不敢动。德基似乎越摸越起劲。

"现在就把你的手拿开,德基。我是说真的,那是不适当的行为。"我抓开他的手,并将他拉回他的座位上。

"呼,呼,呼,她的奶头好大!"德基高声且热切地说。

"是的,可是你不应该对她说那种话,对不对?记得我以前教过你的话吗,德基?人们不喜欢听那种话,那会让他们不高兴的。我们不希望在第一天就惹火利德布洛克,是不是?"我盯着他那双邪恶的眼睛,"是不是?"

"可是它们真的很大啊!"

"如果你不乖乖坐下的话,你就会有大麻烦了。"

安顿好他之后,我以"讨论课"开始这一天的教学。这个讨论课以十五分钟为限,设立一个"主题",并鼓励每个孩子都热烈参与。

"我今天有一个主题。"玛莉安娜宣称,从箱子里拿出两个洋娃娃,开始玩起洋娃娃。

"你要继续说下去吗,玛莉安娜?"我问。

她注视着洋娃娃,"我昨天把我的特别橡皮擦带来,就是那个看起来像草莓的橡皮擦,但是被偷走了。"她没有抬起头,反而拿起一个洋娃娃打另一个的头。

"你仔细找过了吗?你确定你没有把它留在家里?"我问。

玛莉安娜点点头,"那是我的草莓橡皮擦,闻起来就像真的草莓一样,记得吗?然后我把它放在我的柜子里以防丢掉,但是现在它不见了。不过我知道是谁偷的,那个可恶的小偷就在这里。"她说。

我看着她:"可是你知道,我们不可以利用'讨论课'来指控别人。"

"可是吉萝丹偷走我的草莓橡皮擦。它不见了,被她偷走了,我知道是她拿的。我没有指控她，我就是知道。"

"我们等一下再来讨论这件事。放学后——"

突然间，大家都沉默不语了。显然孩子们都不想转换话题。夏米、吉萝丹、席梦娜聚成一堆，玛莉安娜怒视着他们，德基还是着迷地看着利德布洛克，莉丝莱则沉默不语地待在我身边。

"你们认为人们为什么要偷东西？"我问。

"因为他们是大笨蛋。"玛莉安娜回答。

"有什么其他原因吗？"

"因为他们自己没有，可是又想要。"夏米回答。

"你们是否曾偷过任何东西？"我问。

"她！"玛莉安娜立刻回嘴，"问她，她有过。"

"你们是否曾偷过任何东西？"我又问。

没有回应。

"我有过，"我说，"我记得我八岁的时候，从学校的教室里拿了一本杂志回家，因为那本杂志里有万圣节的计划，我真的想要照着做。可是老师不让在学校里做那种事，所以我就把杂志带回家。"

每个人都露出嫌恶的表情。

"你有没有被逮到？"玛莉安娜追问。

我摇摇头。

"你有没有良心不安？"夏米问。

"偶尔吧。我实在太想要做那个计划了，而且我记得制作的过程，一个纸剪的骷髅，真的很棒。可是事情结束后，我有种失落感，因为我无法跟别人一起做这项计划，只能自己一个人做，做完后便将它们全部收起来,因为不敢让别人知道。最后,就算没人知道,我从此也不敢再偷东西了。"

我看了看他们,"你们是否有过同样的经历呢?"

"我有时会偷东西。"玛莉安娜说,依然低头玩着洋娃娃,"当杰克爸爸来我家时,他和妈妈就坐着喝酒。我很生气,就跑去偷他车子里的录音带,并且把它们弄坏。然后他就打我,可是我不在乎。他和妈妈买了好多啤酒放在后面门廊,然后他们就坐在电视机前一直喝、一直喝。他们没有弄晚餐或东西给我和马克吃,于是我得弄炒蛋三明治给马克吃,因为我只会做那种东西。不过现在我不能做,因为炉子坏了。你们知道昨晚马克做了什么事吗?"

"什么事?"德基着迷地问。

"他在放袜子的抽屉里尿尿。我说:'马克,你这个大笨蛋,别做那种事。'可是他照做不误。我只好把所有的袜子拿到浴缸洗,可是浴缸里已经有一堆脏垃圾了,所以我干脆把那些垃圾也一起洗了。我用肥皂把东西全部洗干净,然后将它们晾在家具上。杰克爸爸和妈妈还在看电视,他还说:'嘿,玛莉安娜,你在那里搞什么鬼?'我说:'没什么。'他走过来看了一下,并说:'为什么到处都是这些鬼袜子?'我不想告诉他那是马克干的,所以跑去躲起来,等他的气消。可是我很气我自己。所以后来我出去,把他车里的所有录音带拿出来全部弄坏。我并不会觉得难过,还很高兴那样做。我觉得他活该。"

"所以你偷东西是为报复你的杰克爸爸。"我说。

玛莉安娜点点头。

"那么你呢,吉萝丹?"我转而问她,"你小时候有没有偷过任何东西?"

吉萝丹摇摇头。

"骗子!"玛莉安娜大叫。

我碰了碰玛莉安娜的手臂。

"吉萝丹说谎。"她说,她跪了起来,泪眼婆娑,"我妈妈上星期买那个草莓橡皮擦给我,因为我是个乖女孩,它闻起来和真的草莓一样。把它还给我,那是我的。"

突然,席梦娜出其不意地倾身向前抢过那两个洋娃娃,然后将两个洋娃娃互打,砰砰砰地发泄她心中沉默的怒气。见到妹妹生气,吉萝丹也跟着不高兴。"哦,小姐,"她哭着说,"席梦娜是想要告诉你,东西是她拿的。她拿了玛莉安娜的橡皮擦,她真的真的很抱歉。是不是,席梦娜?"

席梦娜的行为越来越粗暴,干脆把洋娃娃拿起来甩,把它拿来当武器攻击其他人。

"嘿。"我跪起来抓住她,将她高举起来,其他小朋友纷纷四处逃散。

看到我抓着席梦娜,吉萝丹慌了,"别打她,小姐!别打她!东西就在我的袋子里,我把它带回来了。席梦娜拿的,可是我把它带回来了。"吉萝丹站在她的柜子前说,"求求你别打席梦娜,小姐。橡皮擦在这里,拿去。"吉萝丹开始哭了起来,把橡皮擦丢向玛莉安娜。

"我没有要打任何人,吉萝丹。"我说,并将席梦娜放下。她迅速地跑到远处,在枕头之间蹲了下来。"我不会打小孩。"吉萝丹不理会我,跑向席梦娜,紧紧地环抱着她。

教室一片混乱。莉丝莱兴奋地弹着手指,德基躲到柜子下,夏米紧张地扭绞着手指，忍住欲滴的眼泪，利德布洛克也吓得无法动弹。只有玛莉安娜，手握着心爱的橡皮擦，似乎十分镇静。

"好了，大家，"我说，并走向桌子，"做功课的时间到了。"我开始发下作业资料夹，"我数到十的时候，要看到每个人都各就各位。快点，德基，快到这里来。"

夏米坐下并接过他的资料夹，玛莉安娜也坐下了。

"如果你们有任何问题的话，可以问利德布洛克，她知道你们每个人的功课。"

语毕，我走向依然待在一角的吉萝丹和席梦娜："快点，甜心，我们现在就回到座位上，开始做今天早上的功课。"

"席梦娜不是故意要拿的，小姐，她不是故意要顽皮的。我不知道她脑袋在想些什么。"

"我明白，吉萝丹。现在，快点，站起来。"

吉萝丹站了起来，席梦娜还赖在地上。我弯身把她拉起来，她身体颤抖着。然后她一如往常地，抽身不让我碰她。我把她们两个一起带回座位，发给她们资料夹，然后坐下来陪她们做功课。约四十五分钟后，夏米上完厕所回来。

"你知道那个可爱的橡皮擦是吉萝丹拿的，对不对？"

我点点头："是的，我知道。"

10

教室里的"搏斗"

> 我不喜欢看到人们受伤,除此之外,我喜欢这儿的一切。

我决定对莉丝莱采取一些行动。一直以来我所等待的就是一名助理,现在助理有了,我终于可以一对一地辅导莉丝莱和德基。这几个星期以来,我对莉丝莱的感觉有很大的转变,因此我更渴望尽快地辅导她。

虽然我还是坚信莉丝莱的困扰来自于心理方面,但我对她的行为层次已有进一步的洞悉。与利德布洛克的深度对话后,我对莉丝莱的观点有了很大的改变。她与海伦·凯勒有某些相似之处:出生于富裕家庭、得到家人溺爱的残障儿。她和我建立起不错的关系,我搂她、抱她、亲她,就和其他人一样,因而认为这个小甜心有能力有更好的表现。

某天早上上完讨论课后,我拿着莉丝莱的资料夹坐下,她像往常一样爬到我腿上。通常,莉丝莱资料夹里的功课并不多,但这天早上我刻意多加了一些。

"看看我们今天有些什么功课要做,"我说,"你有一张工作单,就和大家一样。很棒,对不对?一个大女孩的功课。你和我将一起把它完成。"我抽出那张工作单,放在我们面前,解释着里面所列的工作。莉丝莱坐着,一动也不动。

"来,这里有一支铅笔。"

没有回应。

我低头看着她,发现她根本没有在看工作单,只是呆呆地注视着前方。我按低她的头,然后提起她的右手,轻轻地塞一支铅笔到她手里,并将她的手指弯起握住笔,但我一放手,笔便掉下来。

"呃,这样不行,"我说,"你得握住铅笔。握好,否则你是没办法画线条的。"

她的魂早已不知飞到何处。"哦,我明白了,你没有什么心情做功课。好吧。"我将她抱下我的腿,起身朝夏米走去。他正在练习他的拼字功课,于是我坐下来帮他练习。

莉丝莱有如木乃伊般地僵立在那儿不动,眼神没有焦点,脸部没有表情。她就那样站了一小时十五分钟,直到下课时间,才和其他孩子到操场上去玩。

下课结束后,莉丝莱走到我的身边,想要爬到我的腿上,当时我正在指导玛莉安娜和吉萝丹功课。

"哦,很好,你也想要做功课吗?"我说,"等一下,我把你的功课拿过来。"

我伸手抓过放在桌子对面的资料夹,并且把莉丝莱抱到腿上,"拿去。"我递给她一支铅笔,她没有拿。我再次将铅笔放到她的手里,铅笔又掉了。

"你不想做功课吗?"我问,她的魂还是没有回来。"好吧。"我说,将她抱下我的腿,"那么恐怕你就不能坐在这里了,我得指导这些女孩们的功课。"然后我转身专心指导玛莉安娜和吉萝丹的功课。

这个动作让莉丝莱有所反应了。她不似之前的灵魂出窍,反而看着我们,微皱着眉头。

几分钟后,莉丝莱再抬起一条腿,意图跨上我伸到桌底下的大腿。"哦,不行,我想你不能坐在这里,莉丝莱,我在忙。如果你想要和我一起做功课,那么你就可以留下来。否则,我得陪玛莉安娜和吉萝丹做功课。"

她固执地坚持着,这是这么多个月来我第一次看到她热衷于与我互动。她把一条腿跨到我的腿上,我尽可能地不加以理会,让她像只白鹳一样地单脚站在那儿,但是这么一来,两个女孩已经没法专心做功课了。

"为什么你今天对莉丝莱的态度这样恶劣?"玛莉安娜问。

"我没有态度恶劣,我只是很忙。她要坐到我腿上,但我现在没有时间陪她,我忙着指导那些努力做功课的人。"

"莉丝莱不会做功课呀!"玛莉安娜关心地回答。

莉丝莱就那样一脚上一脚下地稳站着。当我将椅子往后推时,她跌倒了。我起身走开,她还是不动,躺在地上。

莉丝莱认识到环境改变了,但她并没有适时地调整自己的心态。一天,两天,三天过去了,一切都没有改变。每天我走到她身旁,她都空洞地凝视着前方。我真的希望我的做法是对的。第三天过后，我的心志开始动摇，害怕让利德布洛克进到教室来。虽然她不会说什么，但是她不可能视而不见。每次我转头看她，都发现她紧张地看着我们。我担心她会像11月初的那次对峙一样，再次拿法律来威胁我。

那个星期四放学后，我下楼去找卡罗琳，和她聊了很久。她是否曾遇到这类的情况？她是否觉得这种方法可以改变一个孩子？我是否对莉丝莱这样一个完全搞不清楚状况的孩子期待过高？我是否剥夺了她用来维系我们关系的动力——温暖、安全感、身体的接触？长期下来我对她的伤害是否多过帮助呢？

卡罗琳想不起来自己曾遇到过这类的事情，不过她对我的做法抱支持的态度，要我再持续一段时间，再看结果如何。

隔周的星期二，事情终于有了改变。我们照常开始上课，她依然拒绝合作，所以我照样把她放下来，转身专心去指导其他孩子。下课之前，当我回头看她在做什么时，才发现她不见了。

我环顾教室，起身到黑板后面检查，但到处看不到莉丝莱的影子。

"莉丝莱到哪里去了？"我问，同时走回桌旁。

每个人都转头寻找着。

"有人看到她吗？"

突然，图书馆深处的书架间传来一阵高频声音。我绕过角落，走进又长又窄的图书馆走道。莉丝莱就在走道的尽头，她的身边堆着一叠杂志。一看到我，她便狠狠地瞪着我的眼睛，并从杂志上撕下一条长长的纸。

"小女士,这是怎么回事?"我拉她站起来,地上到处都是被撕得粉碎的纸屑。

"杂志可不是拿来撕的。"

莉丝莱怒瞪着眼,但不是对我,而是直直地瞪着前方。她深皱眉头,眼睛眯成一条线。

"去把垃圾桶拿过来,我们得把这里清理干净。"

她不动。

"去把垃圾桶拿来,莉丝莱。"

眉头皱得更深。

"去,马上。"

"不!"她大叫一声,张开双臂朝着长长的走道狂奔而去,双手扫过之处,杂志纷纷落地。跑到尽头后,她停了下来,把所有触手可及的东西抓起来乱丢。

我踩过那些杂志,抓住她。出乎我意料的,她竟狠狠地咬住我的手臂,痛得我不得不放开她。她绕过角落,狂奔到教室中央。我在牛仔裤上擦掉渗出的血,拔腿去追她。她把教室搞得一团糟,东西丢得满地,作业资料夹、书本、外套、教材。

终于,我在角落的远处抓到她身上的外套,一把将她提离地面,把她紧紧地夹在腋下。接着,我沉坐在地板上。

她不尖叫、不哭,只是又踢又扭地挣扎着,想要挣脱我的紧箍。与我缠斗了好几分钟后,她终于投降了,最后疲惫地崩溃在我怀里。我放开她,她无力地滑躺到地上。

我走到教室后面的一张椅子前。孩子们情绪不定时,通常我会要他们到那里坐，直到情绪恢复平静为止。有时，我则拿它当作处罚用的安静椅。"莉丝莱，坐这里。"我说。

她抬头看了我好一会儿，我知道她在衡量情势。最后她站起来，缓缓地走过来。

"我设定五分钟，等到五分钟后闹钟响时，你才可以起来加入我们。在那之前，乖乖地坐着。"

我转身回去指导其他几个孩子，手上的伤口依然渗着血，染满了袖子。我走到利德布洛克面前，她正一脸苍白、双眼充血地坐在桌前，她在颤抖。"我要到楼下拿一些绷带，马上就回来。"

"不要，别走。"她说。

"我马上就回来。"定时器未响，我便已回到教室，和德基坐在一起，并开始指导他的功课。定时器一响，我回头看莉丝莱，"现在你可以起来了。"

她没有动，依然坐在椅子上。下课时间到了，在看到其他小朋友纷纷拿外套准备出去时，她也起身要去拿她的外套，但就在经过桌子时，她犹豫地停下脚步。她瞄了一眼摆在桌上的她的作业资料夹，迅速抓起玛莉安娜的铅笔，在已着色的图片中坚定地画上线条。她放下铅笔，到她的柜子里拿外套。我沉默不语，没有对莉丝莱说话，也没对在我身旁帮席梦娜穿衣服的利德布洛克说话，但我的确微微笑起来了。

两个男孩显然都对利德布洛克十分着迷。夏米的反应就和一般精力充沛的男性一样，他个性迷糊、简单，总是找机会想要坐在她的身边，对她百依百顺，是那种很可爱的恶心。德基又是另一个奇观，他无时无刻不想摸利德布洛克。不幸的是，很快便让我发现，就连很平常的身体接触也会让利德布洛克觉得很不自在，她无法自然而主动地去摸孩子们，也无法忍受被他们摸。每次被摸，她就站在原地不敢动，肌肉高度紧绷，直到孩子的手移开后才敢呼吸。对她而言，德基是个威胁。

德基的反应是摸他自己，他的这种行为对利德布洛克来说是更严重的骚扰。"哦，漂亮的女士。"他说，双手不停地抚摸着他的脸颊。"漂亮的女士，漂亮的脸。"这已算是轻微的了。还有更严重的，"大奶头，漂亮大奶头。"一边说一边爱抚着他的衬衫。

德基对利德布洛克最最着迷的地方是她的头发。我必须承认她有一头能够吸引所有人目光的头发，让人忍不住地想要去摸它。

莉丝莱那天早上的闹情绪，让我们每个人情绪紧绷。甚至在午餐结束后，当一切都恢复正常时，孩子们的情绪还是很难安定下来。最严重的一个是德基，几乎一整天都躲在桌下低声地呼呼叫。午餐过后，他情绪兴奋地进到教室，一下咯咯笑，一下大声笑，还不停地拍手，像个芭蕾舞者一样，蹑着脚在教室走来走去。

"德基，坐下，拜托。"我说。他听话地回到座位上，但不一会儿，他又站起来，舞来舞去，悄悄地向利德布洛克的方向舞去。"德基！"我的语气带着警告。那时他已经伸出手，指尖轻触着利德布洛克的发丝。这件事她也要负一半责任，因为她老不愿把头发绑起来，或牢牢地夹到后面，这对德基实在太具吸引力了。他轻轻地碰了碰，移开手，又回去轻轻碰一碰，又移开手，又回去轻轻碰一碰。我走过去抓着他的肩膀，"跟我回来。"我说，并把他安置在我身旁的椅子上。其他的孩子都在做纸链,准备迎接三个星期后的圣诞节。我也塞了一些纸给他,要他帮忙做。

"你的头发很漂亮。"他说,并举起手来摸我的头发。

"不。"我说,同时将他的手拿下,"这是不适当的行为。在没有得到别人的允许之前,你不可以碰人们的头发。"

"你的头发很漂亮,长头发。你会把你的头发剪掉吗?"

吉萝丹不耐烦地看着我们,"难道他就不能说点别的吗?"

"你会把你的头发剪掉吗?"

"不,德基,现在赶快帮忙做纸链。"

他没办法,"呼——呼——呼。"然后滑下椅子钻到桌底,"呼——呼——呼。"他开始拍手。

莉丝莱已经闹过一场了,我不希望德基再来一次。而我知道,如果限制他只会造成反效果,索性我就让他留在桌下,好让我们有片刻的平静,毕竟做圣诞节纸链是件很愉快的事,不该被破坏。

这时,坐在利德布洛克旁边的夏米,由于想要知道自己的进度,将纸链拉起来,不小心让纸链散落在利德布洛克的腿上,然后滑落到地板上。

"哦,对不起。"夏米说。

"没关系的。"她回答,并弯腰捡拾散落地上的纸链。这个举动是个致命的错误,就在她弯腰的时候,头发也随着垂下。而藏在桌底的德基见状,再也忍不住地现身了。

一开始我还搞不清楚状况。利德布洛克原本坐在我的对面,但突然尖叫一声,然后从椅子上消失。我吃惊地站起来,趴到桌子对面。

混乱随之而来，其他几个孩子也跟着全跳到一旁，椅子被踢得四散，纸链也到处飞扬。

"德基？"我的身体还趴在桌上，依然搞不清楚到底怎么一回事。然后我将椅子向后推，跪下来检查桌底。

严重的混乱接踵而至。如果德基想要头发的话，他一定有办法拿到，因为利德布洛克的头发披得他满身，他正抓着一把头发，狂喜地磨蹭着他的脸庞，一边还歇斯底里地呼呼叫。

我爬到桌下，努力地想要将他们两人分开，"出去，从另一边出去，移动。利德布洛克，向后移动。"

"我不行！我不行！我不行！"

"德基，住手！现在，赶快出去。"

两人还是都留在原地。我踢开桌边所有椅子以挪出空间，但却搬不动沉重的桌子。虽然空间不够，但我还是挤到德基旁边。由于一时想不到办法阻止他，于是我爬到他的头上，将他的身体压贴在地板上。这么一来，利德布洛克当然同时被压贴在地上，但我已无心去管她的疼痛。我稳稳地坐在德基的肚子上，将他的手腕钳制在地上，膝盖压着他的手肘，另一只手开始扳开他握着头发的手指。这个过程十分缓慢，因为那时她的头发已纠缠不清，连德基衣服上的扣子和我衣服上的扣子也都被发丝缠得难分难解。更有甚者，我们的身体都还在桌底，我得佝偻着身子才不致让头撞到桌底。

"如果再让我逮到你做这种事，"我一边和他搏斗一边说，"我就把你剁成肉酱喂狗，德基，我保证一定说到做到。这实在太残忍了，这很痛的。"

他的情绪慢慢冷却下来，呼呼声也停止了，只是静静地躺在那里。

我好不容易终于把纠结在衣服上的头发弄掉，利德布洛克抽出身，消失无踪。

我仍继续坐在德基的肚子上。

"你听清楚我说的话了没？"我说，"不要让我再逮到你做这种事。对利德布洛克不可以，对席梦娜不可以，对任何人都不可以。听清楚了吗？"

他认真地点了点头。

我放开他并站起来，"好了，滚出这张桌子底下，好好地给我坐到安静椅上。"

"你生我的气吗？"他问。

"是的。"

露出一副受伤表情的德基钻出桌底，走向安静椅。我把桌椅恢复原状，然后四处搜索着利德布洛克。这时夏米从黑板的后方探出头来，"她在这里。"我走到尽头，寻找到正靠着墙壁的她，搂着她的肩："你还好吗？"

她点点头，眼中含着泪水。

"我知道那很痛，我也曾遭遇过。"我说，"听着，就快下课了，你何不到楼下教师休息室去休息一下。等孩子们都出去后，我再到那儿和你碰面。"

她点点头："好吧。"

等我到了教师休息室时，利德布洛克已经恢复平静，企图解开纠结的头发。我拿着一瓶饮料站在远处看着她。直到那一刻，我才会意到整个情况的好笑，叫人忍住不笑都很难。但我没有笑，怕引起她的误会。

她和纠结的头发搏斗着。"我看起来像个巫婆。"她低声地说。

"需要帮忙吗？"我说，并朝她走过去。

"没关系，我可以自己来。"

"要喝饮料吗？"我把手上的饮料递过去。

"老天，我可以一口气把它喝完，相信我。"她的口气很温暖。我微微一笑。看她丧气地放下手中的头发，我说："你这样是梳不开的，利德布洛克。来，把梳子给我，我从后面梳会比较容易些。"

她犹豫着。

"快呀，给我呀。"

"好吧。"她疲倦地说，并把梳子递给我。

好长一段时间我们就这样梳着头发，没有交谈，不过沉默的气氛倒是很宁静。

"我很不习惯别人碰我的头发。"她说，"我很不喜欢这类的事情，身边围着一堆人，人们还动手摸你。"

"我已经注意到了。"我说。

一面聊，我一面拆解她缠绕的发丝。

"你都不知道，当德基那样做的时候我的头有多痛。"利德布洛克说，"我实在太惊讶了。"

"是的，我知道，我自己也曾遭遇过，情况虽没有你这么糟糕，但也足以让我时时警觉了。"

"我想我现在明白你的意思了——把我的头发绑到后面。"她说。

我微笑着:"卡罗琳和我今晚要去洗桑拿浴,那个漩涡池对治疗身上的瘀青还挺好用的,那时候你就会看到你的腿上就像地图一样。这个是席梦娜的杰作,这个是玛莉安娜留下来的。这就是我为什么一直穿长裤的原因,我的腿实在不能见人。"

"你是真的能够平静面对这一切,对不对?"

"这不会对我造成困扰的,如果那是你的意思的话。"我回答。

"这绝对不只是困不困扰的问题而已,桃莉,你真的和它周旋到底了,对不对?所有这些血和胆识。"

我微笑着:"是的,我想是吧。我喜欢这一切,不过不包括你这一部分。我是说,我不喜欢看到人们受伤害。我喜欢不可预测、反复无常,喜欢活在边缘的感觉。"

终于,大部分的头发都梳顺了,利德布洛克慢慢地开始放松,颈部和肩部的肌肉不再那么紧绷。

"那么人的这一部分呢?你喜欢吗?"她问。

"是的,我也喜欢人的这一部分,我想这是因为他们的真实性吧。我知道我所做的事情是真实的,是有生命的。"

这话让利德布洛克也微笑起来:"没错,在经过这件事后,我很确信我也是个活人。"

11

得力助手

> 当我真的快熬不下去的时候,我就想孩子们。我要像他们一样坚强。

随着12月份的降临,圣诞节的气氛越来越浓厚。卡罗琳和我讨论着,要把两个班合起来,举办一次学期结束派对。虽然我们两个班距离只有两层楼远,但对卡罗琳班上几个极度行动不便的孩子却是一大考验。不过,我还是很乐意举办这次派对。

当圣诞节无法避免地成为教室内谈话的主题时,我试着冷却孩子们与日俱增的兴奋。我们把做好的纸链以及几个小小的圣诞老人挂起来,除此之外,我不再鼓励孩子们准备其他东西,尽可能不讲圣诞故事,不放圣诞影片,不做圣诞节的相关活动。

努力在这个佳节中保持低调和平静的生活并不容易,第一个打破这种平衡的人是夏米。他不停地问何时做这件事或那件事,也将兴奋的情绪感染给其他几个原本情绪平静的孩子。当然,计划整个耶稣诞生游戏的人也是他。

有天早上,我们全都围坐在桌前做功课。玛莉安娜不停地打嗝,让大家无法专心,在不得已的情况下,我只好叫她到水槽处喝杯水。

"我们要玩耶稣诞生的游戏吗?"夏米问。

"通常在美国的学校里是不玩这种游戏的。"我回答。

吉萝丹深皱眉头:"可是你一定得玩耶稣诞生游戏,小姐,否则就不像过圣诞节了,不是吗?"

"我们有足够的人来扮演里面的角色啊,"夏米说,"吉萝丹和我,我们在家里讨论过。我们其中一个男孩演耶稣,然后有玛莉以及上帝的天使,然后就是牧羊人和智者。"

"智者应该有三个人。"利德布洛克插嘴。

"呃,是的,我知道。牧羊人也不止一个,但是我们可以用假扮的。"夏米低下头,"我大到可以做这类事情了。我跟吉萝丹提过,我不在意演什么角色。而且,席梦娜从来没有玩过耶稣诞生的游戏,我们应该有个角色给她演。"

"小姐,我们一定要玩耶稣诞生的游戏。"吉萝丹坚持着。

我苦着一张脸,摇摇头:"不行。"

"拜托!"夏米要求。

"那太费事了,夏米。莉丝莱和席梦娜根本不会说话,你要怎么安排她们呢?我们怎么可能成功呢?你的想法很棒,但是我们需要更多的孩子呀。"

"我们不需要,小姐。"

"更重要的,我们需要一位听众,而我们根本没有任何听众。"

"我们当然会有听众，"夏米回答，"我们可以邀请贝西小姐的班级，还可以邀请几位秘书，还有卡顿先生和清洁工比尔。我们还可以邀请我们每个人的家人来当听众，那就够了。好嘛，小姐，拜托啦！就算是为了席梦娜嘛。她从来没有玩过耶稣诞生游戏。"

"我看是为你自己做的吧，夏米。"我回答。

他默认地咯咯笑了起来。这时玛莉安娜也加入谈话阵容："什么是耶稣诞生游戏？"

"你知道的，就是玛莉和约瑟以及婴儿耶稣。"吉萝丹说。

"我可以当导演。"夏米提议。

"你必须同时是导演、编剧和演员。"我说。

"拜托，小姐！不然就不像过圣诞节了，不是吗？我是说，这不就是圣诞节的意义吗？"

夏米和吉萝丹显然事前已经有过充足讨论，因为我找不到拒绝他们的理由。其他几个孩子也都被感染了，热烈地讨论着，只是我不确定他们是否知道自己在讨论些什么。玛莉安娜完全搞不清状况，德基只是想加入大家的行列，不论做什么都行。几个孩子越讨论越兴奋。

"好了，听着，"我说，"如果你们要演这出戏的话，夏米，我们就这么办。你来写剧本。你可以利用你的英文课时间来写，也可以找吉萝丹或任何人来帮忙，但是绝对不可以浪费时间，要尽快把剧本写出来。最好在星期五之前完成，好吗？然后我们再来看看能不能演出。"

"万岁！"夏米大叫着，把铅笔抛到半空中，"太棒了！"

利德布洛克加入我们班上已近一个月，经验也越来越丰富。一开始我并没有指派太多任务给她，因为她和她艰难的处境已经够令我担心了。但现在我却不得不承认接受她进入这个班级是很值得的。原先我一直对她存有偏见，觉得她这种尊贵身份，再加上第一天就碰到德基闹事，她必定很快就会打退堂鼓。我以为我们会失去她。

但是我们没有。第二天，利德布洛克八点准时出现，然后第三天、第四天，天天如此。我还是觉得迟早有一天她会退出，但她没有。到教室，她便一直协助我，一直到五点钟我下班。她没有一天比我早离开，她的表现令我十分惊讶，消除了我所有的偏见。第一天，才开始几个小时，她已经能够帮我找教材，将东西归位，监督孩子们。同一件事情从不需我提醒两次。的确，她所表现出来的能力正是我需要的，甚至远超出我的预期。一夕之间，凌乱高堆的资料夹整齐地归架，教材干净地归到原位，教室整理得整齐干净。

不过，教学方面她就比较无法那么自然天成，我想这一切可能是因为她的经验不足所致，否则我真认为她是个天生的老师材料。她和孩子们相处自在，和他们谈话时从不敷衍，也尊重他们个体的不同性。更重要的是，当我需要一对一教导某个孩子时，她总能把教室内的秩序维持得很好。

利德布洛克真正的贡献是她的数学专长。她就地取材地利用橡皮擦、铅笔，甚至图书馆里借来的杂志，解释三度空间概念。简简单单的一个砖块就能说明我绞尽脑汁想要诠释的概念。她对班上有极大的贡献，但美中不足的是，她无法完全融入这个班级。她的紧绷、警觉、焦虑有时候比那些孩子还要困扰我。我能够体谅利德布洛克一时无法融入我们这个家庭，毕竟我们过去的几次交手并不是很愉快，而目前这个工作环境并不是她的专业领域，也委屈了她的身份地位。这些我当然都可以理解,然而利德布洛克最严重的问题却是她高度的自我防卫。她似乎觉得每个人都想要伤害她。而且很明显地,她认为最好的防卫就是快速撤退,因为她每天都处在备战的情绪之中。只要有人惹到她,她便马上躲到厕所,或将自己锁在某个地方。长期下来,我发现我实在疲于应付这种打或跑的行为模式,和几个孩子的问题比起来,她的问题显然严重许多,而且也会影响到孩子们上课的心情。

不善言语是她的另一个主要问题。一开始我错以为她是因为紧张才说不出话来,但很快我便发现那是她的个性之一,即便是在最佳的状态下,她也是个无言的人。在放学后的九十分钟课程规划准备时间里,我们两人常常讲不到几句话。当她真的说上话时,即使在轻松又熟悉的环境中,她也很少能够完整地表达自己的意思。她是那种有高智商却不善言辞的人。

撇开这一切不谈,我们彼此还是适应过来了。卡罗琳说得没错,利德布洛克真的活在情绪中。我的理智多次告诉我,我不应该让她继续待在这里,但我并没有这样做。我已经得到了我最想要的一切:一位信守承诺、工作勤劳的助理,而且我能以平常心来看待她。第一个月结束后,我已经全然习惯她的协助。要是哪天她离开我们的话,我会想念她的。

接下来那个星期一,一切是那么的慌乱无序。公寓的热水在我洗澡中途断流了;我牛仔裤的拉链坏了;积了一个星期的衣服还没有时间洗。开车到学校的途中,我那部老爷车抛锚了,因此只比小孩们早几分钟到学校。

德基、莉丝莱和玛莉安娜按时抵达,另外三个则还没有到。我们等候着他们，因为我无法想象三个孩子会同时生病。但是玛莉安娜越来越坐立不安，德基越来越觉得无聊，于是我把三个孩子聚集起来，开始我们的讨论课程。就在讨论课快结束的时候，莉丝莱身上起了一阵躁动，紧接着更糟糕的是，腹泻的东西漫出莉丝莱的尿布外，并沿着她的腿流下。利德布洛克惊讶地抓起莉丝莱往厕所跑。

兴奋的气息尚未散去，吉萝丹、席梦娜和夏米出现了。我正在教室后方洗椅子，德基早已兴奋地钻到桌底，玛莉安娜把尺当成鼓棒敲着桌面。莉丝莱开始吐了起来，吐在干净的尿布盒里和地上。利德布洛克忙着前前后后跑来跑去，试着安抚莉丝莱，试着指导其他几个孩子，也试着告诉我莉丝莱上学之前还好好的，否则她就不会让女儿来上学。

吉萝丹走到我面前，"你知道我们今天为什么迟到吗，小姐？正当我们要上车的时候，我们的小猫在街上被压死了。一辆车子过来，砰，把我们的小猫压过去。"

我迅速转头瞟着其他孩子的方向，席梦娜正脱下她的外套。

"夏米呢？"我问。

"在车子旁边。他不愿进来，他在哭。"吉萝丹回答。

"夏米。"我喊着。我在牛仔裤上擦干双手，然后出去找他。

他就在车内，双手掩着脸。

"我很难过，亲爱的，吉萝丹刚刚都告诉我了。"我伸手将他搂进我的怀里。

"为什么一定要发生这种事呢？"

我听到身后一阵混乱声，玛莉安娜地讲着莉丝莱刚才发生的事情，德基则在桌底下又呼呼叫又拍手的。

"它为什么一定要那样做？"夏米悲恸地问，"干吗要去那种笨地方？我们房子的旁边有很好的地方可以让它待。它干吗一定要跑到马路上呢？"

"桃莉。"玛莉安娜大叫着，"莉丝莱又拉了，她的衣服都沾到了。快点来！"

"便便！便便！便便！"德基兴奋地边叫边绕着角落的架子，"便便！便便！"

真是一波未平一波又起。我匆匆抱了一下夏米，"在这里待一下，甜心。让我先去把事情处理好。"

回到教室角落，我见到利德布洛克力不从心地维持着秩序。莉丝莱早已把地板弄得一团糟，玛莉安娜站在暖气机上，不停在双腿间擦着手指，席梦娜用双手捂住耳朵，德基则像个托钵僧一样在我们身边绕行着，只有吉萝丹一脸惊吓地坐在她的座位上。

"把夏米带出去。"我一边对利德布洛克说，一边抓住德基，将他按回座位上。

"把他带到教师休息室，直到他的情绪平静为止。"

利德布洛克一脸警戒。

"他需要好好哭一哭，但这里绝对不是理想的地方。"

"那我该对他说些什么呢？"

"说什么都行。"我回答，拍拍她的肩膀给她鼓励。

"可是要说什么呢？"她的声音显得慌张，"我待在这里好不好，桃莉？你去。"

"我必须留在这里。你只要把他带到教师休息室就行了,没什么大不了的。"

她站在原地不动。

我开始觉得我快发疯了。孩子们的吵闹声震耳欲聋,臭气不停在教室中飘散开来。

"听着,利德,只管放心去做,不要担心这么多,他也很怕听到你讲一些伤害的话呢。只要说些无关紧要的、温柔的、关心的话就够了。"

"我做不到。"

"你可以的。"

"我不行。"

我伸手到口袋里抓出几枚零钱:"拿去,买瓶可乐给他喝。"

"什么?"

"买一瓶可乐给他喝。带他到那里,买一瓶可乐给他,对他说什么都行,反正把他带出这里就对了。"我抓起她的手,在她来不及反应之前,把钱塞到她手里。夏米和利德布洛克相安无事。约二十分钟后,他们回到教室,此时教室已整理得比较干净,所有的人也都坐在桌前做功课。夏米已经恢复平静,手上拿着他喜爱的可乐,还带着利德布洛克全部的注意力——这部分可能才是他最喜爱的。

可惜好景不长。席梦娜也因为猫咪的死而心情不佳,大部分的时间都躲着我们,我软硬兼施地安抚她。三人之中只有吉萝丹没有受到小猫去世的影响。

死人我都已经看过了,她对我说,一只死猫怎么可能困扰我?

午餐时间,德基和一名午餐助理起争执,被遣回教室,和我、利德布洛克一起用午餐，害得我们两人都没有心情吃饭。下午课才刚开始没多久，玛莉安娜闯了点小祸。下午下课时间，席梦娜从秋千上掉下来，刮伤了嘴唇。然后我的录音机里又有修车厂的留言，我回电说我付不起那样的修理费用。在这一天课程结束之际，我的心情已经沉到谷底。

送孩子们上车后，我回到教室拿我自己的东西，然后对正埋头工作的利德布洛克说："我现在得走了，走到密宁顿要很久。你可以帮我锁门吗？"

"要不要我送你一程呢？"

"不了，没有关系的，走走路也许对我比较有益。"

利德布洛克回头继续钉作业纸。我发现她的手在颤抖，那使她的装订工作变得更困难。以前我也看过这种情形。她言出必行，每天都清醒地和我们在一起，但我不知道离开学校之后她又喝了多少酒。一想到她无法控制自己的问题便令我感到心里不舒服。

"你得找人帮你解决那个问题。"我说。

她回过头，不明白我所指为何。

"行不通的，对不对？你真的需要看医生或什么的。"

她把双手缩藏起来。"听着，"她说，"我正在适应。你不要我在这里喝酒，我做到了，不是吗？"

沉默突然笼罩在我们之间。我无言以对，转身去拿我的东西。

"听着，桃莉，"她说，"我正在适应。"

"好，好。"我说，不想转头看她。

见到我不理会她，她啪的一声把订书机丢在桌上，愤怒地从我身边走过，离开教室，并用力地甩上门。意识到自己别无选择，必须道歉时，我追了出去。她在女厕内，就站在水槽前，用面巾纸擦着眼泪。

"很抱歉，"我说，"我刚才的行为很愚蠢。"见她往后退了几步，我又说，"这是很糟糕的一天。我知道我不能拿这个来当借口，但这真的是很多事的一天，而我把气发在你身上，我真的很抱歉。"

"呃，你说的没错，我不能这样。我并没有努力地适应。"

"哦，你适应得很好的，我刚刚讲那些话根本就没有经过大脑。我很愚蠢，就这样。"

她低下头，解下扎在脑后的发髻，转过头来望着我，"我无法胜任这份工作。没有用的。"她淡淡地说。

"千万别那样说，利德。你有理由生气，是我太鲁莽了。今天的情形和你的工作没有关系。"

"我无法做到你所期待的。我无法进到教室，做你所做的事情。我怎么会知道该如何去安慰一个痛失猫咪的孩子呢？我甚至连搂着他的肩都做不到。"

"我不应该强迫你那样做，"我说，"只是那一刻我极需要帮助，却不知道该做些什么。"

"你做得到！"她生气地哭喊着，"你就那样走向他，他们任何一个，然后拥抱他们。老天，你甚至还能够拥抱我。我坐在那里十分钟，努力地想要伸手搂着他的肩，那只手感觉上好像不是我身体的一部分，好像它自己有思想。我就是做不到。那个小男孩就坐在那里，哭得那么伤心，而我却只能坐在那里和我的手臂争执。"她又拉出一张面巾纸拭泪，只是越擦眼泪越多，最后放声哭了起来。

"为什么你老是有办法让我哭呢?自从认识你之后,我变得越来越爱哭。只要看着你我就会哭。"

我不自觉地微笑起来。

"这一点都不好笑。"

"我不是在笑你,利德,不过那倒是对我个性的一种有趣的评语。"

"这一点都不好玩。我痛恨哭泣,那会让我觉得很无助。"

"的确,我也是。"片刻沉默后,我问,"你真的想要辞职吗?"

"不,"她静静地说,"是的,不。"

我淡淡一笑:"不是很确定吗?"

她耸耸肩。

"我觉得你真的做得很好。也许是我太少提到了,我以为你会知道,因为那是再明显不过的事。一想到你从没有过这方面的经验,却能有这样的表现,实在太厉害了。如果你现在就离开我们的话,我会不高兴的。"

又一阵沉默后,她轻轻地说:"自从加入这里后,我就没有再碰酒了。我不想去戒酒协会,因为你得鼓起勇气去面对一屋子的陌生人,那种事情我做不来。于是我想我就向所有人证明我可以做到。"

我看着她的轮廓:"很困难吗?"

她点点头,然后停了好一会儿说:"我其实并不是那么的可信任。自从我加入这里的那个星期起,我便没有再喝酒,但我并没有完全停止。我一直很努力,但周末的时候我的确喝了一些。我没有喝醉,只喝一点点。在沉溺之前,我把剩下的酒全部倒掉。我得喝点酒才能熬过那个很难熬的周末。"抬起头,她注视着镜中的自己很久,"当我真的快熬不下去的时候,我就想孩子们。我想到席梦娜和吉萝丹的身世,或是德基以及他小时候的所有遭遇。我要像他们一样坚强。"

我微笑着:"你已经很坚强了。只是,我觉得你对自己的期望有点太高也太快了。你希望能够像我一样,利德布洛克,你希望在一夕之间学会我十年的功夫。你以为很容易达成?"

她沉默不语,在水龙头下洗了洗手,并捧起水泼了泼脸:"你会赶不上那个会议的。"

"我是打算不去开那个会了。我们何不一起去吃点三明治呢?然后你可以送我到修车厂。"

利德布洛克沉思好一会儿,然后抬头看着镜中的影子,唇间微微一笑,并点点头:"好的。"

12

猴子布偶

"等我们回家你就完蛋了,席梦娜,"她低声说,"等你没注意的时候,我会用剪刀把你的猴子剪得烂碎。"

耶稣诞生的编剧有些私心自用。夏米和吉萝丹把最好的角色留给自己,两人分饰玛莉和约瑟。他们原先要席梦娜演天使,这比较麻烦,因为她无法说话,所以这个角色必须由玛莉安娜演。德基一人分饰两角,旅馆老板和智者。莉丝莱扮演草原上的羊,席梦娜扮演马厩里的牛只。这样的安排连利德布洛克都觉得好笑。

星期五下午是第一次彩排,夏米已经把每个人的台词分别抄在纸上递给大家。吉萝丹把一个空的美劳箱放到教室中央,然后到玩具柜里拿来一个洋娃娃放在里面,"这个是婴儿耶稣,这个箱子是马厩。等到正式演出那天,我们会把它整理得更好,我们还可以准备一些稻草。"

席梦娜走过去抓起那个洋娃娃。

"席梦娜,"吉萝丹说,"那是婴儿耶稣,把它放回去。"

席梦娜不但没有放回去，反而剥光洋娃娃身上的衣服，然后把它放回玩具柜里。

"席梦娜？你在干什么？我说过那是婴儿耶稣。"吉萝丹绕过席梦娜，把洋娃娃拿回来。

突然间她们两人沉默地对峙着，两人都不说话也不动。就那样站着，互瞪着彼此。

"不行，你不可以，"吉萝丹终于开口说，"我们就是要这样做。"席梦娜冷酷地紧抓着洋娃娃的腿不放。

"不行，这是我和夏米的戏，我要用这个来当婴儿耶稣。"

席梦娜紧咬着牙根不肯放手。

"小姐，叫席梦娜不要这样。她不让我把婴儿耶稣放在箱子里，她不放过任何东西。"

我起身，但还来不及插手，吉萝丹一只手便挥了过来，狠狠地朝席梦娜的脸上打了过去。席梦娜放声尖叫。

"嘿，你们两个，通通不准拿洋娃娃。"我抓着吉萝丹的肩膀，"到安静椅那里去，拜托。"

第一次排演就这样结束了。

那天晚上，卡罗琳和我相约在桑拿浴碰面，我把孩子们的计划告诉她。

"你可以利用礼堂啊。虽然不是很大，但舞台、帘幕、灯光一应俱全。"

我知道有这么一间礼堂，问题是从来没有人用过它："它的状况如何？是不是一切设备都能使用？"

"我也不知道，我想应该可以吧。"

"那得先好好清扫一番才行。"

"那里面并没有什么杂物垃圾，再适合你的孩子们不过了。他们一定可以演得很好的，你得相信他们，桃莉。"

我踢了踢水："我想我可以请利德布洛克先去看看，也许她可以给夏米一些意见。"

沉默好一会儿后，她问："你那个徒弟做得怎么样了？"

"你是指利德布洛克？她做得很好呀。"

"我上个周末在酒吧看到她，她和一个男人在一起。我觉得这有点过分了，我是说，毕竟她是个已婚女人，而且还有个女儿。"她转过头来看着我，"这些难道不会困扰你吗？"

"我不觉得那跟我有任何关系，她是个心智成熟的成年人。虽然那不是我的生活方式，但那并不表示我有权力去批判她的所作所为。我只知道，她是我一个得力的助手。"

卡罗琳沉回水池里："小心不要因为容忍而失去判断力。"

翌日早上天气酷寒，孩子们抵达时个个一身狼狈。我正在整理一些文件，没有注意到夏米、吉萝丹和席梦娜已经坐在座位上，席梦娜的外套没有脱掉。

"要不要我帮你把外套脱下来呢？"我说。

这时吉萝丹急忙跑了过去，动手要拿下席梦娜的围巾，席梦娜扭身不理。

"她不需要协助，小姐。席梦娜今天心情很恶劣，贝蒂阿姨今天早上说她下错床边。"

"呃,不管是什么问题,席梦娜,你得赶快脱掉你的外套,'讨论课'就要开始了。"语毕,我拿起刚才整理的文件,走到转角处图书馆内。席梦娜还是坐在那里不动,也没有脱下外套。

"你需要帮忙吗,甜心?"我走回她身边。

她先脱下手套,然后是围巾和帽子,长长的头发跟着散乱地披了下来。她想拉开外套的拉链,但因年纪太小而显得笨手笨脚。她费了好一番工夫,终于小心地拉开拉链,外套里头夹着一个猴子布偶。她非常谨慎地拿出那个玩具,递给我。

一见到那个玩偶,吉萝丹突然面露愠色,"你到底在干什么,席梦娜?"她生气地问。

"席梦娜把她的玩具带来当婴儿耶稣。"我说。

愤怒占据吉萝丹的脸庞,眯起了双眼,"把那个给我。"她说。

席梦娜挨到我的身边。

"把那个给我,席梦娜!"

布偶依然在我的手上。我还来不及反应,吉萝丹已经朝我冲了过来,从我手中抢过那个猴子。"你这个可恶的小叛徒!"她对着躲到我身后的席梦娜叫骂,企图绕到我的身后抓她,"你这个可恶的小叛徒!"

席梦娜尖叫着到处闪躲,最后塞进书架中间的安全地带。吉萝丹还是不愿放弃,不在意眼镜已经掉到地上,依然执意追逐。她打到前来阻挡的利德布洛克的嘴,血流得到处都是,这让吉萝丹的皮肤更滑溜难握。

我奋力地把吉萝丹拖回教室,强迫她坐到安静椅上。利德布洛克压制住吉萝丹的一只手臂，我则放开手。吉萝丹愤怒未消，但没有企图离开椅子。我对利德布洛克做了个手势，她慢慢地放手。

"等你的情绪平静下来后才可以离开那张椅子，吉萝丹，"我说，"在你的哭声没有完全停止，以及没有准备好回来上课之前，我不要你离开椅子。"

她只是凶恶地瞪着我。

整个早上，吉萝丹几乎都坐在安静椅上。下课时间，利德布洛克留下来陪她，因为她尚未完全冷静下来。即使已经冷静了，她的怒气也还没有消。她拿出她的作业资料夹，在桌前坐下，狠狠地瞪着坐在对面的妹妹。

"等我们回家你就完蛋了，席梦娜，"她低声说，"等你没注意的时候，我会用剪刀把你的猴子剪得烂碎。"

13

完美演出

> 从事教职这么多年,我看过很多小朋友们的表演,这次却让我哭得泪如雨下。

大日子终于到了,12月22日,我们的戏要上演了。我们决定使用礼堂。打开灯后发现它真的是一个小房间,不过帘幕和灯光俱全,称得上是一个真正的舞台。我们合力将礼堂打扫一番后,整个礼堂焕然一新。打扫干净后的那几天,我让孩子们在放学后留下来。星期六,夏米要求到礼堂做最后一次检查。然后吉萝丹也要求加入,接着是玛莉安娜。我自觉也应该去,利德布洛克则认为没有她,我们什么都做不成,所以也出其不意地出现。他们都想把事情做得尽善尽美,于是我们合力再把礼堂大扫除一次,期待着22日能够有完美的演出。

正如我所预期的,随着22日的到来,整个早上孩子们都兴奋紧张得无法专心做其他事情。吉萝丹、玛莉安娜和夏米不停地斗嘴,吵到最后每个都哭了起来。

德基呼呼地又叫又拍着手，不停地骚扰着利德布洛克。席梦娜退到远处的角落，将自己蜷缩成一个胎儿的姿势。莉丝莱则不断地弹着手指。我意识到这个早上什么事都没办法做，索性把所有的计划都丢到一旁，领着孩子们到礼堂去彩排。

午餐时间，我回家换衣服，穿上裙子又化了妆。回学校的路上，我顺道到超市买了六条杏仁巧克力棒，每个孩子一条。走到停车场时才想到莉丝莱有糖尿病，不能吃巧克力，于是拐回超市，买了一些糖尿病患者吃的糖果。

回到学校后，我的穿着引起大家一阵惊讶。玛莉安娜一脸吃惊地跑过来。

"老师，原来你有腿耶！"她说。

穿着客栈主人戏服的德基早就弯下腰摸着我的丝袜。

"德基，按规矩，没有得到允许之前不可以随便摸别人。"

利德布洛克现身了。整个午餐时间她都留下来陪孩子们，而且工作也越来越上手了。"你曾说过我的穿着过于华丽，现在轮到你为自己装扮了。我是不是也该换衣服呢？这件事一直困扰着我。"她低头看了看自己，以前那一身名牌的形象已不复见，现在的她，一条破牛仔裤配上白衬衫，还卷着袖子。

"这点我倒一点都不担心。"

"不管怎么样，我都会待在后台。我不要到前面去应付那些家长，这部分有你去就够了。"说完便转身去找她要用的东西。

一会儿后，家长们纷纷抵达。伦何太太一身穿着打扮有如要去百老汇看歌舞剧一般。汤姆·康西迪尼斯由礼堂的另一边进来，穿着名牌牛仔裤和衬衫。他是礼堂中唯一的男人,高大的身材,叫人不去注意都很难。

由于所有演员都在幕布后面准备,接待家长的责任便全部落到我身上。和所有家长简短寒暄后,我觉得应该过去和汤姆·康西迪尼斯打个招呼。他就坐在桌旁,正专心地选着饼干,接着他拿起了两块,咬了一小口,然后又拿起两块。

"你知道的,"见我朝他走来,他说,"我花了三个星期才弄清楚,原来利德布洛克每天消失无踪就是跑到这里来。"他伸手去拿第五块饼干。

"她把这里变得完全都不一样了。"我说。

"她这一辈子从没有做过这种事情。"

"她对小孩子真的很有一套,对他们非常有感情。"

"我真的无法想象,七年来她一直搞不懂莉丝莱。"

"也许是因为带的不是自己的孩子吧,我也不知道。"

他为自己拿了一杯饮料。"当她告诉我时,我还真吓了一大跳呢。老实说,我从不觉得她是那种会去做义工的人。"他耸耸肩,然后对我微微一笑,"我不得不承认,我真的很好奇想看看这出戏。"

和他短暂交谈后,我走向坐在前排的伦何太太,"我想这出戏结束后,我们得解决猴子布偶的事情。或许最好的办法是我直接把它交给你,然后你把它放在安全的地方。"

伦何太太点点头。

"我不知道吉萝丹对这件事的情绪还是那么强烈。她一直没有再提起那件事,但是我也不想冒险。"

"有时候我真的不知道该拿吉萝丹怎么办。大多时候她是那么乖巧听话，可是倔起来时谁都拿她没办法。"

"呃，我想那件事应该已经过去了，可你还是得再注意那个猴子布偶一阵子。吉萝丹似乎没有那么健忘。"

"是，"伦何太太说，"吉萝丹唯一不做的事情就是健忘。"

我起身走到幕布后面，看到利德布洛克热得红着一张脸，双手在脑后头发上扎着圣诞节饰品。

"你不属于这里。"她说，微笑着。

"没错，你不属于这里。"夏米插嘴进来，他已经上好妆。然后，吉萝丹和玛莉安娜也笑着和夏米一个鼻孔出气，合力把我推出幕布外。

"我们就快开始了，"利德布洛克愉快地说，"你去坐在观众席上好好地享受吧。我们一切都进行得很顺利。"语毕，她和孩子们都开怀地笑了起来。

在圣诞歌曲的引导下，戏开始了。夏米和吉萝丹率先出场，吉萝丹的腿间夹着一根扫把当作是驴子，她面纱上的小坠子叮叮当当地相互碰撞着，他们俩走过一个用屏风做的假门。

德基的手伸到硬纸板做的窗户外面，等着他们两人越过舞台来到他前面。"走开，"他对着他们两人大叫，"我的客栈已经没有房间了。"

"可是我们长途跋涉，"夏米说，"而我的妻子又大腹便便。拜托，请给我们一个地方过夜。我们已经走不动了。"

"没有房间了。"德基再次大叫着，把整个身体往外探出，压在窗户上，然后窗户那一整片墙撑不住重压而倒下。

夏米看着倒在地上的德基说："看，上帝在处罚你的不当言行。""好吧,好吧,你们可以使用我的马厩。就在外面的车房里面。"德基回答。

猴子布偶尽责地出现了,用一条厚厚的毯子包着,就躺在美劳箱里,里头还铺着一些稻草。这时录音机又传来音乐,玛莉安娜越过舞台朝着莉丝莱和席梦娜两个小天使走来。

"好了,各位,现在去看看耶稣吧。"她说。

"你那样说不对啦。"夏米高声地低语着。

"说:'看啊,我为你们带来美好的福音。'"声音是从幕布后面的那个方向传来的。

玛莉安娜转头看着后台,"要说什么?"

"看啊,我为你们带来美好的福音。"

"哦,好。"玛莉安娜转过头对着席梦娜和莉丝莱,"看啊,我为你们带来美好的福音。现在你们去看耶稣吧。"

席梦娜拉着莉丝莱过去看玛莉和猴子布偶。莉丝莱突然忍不住地爆笑,并向后台跑去。这时录音机里的圣歌又播出,夏米和吉萝丹配合着唱了起来,吉萝丹还踢了一脚玛莉安娜,提醒她唱歌。幕布后,利德布洛克伸出一只手把莉丝莱推回舞台,加入结束的大合唱。

这项不可能的任务惹出了大家的眼泪。从事教职这么多年,我看过很多小朋友们的表演,但这次却让我哭得泪如雨下。一直到所有演员谢完幕、退到后台,我的泪水依然没有停。虽然只有短短二十分钟的戏,却是他们的希望和梦想,我忍不住感触良深。

落幕后,我到后台看着孩子们换下戏服。

"怎样,你觉得如何?"夏米问,"我们演得好吗?你喜欢吗?我们的贝蒂阿姨喜欢吗？"

"演得太棒了。真的很棒，各位。你们表演得实在太棒了。"

"德基差一点点就搞砸了。"吉萝丹责备地说。

"可是他没有啊，不是吗？"利德布洛克说。

吉萝丹皱了皱鼻子，转身走开。

德基正抱着我，我抱着他的背。"没有，你没有搞砸，不是吗？演出很完美，那是一场很完美的表演。"然后我拿起我的糖果袋，"这里有礼物给大家。"我先把特殊糖果给莉丝莱，然后再分给每个孩子一根巧克力棒，"圣诞节快乐。"

"圣诞节快乐，老师。"玛莉安娜说。

"没错，圣诞节快乐，小姐。"

"圣诞节快乐。"

我看到袋里还有一条巧克力棒，于是拿出来递给利德布洛克，"圣诞节快乐，利德。"

她微笑着，神情开放又轻松，伸手接过巧克力棒："谢谢。谢谢你，老师。"

家 访

> 我越来越能体会为什么利德布洛克必须压抑想要与汤姆吵架的意念,我完全可以想象。

那晚放学后,我开车回位于邻州的家,与家人及多年不见的老友过了一个温馨的佳节。

星期一早上七点半,我回到学校,笨拙地打开教室门锁,教室里的圣诞装饰突然让人有种时过境迁的感觉。我把窗户一一打开,让久闭的室内空气得以流通,也为久未浇水的植物适时送上甘霖。然后在那些圣诞饰品的陪伴下,等候将在八点出现的利德布洛克,到时我们可以一起拆下圣诞饰品。但是八点过了,利德布洛克还没有现身。这令我有些惊讶,利德布洛克从未迟到过一分钟。我不相信地不停检查时钟,她还是没来。八点四十五分,孩子们一一抵达,但就是没有看到利德布洛克的身影。

莉丝莱到了。自从利德布洛克开始来教室协助我,莉丝莱便一直由出租车接送上下学,因此她的出现无助于解开我的迷惑,不过至少我知道康西迪尼斯一家人并没有出城去。我利用下课时间,信步走到办公室,想打电话给利德布洛克,但临时打消这个念头。我的唯一结论是,利德布洛克生病了,还是不要打扰她,让她休息。

比利德布洛克的缺席更令我惊讶的是,我竟然如此想念她。假期结束后,我便一直期待能再见到她。在家中时,我已经开始储存很多想法,要在开学见面的时候和她一起分享。现在,突然间,她不在这里。没有她的教室似乎显得空荡。

开学第一天,所有痼疾全都回来了:莉丝莱不知神游到了什么地方;德基呼呼地叫着;玛莉安娜不停讲着坐在她妈妈男友车子后座的可怕故事;夏米和吉萝丹从一进门就开始吵架,夏米喜欢美国的圣诞节,吉萝丹却痛恨它。唯一没有找我麻烦的是席梦娜,她因长水痘而留在家里。

当第二天利德布洛克还是没有出现时,我开始担心起来。放学后,我打电话到康西迪尼斯家,没有人接听。从学校到家里再到桑拿浴池,整个晚上我不停打电话,还是没人接听。

星期三,利德布洛克还是没来,我的担心变成焦虑。我甚至妄想从莉丝莱口中问出答案来。于是,一放学,我便迫不及待地收拾好我的东西,开车到康西迪尼斯家,心想,总有人在家等莉丝莱吧,就算是康苏拉,也应该多少可以问出利德布洛克的状况。

前来应门的就是康苏拉。"我是桃莉·海顿,莉丝莱的老师。我是来找利德布洛克的,她在吗?"

"不在,很抱歉。"她想要关上门。

"等一下。"我说，把我的手伸进门内，"那么康西迪尼斯先生呢？他在家吗？"

停顿了好久之后，她才说，"他在他的工作室里工作，小姐。"

"我可以和他简短地讲几句话吗？"我要求她。见她表情犹豫，我立刻补充说，"只要几句话就好了。"

她慢慢地点点头，"在这里等一下。"然后她关上门。

几分钟后，她又打开门。"可以，"她说，"他的工作室就在房子后面那栋小建筑物里。走到那里时，敲敲门就行了。"

我依照她的指示，来到工作室门前，里头亮着灯光。我敲了敲门。

里头没有立即响应。我想到卡罗琳曾经跟我提到的事，那次为了莉丝莱因糖尿病突然陷入昏迷而来敲康西迪尼斯先生的门时，他也是迟迟没有回应。现在，站在工作室门外，同样的情境正发生在我身上。我再次敲门，敲得更大声。

"等一下。"他喊，于是我等着。

工作室的门打开了，强烈的光线照在我身上。他正拿着一块布擦手："她不在这里。"

"是的，我知道，康苏拉已经告诉我了。她在哪里呢？她已经三天没到学校了，我越来越担心。"

他继续擦着手，一一擦过每根手指。"我不知道她在哪里。"他答道，声音平淡无奇。

"你知道她什么时候会回来吗？"

"我已经说过了，我不知道她在哪里。"他的注意力终于转到我身上了，"如果你真的想找她的话，就去问她那些爱人吧。"

他的话令我一时无言以对。

"听着,她不在这里,好吗?她已经有好几天不在这里了。我一点都不知道她在哪里,坦白说,我也不在乎。想找她,就去别的地方找吧。"

我该说些什么呢?这下该如何是好?

我的不知所措显然软化了康西迪尼斯先生。他突然和善地微微一笑,后退了几步,伸长手邀请我入内,"快请进来,我真是个很不上道的主人,你站在外头一定冻坏了。"

我进入工作室后,他随手关上门。

"喝咖啡吗?"他问,"还是要喝杯酒?"他轻轻地耸耸肩,"那就是利德布洛克不在的好处之一,我可以没有内疚地喝酒。"他拿出杯子。

"不用,谢谢你,"我说,"咖啡就好了。"

"哦,拜托嘛,只要喝一点点就好,这样我就不必独饮了。反正那壶咖啡煮起来也太久了。"

"还是不要,谢谢。"

我的对面是一幅画了一半的画,画架的后面有一片大窗户,可以看到外头阴冷的1月天气。

"你喜欢吗?"康西迪尼斯先生问,走过来站在我身边。

我注视着那张画,那是一幅巨大的画作。我点点头:"是的,我很喜欢。"

"那是个很机巧的问题,不是吗?你其实不太可能回答不喜欢的。"

我笑了笑:"或许吧,可是我真的喜欢。我以前看过你的作品。"

他走到画布前,碰了碰画上的颜料:"你知道我为什么要回到这里吗？因为我爱这个地方，因为我总觉得在这里才真正拥有些什么。我如果留在纽约的话，成就绝对不止于此。"然后他转过身看着我，微笑着，"可是我现在也有不少的挫折和失败。关于这些失败，我想你或许都已经知道了。"

我们两人都沉默不语。我啜着咖啡，他则回到桌前，又倒了一杯酒。

"那么，"他说，"你是想要知道利德布洛克的行踪。"

"我很担心，因为她这几天都没有到学校来。我担心她是不是病了，因为那不像是她的为人。"

汤姆·康西迪尼斯捧腹大笑："不像她的为人？"

"她一直非常可靠，从没有请过一天假，也从没有迟到过。"

"这听起来才真的不像她的为人呢。这样才是，桃莉。"

我不说话。

"你不相信我，对不对？你知道她离开多久了吗？十天？十一天吗？我已经算不清楚了。"

"难道你一点都不担心？"我问。

"不会，她会回来的。外头混不下去的时候，她就会回来的。"

沉默紧随而来，他研究了我好一阵子，"我想她在你那里一定表现得很好，一定表现得像个乖女孩，对不对？她让你相信她。"见我不语，他继续研究着我的表情，"你得从我的角度来看她，桃莉。你可曾和一个酒鬼住在一起？你能够想象有人在圣诞晚餐吃到一半的时候得离席呕吐的情景吗？我的孩子今年全都在这里过圣诞节，利德布洛克却破坏了佳节气氛，惹得每个人不高兴。因为利德布洛克的关系，他们甚至不愿来探望我。我想到上次和你开会的情景，记得我不停地提到照顾莉丝莱的问题，提到没有对象可以倾诉是多么难过的一件事。可是我现在不禁怀疑问题不在莉丝莱，而是利德布洛克。我能够照顾和处理莉丝莱，但谁有办法去解决利德布洛克的麻烦呢？到底是谁在这里大谈特谈她呢？"他停了停，"我一直在想，我应该有能力和利德布洛克谈谈，但我同时也试着和莉丝莱谈。利德布洛克不太说话。你是否注意到这点？她不说话。你得非常小心敏感才有办法和她沟通，只是我恐怕做不到。"

我点点头。"你有没有想过去找婚姻咨询顾问？"我问。

他转了转眼珠："所有的答案你都知道了，不是吗？我记得上次是戒酒协会。现在你明白了吗？如果利德布洛克不打算跟我讲的话，她更不可能会去对一个陌生人讲的。更何况，我们根本也不需要婚姻咨询顾问，我们根本就没有婚姻。"

我注视着手中的空咖啡杯。

"所有的事情都一团糟，"他疲乏地说，"我一直看不到未来。老天知道为什么我看不到，但我一直就是看不到。除了上床之外，她无法用其他任何方式和我沟通。她根本是个无可救药的母亲，完全不知道该拿莉丝莱怎么办，永远不知道。莉丝莱出生才三个星期，她就回到普林斯顿大学工作。为此我们还曾激烈争吵过，我告诉她，她应该留在家里照顾莉丝莱，可她就是不听。要不是有我在，莉丝莱搞不好还不知道她有父母亲呢。我有过两个孩子，我很清楚到底怎么回事。我不停地告诉她，如果她听我的话，待在家中当个好母亲，莉丝莱的这些问题就完全不会存在了。"

摇摇头，我说："我恐怕不太能够同意你的说法。我觉得莉丝莱的问题和利德布洛克是不是一个称职母亲是两回事。站在专业的角度来看,我必须说,不论莉丝莱得到多么完整的母爱,她的那些问题依然是会出现的。"

"没错,可是至少莉丝莱不会像现在这么严重,不是吗?"

"我觉得她的问题还是会一样严重的。"

"可是不会像目前这么严重,对不对?"

"我不知道,这一切都只是猜测。"

"可是你是专家,你不得不承认莉丝莱的许多问题都是单纯的情绪问题,不是吗?"

"我想要说的是,现在拿一些过往发生的事情继续指责利德布洛克是没有意义的,一切都无法重新来过。"

"可是莉丝莱的许多问题都是单纯的情绪问题,你不同意吗?"

"可是继续指责利德布洛克对事情根本没有帮助。"

"可是莉丝莱的许多问题都是单纯的情绪问题,对不对?"

"可是我想要说的是,继续——"

"对不对?"

"呃,是的,好吧。莉丝莱的许多问题都是单纯的情绪问题。我想要说的是,现在拿一些过往发生的事情继续指责利德布洛克是没有意义的,想办法解决问题才是当务之急。"

"可我是对的,你刚才也承认了。"他坚定地说,"你在这方面是专家,你同意我的说法,莉丝莱的许多问题都是单纯的情绪问题,利德布洛克毁了莉丝莱。"

我靠着椅背,闭上嘴巴。我越来越能体会为什么利德布洛克必须压抑想要与汤姆吵架的意念，我完全可以想象。

我让沉默蔓延着，等着他的情绪恢复平静。终于，他深深吸了口气，放松地坐进沙发里。

"挖这些陈年旧账只是在浪费大家的时间，"我说，"不论导致莉丝莱问题的原因是什么，它们都已经存在了，我们无法再把她塞回母亲的肚子里。也不论导致利德布洛克问题的原因是什么，它们都已经存在了。现在最最重要的事情是如何改善现状，否则谁都没有好日子过。"

"都是因为利德布洛克，莉丝莱才会有这么多问题，"汤姆说，"利德布洛克必须明白，我们的生活有如炼狱都是她造成的。利德布洛克是我见过最自我的人，她觉得每个人都有问题，只有她例外。如果你试着和她讨论，如果你试着帮她，她的反应又如何呢？对你又吼又叫、当着你的面甩上门、把自己灌得烂醉。你可以试试为她做些什么看看，试试告诉她她需要改变看看。"

"这样指控利德布洛克似乎有些太严重了。"

"可那都是真的，而且如果我们任何人想要有好日子过的话，利德布洛克就得先改变。如果她还要继续这样下去，我也无法要求我的孩子友善地对待她。如果她还要继续这样到外头寻欢作乐的话，我也无法改善我们之间的关系。"

我叹了口气。

"事实就是如此，不是吗？如果她不愿改变的话，我们又如何改变？你说是不是呢？"

"是的，可是……"

"难道你不同意？除非利德布洛克改变，否则我们都无法改变。"

我不想继续这样永无止境地谈下去，于是我不再说话。他等了好久，并紧紧地盯着我的脸。见到我不回答他的问题，他有些生气。

"你拥有哪方面的执照？"他突然话锋一转地问道，"你是某一科的医生吗？你是领有执照的心理医生吗？此刻的你正在对人们做心理分析，介入人们的生活，好像那是你天生的权利一般。这似乎与我所认知的有些差距。我是说，你是个老师，不是吗？"

"是的，我是个老师。"

"那么你此刻是不是有点僭越了你的专长呢？"

我耸耸肩："呃，如果这一切是值得的，那我就有合格的执照。我在法律上是站得住脚的。问题是，这并不是我坐在这里的原因。我坐在这里是因为我是那个被卷入这一切的人。你的妻子挑上了我，是她决定每天和我分享我生活中的八个小时。"

沉默了一会儿，他又起身倒了一杯酒，然后回到我前面看了看我的杯子。再一言不发地拿走我的杯子，帮我续满咖啡。

"你考虑过离婚吗？"我问。

他没有立刻回答，转身坐到沙发上，注视着他杯中的酒："没有，没有，这我以前也都经历过，但并不能实际解决什么问题。更何况，为了莉丝莱，我也不想那样做。我已经失去我另外两个孩子了，没有和他们住在一起就等于是失去了他们，同时也失去陪他们成长的时光。我不要这种事情也发生在莉丝莱身上，她尤其不行。"

"如果利德布洛克真的如你所说的那般无能，那么她取得监护的机会就很小。我想法官会把莉丝莱判给你的。过去几年来这方面的规定已有很大的改变，若是母亲无力照顾的话，监护权常常是判给父亲的。"

他依旧注视着酒杯，然后摇了摇头："不行，利德布洛克一定会和我大吵的，她绝不可能让我那样做。"

"我觉得利德布洛克似乎不是那种报复心很强的人。"

"是，对，我想她不是，可是她爱莉丝莱。不论我把她说得多坏，都改变不了她爱莉丝莱的事实。她或许是个烂母亲，但却全心爱着莉丝莱。"

"是的，可是父亲还是会得到监护权的。"

他又摇摇头："不，事情没有你说的这么简单，莉丝莱不是我的孩子。"

"哦。"

汤姆·康西迪尼斯起身走到我身边的一个小台灯旁。天已经完全黑了，我叹了口气，想要离开。我又累又饿，想要回家，而他看起来也很累。他对婚姻的坚持态度令我惊讶。

"那么，"他打破沉默说，"利德布洛克和你在一起的时候都在做些什么？那是种治疗吗？"

我摇摇头："不是，她只是在协助孩子们。我需要一个助理，而她愿意义务加入，我们就这么一拍即合。"

"老实说，我真的很惊讶，"他摇着头说，"我无法想象利德布洛克念童话故事给小朋友们听的画面。"

我淡淡地微笑："不完全是那样的。"

"呃，你知道我的意思，我无法想象那个画面。"语毕，汤姆·康西迪尼斯站起来倒了第四杯酒。

又是沉默。"你和利德布洛克怎么认识的？"我问。

他耸耸肩,"很平常的方式。"他端着酒杯回到沙发上,"我和一群朋友出去,当时我在纽约。我们一群男人围在酒吧喝酒,她就在那里。"他低头害羞地笑了起来,"我就在酒吧,转头望过去,一眼就看到她。相信我,你绝对不可能不去注意她。我是说,她是那么的年轻——二十三岁吧?是那么有生气。总之,我记得我告诉身边的朋友说,我要过去和她聊天。甚至在第一眼看到她的时候我就爱上她了。我和利德布洛克就是从那一刻开始的。"他停了停,抬头看着我,不好意思地笑了笑,"我喜欢美女,比一般男人更喜欢。我不可能喜欢上一个长相平凡的女人,不论她在其他方面有多好,我绝对要求外表的完美。"他盯着画作,"利德布洛克很美,是我见过最美丽的女人,所以我和她结婚,理由就这么简单。我要能够摸得到她,闻得到她,看得到她的一举一动。我要每天早上起床知道她是我的,随时都可以看到她,永远拥有她。"

他渐渐安静下来,垂下头,看着他的手:"或许对你而言那似乎不像个婚姻。我知道很多人都有这种想法,可是我爱利德布洛克。不论她其他方面如何,我就是爱她。"

童年创伤

> 就像你为孩子们所做的,就像一个母亲为她的孩子所做的。

星期五早上八点,利德布洛克准时出现。她看起来很糟糕,比平日苍白的脸色还要差,还有两个大大的黑眼圈,连体重都明显掉了很多。

"嘿。"她站在角落,怯怯地说。

我坐在桌前,抬起头:"嘿。"

"你要我回来吗?"

"当然要,赶快进来呀。"我推开椅子起身,"我来告诉你我们的进度到哪里。"

那一刻,好似什么事情都没有发生过一样,我们谁都不问问题。概略讲完教学进度后,我们一如往常地开始各自的工作,只是事情进行得并不顺利,因为一吃完午餐,利德布洛克的胃便剧烈地痛起来,而且一整个下午未见好转。

终于放学了,我们两人都松了一口气,要带着笑脸熬过一天是件难事。到了放学前夕,她胃痛得更厉害。

我带着孩子们下楼去坐车。回到教室时,我发现利德布洛克拿着一杯水坐在桌前,桌上还放着一包薄荷糖和她的笔记本。

"你要不要提早回家呢?"我问。

"不要。"

"要不要谈谈呢?"

"不要。"

"好吧。"我拿过孩子们的资料夹,批改他们的作业。一会儿后,我瞟了她一眼。

"你确定不要回家吗?"我问,"你看起来很糟糕。如果你想要先走的话,利德布洛克,我不会介意的。"

她摇摇头:"我不要回家。"

我突然发现,蓄在她眼眶的泪水就快要滴下。我不想害她哭,于是开始批改作业。作业批改完毕后,再将它们一一放回架上,然后开始计划第二天的课程。从头到尾,利德布洛克就坐在我的对面,一块接一块地吃着薄荷糖。

四点十五分。我做完计划,接着拿出来一些纸,开始做起纸蜘蛛来,那是第二天的美劳教材。

"你一定很讨厌我。"她终于开口说,我专心得几乎已经忘了她的存在。

我抬头看着她:"不,我当然不讨厌你,利德布洛克。"

"你大可以不必对我这么好,你知道的。你不必假装喜欢我。"

我皱着眉头,注视着她:"你到底在说什么?如果你觉得我对你的喜欢一直都是假装的话，我会觉得那是种侮辱。我没有假装，我就是喜欢你，就是那么简单。"

她拆开一块薄荷糖。

"你真的觉得很沮丧，对不对？"我问。

她慢慢点着头。咬着下唇，她再次低低地点着头。

"为什么？因为你……管它是什么，因为你的狂饮作乐吗？"

她耸耸肩："我不知道，所有的事吧。所有事情都让我沮丧。"

"如果你是担心我的想法的话，那么你大可放心，我不会被困扰的。我们何不重新再来检视一下问题的根源。"

她淡淡地点点头。

"是这件事困扰你吗？为什么会这样呢？"

她耸耸肩："我不知道。那时候我是那么快乐，上学期的最后一天。一切是那么的顺利，我以为那份感觉会在我心底停留到接下来的那两个星期。"

"那天的确很顺利，很有趣。"

她点点头。停了一停，然后又摇头："我痛恨圣诞节。"

"怎么会呢？"我问，低头做着蜘蛛。

她又耸肩："我不知道。"

我把蜘蛛的身体翻过来，准备把八只脚粘上去。沉默突然袭来，持续了好几分钟。我把蜘蛛翻个身，看看它能不能站起来。七只脚，站得很稳；八只脚，却反而站不稳。做着做着，我开始玩起那只蜘蛛来，最后索性就让它跳起舞来，意图逗一旁的利德布洛克笑，但她没有反应。

我让蜘蛛仰面朝天地躺在一旁，开始做第二只。

"我可以告诉你一件事吗？"利德布洛克轻轻地问。

"当然可以。"

片刻沉默。"我不知道该从哪里说起，不知道该说些什么。"

"别担心那个。"

"我的母亲……"她欲言又止，"我的母亲……我的母亲有……问题。她酗酒，我的母亲酗酒。她是个酒鬼。"她停了停，用手指缠着前额的发丝，"有一年的圣诞节，我七岁的时候。我记得很清楚，我和我弟弟在圣诞夜时吵架。呃，我有两个弟弟，其中有一个已经死了。总之……"

我停下手中的工作，盯着她，想知道她到底要讲什么。

"总之，我弟弟巴比和我，为了该由谁来打开圣诞灯泡那种愚蠢的问题而大吵。那时正好是圣诞夜，我提过了吗？我是不是让你觉得很无聊？我啰啰唆唆地对你说一些你不想听的事。我实在很不会讲述事情。"

"你说得很好，"我说，"别担心那个。"

"我是很无趣的人。"

"你不是，利德布洛克。"

几分钟的沉默后，她说："总之，那天晚上有我母亲、我继父，还有一大堆人在场。他们不停地喝酒，每个人都喝得醉醺醺的。我的母亲喝醉时脾气就变得很不好，所以你必须很注意你的言行，因为她老是将你的话往坏处想，而且你还得小心你的行为。一见到我和弟弟吵架，我母亲说，够了，如果你们要吵架的话，你们就别想过圣诞节，然后她命令我们上床睡觉。我当时一点都不担心，但第二天早上我们起床后,什么都没有了。我是说,空无一物。圣诞树被拆掉了,所有的礼物都不见了,所有的东西,就连我二岁大的弟弟基特的礼物也都不见了。我五岁的弟弟巴比问:'圣诞老人到哪里去了?'我母亲却说,圣诞老人再也不喜欢你们了,因为你们昨天晚上不乖。弟弟开始哭了起来。但我知道,我很清楚是她干的。我说,基特的礼物在哪里?他又没有不乖。连他的礼物都拿走,那太不公平了。还有我买给巴比的礼物在哪里?那是我花掉所有零用钱买的。我母亲对孩子原本就很严厉,一听到我那番话,忍不住打了我们一顿,还把我拖到屋后的台阶上坐着。她把我当成一条狗一样地丢在那里。"她的手指来来回回地摸着桌边,"诡异的事情是,从我坐的后院望出去,可以看到对面其他家庭。我看到每个家里都摆着圣诞树,还可以看到母亲们来来回回地忙着准备圣诞晚餐,看到邻家的小孩子在他们各自的后院中嬉戏。我就那样看着他们直到天黑,直到我的母亲让我进门。"

沉默。

"我可以看得出来你为什么不喜欢圣诞节。"

利德布洛克轻轻耸肩:"那还不是真正诡异的地方,否则我也不会如此痛恨圣诞节。每年的圣诞节,我都坐在那里等待母亲的放行进门。圣诞节已成了我的年度梦魇。"

我点点头,然后又是一阵冗长的沉默。我望着窗外,外头已开始飘起雪花。

"我母亲有很严重的酗酒问题,"利德布洛克静静地说,"她脑袋里成天只想着酒。我记得在我五岁时,她曾有一次对我大发脾气。那时我正在浴室里,但已不记得在里面做些什么了。总之,她走到浴室里对我大发脾气。我不知道她哪根筋不对，竟然觉得我想要勾引我继父，而且她还很确定地这样认为。我甚至不知道她在说些什么。"

说到这里，她停了下来。我看着她，想象着她小时候的模样。

"总之，我在浴室里，她进来了，对着我大发脾气，抓住我的长发，将我整个人提悬在半空中。她要我看看镜中的自己，看看自己的脸。她说我的样子简直就像个魔鬼，然后拿起剪刀把我的头发乱剪一通，不是剪短，而是短到只剩半英寸长。"

我看着桌子："这一切只因为她觉得你在勾引你的继父？"

"我想是吧，也因为她喝醉了。"

"你继父是否还做过其他什么事？他是否曾占你的便宜？"

"没有，当时我才五岁，拜托。"

"呃，这种事情的确存在。不论大人们的借口为何，通常错不在小孩子。"

"不，我继父不会的。他真的对我很好，我还希望他不要那么早就离开我家。他比其他人待我更好。有时候在我母亲对我发过脾气后，他会到我的房间，把我抱到他的腿上，要我不要介意我母亲的行为，要我原谅她，因为她就是那个样子。那种感觉很好，他的那些行为都是很真心的。最令我无法忍受的是母亲的酗酒问题，那真的很可怕，让我时时刻刻都觉得很脏。整个童年时期，我几乎都是追在母亲身前身后，取悦她，安慰她，照顾弟弟，因为她从不照顾他们。最后我变得很痛恨她，我发誓永远不要像她那样，永远不要让别人和我吃同样的苦。可是看看我，看看我现在这个样子。"

我无言以对。

谈了这么久，利德布洛克第一次抬头看我。我们注视着彼此好久，然后她转头望着别处。

"现在你讨厌我吗？"她柔柔地问。

"我当然不讨厌你。"

"我讨厌。"她疲累地说。

"我知道。"

她叹了口气："我该拿自己怎么办呢，桃莉？"

"戒酒。"

"怎么戒？"

"从不再喝下一口开始。"

她又叹了口气，然后沉默不语。

"我从没有对任何人讲过这件事。"她说，"一个字都没提过。即便是巴比，我们也没有把这件事拿出来讨论过。那就是为什么我不想去戒酒协会那类地方的原因，我不想把我母亲的事情拿出来讲。我是说，我觉得我今天会变成这个样子，她也有部分的责任。但我又觉得，我如今也没有比她好到哪里去，凭什么去批判她？然后又想，何必呢？反正我是失败的。"

"我能够体会戒酒协会那种地方或许不适合你。我想，也许一对一的环境会让你觉得自在一些。你是否考虑过接受治疗呢？"

她点点头："我们不得不去。约四年前，汤姆和我都去接受治疗，因为莉丝莱被诊断出有问题，因此我们被要求必须接受治疗。"

"然后呢？"

"我根本不愿去回想。"

"为什么？"

"因为那实在太可怕了，我被那个治疗师吓死了。我不认识他，根本无法开口跟他说话。他不停地说我可以说话，我之所以不说是我要拒绝他的治疗。其实我不说话，是因为在那里我没有什么东西可以谈，但他不愿接受我这样的答案。"

"你看了这个医生多久？"

"大概六个月，之后不得不停止。连续好几个星期，每到星期一，我就生病，并且连续吐两天。星期三是看治疗师的时间，我因而不能去。不过汤姆并没有中断。他大约看了一年，最后腻了，也就不去了。"她丢了一块薄荷糖到嘴里，"有一次我真的很生气。我说并不是我不想改变，我真的想要改变。可是人们总期待我自己来做。我说：'你们要我改变，可是你们从没有从中帮助我。'我说：'有时候我真的快熬不下去的时候，你们必须适时地拉我一把，毕竟我没有能力全程走完。'汤姆说那才是我真正的问题——不停地为自己找借口。我根本就是完全要依赖别人的力量才能改变自己。不过，我只是说说而已，心里并不是真的这样想。我想你会了解的，不是吗？"

"我想是吧。"

"我错了吗？"

"不，未必。问题是，没有任何人可以帮你改变你自己。"

她点点头："这个我知道。只是，呃，做这件事……呃，我只是需要……我需要……我该怎么说那个词呢？"

"支持？"

她耸耸肩："我想是吧……不，不完全是。不是支持，是协助，协助我去控制。你知道的,在那些我怎么做都不对的时候,在我无法保持冷静的时候,我需要另一个人帮我撑过去。"

我注视着她。

"我还是没有把我真正的想法说出来,我说的听起来好像我要别人来替我做我的工作,但那并不是我真正想要说的。而是……"她沉思了好久,"呃,那就像和你及孩子们在一起一样,就像那一天吉萝丹气得失控的时候一样。她把教室搞得一团糟,可是你也在那里,叫我不要担心,并且把桌椅恢复原状。那就是我的意思。我需要知道只有我一个人崩溃,而非全世界的人都崩溃。我是这么的脆弱,我需要知道我身边有更坚强、能够控制场面的人陪着我。那就是我要表达的,就像你为孩子们所做的,就像一个母亲为她的孩子所做的。"

进步的讯息

> 我们是在逃避责任,我们的责任是训练、治疗她,而不是顺从她。

经过第一个星期的混乱后,孩子们都从假期中收了心,再度融入规律的课程中。最难稳定下来的人是利德布洛克,她不仅带着骚动的情绪归队,也还带来了一身疾病。她经常吐个不停,通常还不到午餐时间就已经撑不下去了。她的体重持续下降,她的双手不住颤抖,皮肤灰暗,看起来松松垮垮的。还有她的脸色,永远都是一脸病容。

我急切希望她能够赶快去看医生,也催促过她好多次,直到她告诉我,她已经去看了医生。于是我不再催她催得那么紧,但我还是不相信她去看过医生了。我想我们两人都很清楚,以她这种状况去看医生,医生绝对会坚持要她住院的。不过,我似乎也没有强烈的立场一直催她去看医生。

这一段时期,利德布洛克说她都没有喝酒。我虽无法证实,但我感觉或许她说的是实话。我想也许这是复原过程必然的现象，因为她的情况的确有改善，很慢很慢的改善。随着时间的推移，她渐渐不再需要冲到厕所去吐个不停。她的黑眼圈逐渐消失，肤色越来越好，也越来越有活力。我终于松了一口气。

至于孩子方面，莉丝莱是我强力辅导名单上的第一个。由于我从上一年11月就开始把注意力放在她身上，现在她已有缓慢但稳定的进步。现在她可以坐在我身边，做一些操作性的工作或简单的作业，只是难见明显而长足的进步。她需要我时时在一旁指导，而且只能采取一对一的方式。

她还是会时常演出失踪的游戏，尤其是生气的时候，她可以完全空洞失神，拒绝做任何事。不过，我很清楚地要求她，如果她想要坐在我身边，在我的腿上，让我抱，那么她就得听话地乖乖学习做功课。如果她抗拒或想做其他事情，那就得自己去做，不可以坐到我腿上。结果一如我所预期的，她的确了解我的意思。

一旦莉丝莱确定她的抗拒方式无法在教室中控制我们时，她便开始以更狂野的行为取得我们的顺从，而且这些行为经常是令人难以忍受的。莉丝莱现在越来越吵闹，虽然她会用的词汇并不多，但现在她会尖叫、大叫，再不然便用声音吸引我们的注意力。

这些改变都让人觉得不愉快，不过我把它们全视为进步的讯息。这些讯息同时确定了我长久以来的怀疑——莉丝莱的抗拒其实只是一种条件性的响应，而非她情绪困扰的本质。一旦那些行为在教室中得不到注意时，便会以极快的速度消失。一旦莉丝莱达到这些吵闹、叛逆的程度时，我便觉得更确定强化那些主要改变的价值，尤其对其中三方面的进步最为重要：一是可以获得某种沟通性语言的形式；二是成功训练马桶使用；三是消除她半夜的怪异行为。现在我觉得在莉丝莱的能力范围内，这三方面都有进步。

莉丝莱在家中的行为也有进步。利德布洛克把我的一些比较成功的方法应用到家里。尤其，她试着不再安抚莉丝莱的抗拒行为，不再陪着玩莉丝莱所设下的那套游戏规则。可惜的是，她的努力并未能达到完全控制莉丝莱行为的目的。

不过，到了1月下旬，我安排了一次会议讨论莉丝莱的问题，于放学后和汤姆·康西迪尼斯、利德布洛克碰面。

汤姆·康西迪尼斯惊讶于莉丝莱的"进步"。我举出许多例子向他证明莉丝莱的抗拒只是为了操纵大人，引起大人们的注意，好让我们去抱她、搂她、摇她，我认为我们可以找到其他替代的安抚方式。我同时也提到利德布洛克功不可没。但汤姆·康西迪尼斯的看法完全不同，他觉得莉丝莱闹情绪的时候，我们应该给她拥抱，而不是剥夺。我试着解释，没错，莉丝莱当然需要拥抱，但我更赞同采取其他方法。

会议气氛越来越糟。汤姆不满我制造出一个小怪物，我却责备他把莉丝莱当作一个抽象的孩子而非一个真实的人类。莉丝莱需要改变，我说。她是真实世界里一个活生生的小孩，随时配合她的需求去拥抱她当然不为过，然而说穿了，那其实是在欺骗她，我们是在逃避我们的责任。我们的责任是训练、治疗她，而不是顺从她。时间一晃眼就过去，她马上就十七岁，然后二十七岁，或四十七岁。到那时候难道还要继续替她擦屁股吗？还有谁去容忍她的一切情绪呢？

这番话当然惹得汤姆·康西迪尼斯怒不可遏，觉得我在侮辱莉丝莱。她单纯天真,他觉得只有她自己才能判断什么对她最有益。撇开她的纯真不提,她是那么的漂亮美丽,而我的行为根本就是在摧毁她,摧毁她的天真,把一切变成一场噩梦。

我完全无法接受这种毫不实际的论调,然而对他气愤难当之余,我也有一股深深的挫折,毕竟我所提出的看法都是那么的可怕与残忍。在这种情况下,我又如何能够与美丽天真的梦想争辩呢?

利德布洛克当场哭了起来,我和汤姆同时转头看她。我看到泪水成串地滑下她的脸颊。

"难道你都没有话要说吗?"他问,"她可是你的孩子。"

她摇摇头,起身离开教室。

我告诉汤姆,我打算继续对她维持原来的辅导方式:开口说话优先,然后是马桶训练。如果还有时间的话,我要做到至少让莉丝莱在半夜醒来时可以待在她自己的房间,好让大家可以安心平稳地睡觉。

汤姆一脸气愤。莉丝莱无法做到那些,他说。如果她做得到的话,早就做了。"强迫像莉丝莱这样的孩子是有罪的。"

我说我无意强迫莉丝莱,我的目的是教育她。我觉得她之所以学不会,是因为她觉得没有必要学会。但是她是可以学会的,这一点我深信不疑。除了有障碍之外,她是个很聪明的孩子。

我心里知道我并没有说服他,他一点都不相信我的做法是正确的。他爱莉丝莱的异常,就某种程度上,我怀疑他爱她的异常甚于爱她本人。

和莉丝莱回到教室,我开始安排教学计划,以便我在辅导莉丝莱时，利德布洛克可以帮我照顾其他几个孩子。对于严重情绪困扰的孩子，通常辅导人员都会采用严厉的方式迫使他们开口说话。但想到强迫无法让莉丝莱开口说话，而必须用诱导方法时，我决定使用小小的奖励手段。食物是最明显的增强剂，只是面对莉丝莱的糖尿病，我在食物的选择上必须很谨慎。最后，我选择适合糖尿病患者食用的菊芋。

我制作了三张附有图片的单字卡片——球、人、狗。我知道莱丝莱对这几个字都很熟悉，一定能够辨识出来。我把卡片放在我们前面的桌上："来，亲爱的，你可不可以指出狗的图片是哪一张？"

她做到了。

"很好。"我递给她一块菊芋。她意外地接过菊芋，仔细地瞧着它，闻着它。

"吃呀。"我说。她吃了，而且还伸出手来想要更多。

"哪一张照片是人呢？"

她正确地指出来，我给她第二块。这次她迫不及待地丢进嘴巴，大声地吃了起来，并伸手到盘子上想要再抓更多。我把盘子推开。

"不，还不行，你还得表现更好才行。球在哪里呢？很好，拿去，再拿一块。人在哪里呢？很好，再拿一块。狗在哪里呢？很好。"我们一次又一次地重复练习着三张卡片。

"好，现在我们来点不一样的。"我说，把三张卡片收起来，然后抽出一张放到桌上。"这是什么，莉丝莱？"她注视着它。

"人，"我说，"抬头看这里，莉丝莱。看着我的嘴巴，人……那是什么？人……那是什么？"

她轻轻皱了皱眉头，研究着图片。

"再抬头看一次,看到我的唇了没?看我如何发音。把你的手给我,把你的手放在我的唇上,人。现在,把手指放在你的唇上,人。"

她转开眼神。

我拿起一块菊芋。她伸手要拿,但太高了,她拿不到。"人,莉丝莱。这个图片是什么?这是什么?人。"

终于她开口了,虽然发出来的音完全不对,但我依然高兴地笑了起来。"乖女孩,拿去。"我把菊芋递给她。

另一个必须全力辅导的孩子是吉萝丹。我意识到她的问题远比我初期所感受到的要严重。一方面,她是班上最少抱怨、最楚楚可怜的孩子;另一方面,她又极具报复心,而且手段十分阴险残忍。我不知道该如何平衡她的两个极端。她楚楚可怜的行为总让我分心,让我生气不悦,让我不想和她在一起。她的黑暗面总是令人不易察觉,因为它是那么的神秘,我甚至想不出良好的对策来解决她个性上的阴暗面。而且她的情况越来越糟糕,她被逮到偷窃、撒谎、让席梦娜背黑锅的次数越来越多。当面质问她时,就算人赃俱获,她还是否认到底。我试过所有方法,但都徒劳无功。我打算等圣诞佳期过后,利德布洛克再度全心投入助理工作时,便专心处理吉萝丹的问题。

吉萝丹的反社会问题越来越严重,我却苦思不出对策,于是我转而将注意力放在她对我紧紧依附的关系上。我想这个问题不完全在她,我也必须承担部分责任。

1月份某天的下课时间,我搬了一张摇椅到教室,放在莉丝莱的桌旁。下课后,孩子们围坐在工作桌前,做着各自的事情。我指导着坐在身旁的夏米做功课，吉萝丹和玛莉安娜比赛做剪贴簿，两人来来回回地从桌前跑到黑板后面拿杂志，剪下杂志上的图片。每跑一次，吉萝丹总会顺便跑到我身边，搂着我的颈子，抚摸我的头发。

"亲爱的，拜托不要这样。"我说，"你和玛莉安娜有你们自己的事情要做，而且我正在指导夏米。"

"玛莉安娜去拿浆糊，我需要更多的浆糊。"

我转头张望着利德布洛克的踪影。吉萝丹坐在我的大腿上，手臂环抱着我的脖子，整个人贴在我身上。"去找利德布洛克，请她去帮你拿浆糊。我得指导夏米做功课。"我轻轻地将她推下我的大腿。

"不要。"她撒娇地说，依然紧紧黏着我。我还来不及靠回桌子，她又爬上我的大腿。

"吉萝丹，拜托你下去，我得教夏米做完功课，他正在等我。把你的浆糊罐拿去找利德布洛克。"

"不要，我要坐在这里，和你在一起，小姐。"

我把吉萝丹推下我的大腿，拉开她环在我颈上的手臂，然后迅速靠回桌子，不让她有机会爬回我的腿上。

"吉萝丹，我们已经谈过这件事了，这是不适当的，而且这样我也无法专心工作。我现在正在指导夏米，如果你需要任何东西的话，就去找利德布洛克。"

这时，夏米趴到桌子上，不耐烦地吼着："小——姐？下一个字是什么？"

"不行，吉萝丹，你的手不可以放在这里。不行，住手，拜托，现在不是亲亲的时候。我不要亲亲，我正在教夏米功课。"

她还是赖皮地紧黏着我不放。利德布洛克来到我们的后面，从我的颈子上拉开吉萝丹的手。她的这个动作激怒了吉萝丹，笑声霎时变成咆哮。她用手肘撞利德布洛克。

"嘿。"我说，转过我的椅子。夏米啪的一声把铅笔拍在桌上，吉萝丹见状转头离去。"吉萝丹，过来这里，拜托。"她回到桌前。我一手搭着她的肩膀，把她拉到教室的一角，然后蹲下来看着她的眼睛，"我告诉过你多少次不要黏着我不放？"她转开眼神。

"多少次？"

她耸了耸肩，我等候着。

"很多次。"她低声地说。

"没错，很多次，这件事很困扰我。当你爬到我的腿上，抱着我的脖子，对我又亲又摸时，我觉得很生气。那是我的身体，我不喜欢人们不经过我的允许就随便摸我。我告诉过你那么多次，可是情况好像都没有改善，你还是我行我素。有时候我甚至很讨厌和你一起坐在摇椅上，只是我也知道那样依然改善不了状况。"

吉萝丹注视着地板，"我并不知道我自己会那样做，小姐。"她喃喃地说。"你知道的，吉萝丹。你太了解我了，你心里很清楚那是怎么一回事。"

她耸耸肩。

"我决定了，我要试试别的方法。你想要摸别人，你需要别人摸你，可是我已经开始体会到，这种行为到最后的结果只会引发别人的生气。所以我考虑，也许我们需要为你特别安排一些时间，让我可以好好摸摸你、抱抱你。你觉得如何？"

她耸耸肩。

"我们来作个协议,我们来安排一些事情,好让你可以不用整天黏着我,我也会拨出一些特别的时间给你,好抱抱你、搂搂你。看到那张摇椅了没?在放学之前,我们就坐在那张椅子上,就我们两人。那段特别时间只属于我们两人。"

我站起来,"过来这里,我们现在就来试试看。"我走了过去,调了调摇椅的位置,并坐下来。吉萝丹带着不确定的表情,站在原地不动。

"过来这里呀,吉萝丹。"

"我太大了,小姐。"

"什么太大?"

"太大了,不应该坐在你的腿上,小姐。"

"你刚刚还坐在我的腿上呀,吉萝丹,就在教室的桌前。"

她注视着我,然后摇了摇头。

"那么,如果我到莉丝莱的桌旁搬一张椅子过来,你坐在那张椅子上,我坐在摇椅里,我们并肩坐着,你觉得如何?"

她还是摇着头,"不,小姐,我不要。"

"为什么?"

"我太大了,小姐。"她转身,"我去坐安静椅。"

毁掉的城堡

> 我注视着她，我很确定她是这整件事情的幕后黑手。

夏米的记录和档案在1月末从贝尔法斯特寄来。档案记载内容和我的观察相去不远，他的功课的确不是很好。这段时间的教导下来，我发现夏米的程度明显落后，尤其在数学和阅读方面，需要特别辅导加强。

我希望夏米能够在一个月之内进入邻近学校的正规班级求学。他既没有情绪困扰的问题，也没有其他方面功能不全或障碍的问题，无须安置在特教班级中，于是我尽可能教他正规班的课程。

历史是夏米拿手的科目，他对过去的人和事物深深着迷。但我并没有因此而减少他的历史课时间，不过着墨最多的还是数学、拼字以及美劳活动，甚至定下某个午餐日让他去为其他小朋友服务。

某天早上，他带着一本关于城堡的书籍抵达教室。那是他的指定作业之一——必须读完三本和中世纪相关主题的书籍。这本书是他从图书馆里借来的,里面有很多漂亮的图片,都是城堡建筑物。

"这本书可以当作我的指定作业吗?"他问,并将书本拿给我看。我从头到尾翻了一次。

利德布洛克就在我身边,将头伸到我的肩膀上方。"我可以看看吗?"当我把书合起来的时候她问道。

我把书递给她。她把书放在桌上,一页页仔细地看着。"你知道我们可以怎么做吗?"她说,她的声音若有所思。

"怎么做?"夏米问。

"我们可以做一个这座城堡的模型。"

"你是什么意思,小姐?"

利德布洛克注视着其中一张图片:"我们可以利用一些硬纸板、量角器和罗盘来做这个城堡。看,就像这个。你可以先量出它的尺寸,加以换算后,再裁剪硬纸板。"

"真的吗?"夏米惊喜地问,然后他转头看着我,"我们可以吗,小姐?"

当夏米收集好所有材料,准备制作城堡时,整个教室到处散放着纸片。夏米飞快地在地上盖起了城堡,一片接一片地粘上去。但是当城堡的雏形出来后,利德布洛克却不满意。有天早上她带着一堆看起来像是建筑工具的东西来到教室,她将工具箱放在地上,并打开那本城堡书。"看看这个,"她对夏米说,"这就是我们的制作方法。"然后她耐心地指示夏米如何测量,并换算成硬纸板需要的尺寸。城堡不只是一个中世纪历史,同时也变成了一道复杂的数学练习。利德布洛克的心思细密,对数字很灵光。不像我只会用剪刀和尺,她使用建筑专用的刀子，利落地裁切出精确的尺寸。原本就喜欢她的夏米，这下更深深为之着迷了。虽然城堡还没有完全完成，但俨然和真的城堡没有两样。原本在一旁观看的玛莉安娜和吉萝丹也加入制作行列。德基想要帮忙盖城堡，但被派去为硬纸板画砖墙，席梦娜则在一旁目不转睛地看着我们。玛莉安娜号称这是"大孩子的计划"，于是席梦娜和我只好去做别的事情。

城堡越来越高，内外墙都已经出来了。两个多星期的时间里，我们的生活全被那座城堡主宰。任何空出来的时间都是"城堡时间"。事实上，它甚至入侵我们的放学后时间。每天放学后，我便会看到利德布洛克趴在地上，上上下下专心地瞧着城堡，寻找可能的疏忽。

"你打算回家了没，已经五点多了？"我问。

"等一下，我要先把这个修好。"

我站在那儿等着。我得锁门，因为这个时候比尔一定已经离开了。

利德布洛克依然趴在地上，小心翼翼地动着城堡的纸门。我蹲下来看看到底是什么问题。"这个可以等到明天再做啊。"我说。

"我要今晚就把它做好，我告诉夏米我会做好的。"

"我相信他会明白的。"我站起来，伸出手，看着手表。

"我再一下就好了。"

我站在那儿等着。

终于，利德布洛克把手伸出城堡外，举在半空中，依然专心如故。

"你要什么东西？"我问，以为她需要剪刀或什么的。

"钥匙。把钥匙给我，我们明天早上见。"

我离开了。直到数周后我才知道，那天晚上利德布洛克在教室里待到十点才回家，只为了要让夏米的城堡门可以上下移动。

"我昨天收到我妈妈寄给我的信。"夏米在早上即将下课的时候说，当时我们全都围坐在桌前。"她说他们在我们的街上杀了一个警察，他就那样躺在街上。"我抬起头。

"你知道，"他说，"我觉得那是不对的。我觉得他们这样一直杀人是不对的。我不在乎谁站在哪一边，我就是觉得不值得一直这样杀人。"

"那是报复，"吉萝丹说，"爱尔兰的悲哀。"

"没错，报复。可是我还是觉得那是不对的，吉萝丹。那个警察只不过走到街上而已，他什么事都没有做啊。"

"他做了，他是魔头，他是个警察。"

沉默袭来，夏米若有所思地咬着他的指甲："我想也许舅舅是对的，我觉得他应该把事情说出来，反正谁也阻止不了杀人的事情。我想再过了不了多久那个地方就没有人了，他们最后全都会自相残杀死掉。"

吉萝丹眯起眼睛，紧紧注视着夏米："你是说我们的爸爸是个情报员？"

"我的意思是说，我觉得舅舅如果把事情告诉他们的话，情况或许就不会这么糟了。我觉得这种事情很可怕，得赶快停止。"

"我们的爸爸不是个情报员！"吉萝丹突然大叫。坐在我身边的德基被吓得手上的铅笔飞了出去。

"吉萝丹，我是说……"

"你把刚刚的话收回去！我们的爸爸不是情报员！我们的爸爸永远都不会说的！"

我见情势不对，赶紧起身走到吉萝丹旁边："好了，各位，我想下课时间就快到了，现在把你们的东西收起来，穿上外套。"

"他不是个情报员！"吉萝丹开始哭了起来。

我蹲下来搂着她，但是她拒绝我的安慰，粗鲁地推开我，跑到另一张椅子上，然后又跑到图书馆里。

"我没有说舅舅是个情报员，吉萝丹。"夏米高喊道，"我知道他不是，我没有那样说。"

"残忍、可恶的骗子！我希望你去死，我希望你从楼梯上摔下去，而且摔死了！"吉萝丹回喊着。

我搂着夏米："我们先别理她，她心情不好，所以现在不是和她解释的时候。"

"可是我并没有说……"他抗议道。

"我知道你没有，但是现在不是追究的时候。把你的东西收一收，到外头去玩吧。"

"我很抱歉，吉萝丹。"他喊着。

"我希望你去死！"

利德布洛克带着孩子们出去，我和吉萝丹留在教室里。等大家都出去后，我便到图书馆去找她。她就在走道的尽头，缩着身子靠在墙上，脸上纵横交错着泪水。我在她身边蹲下来："我认为夏米没有指责你父亲是情报员的意思，甜心，那只是再普通不过的一句话罢了。"

"才不是呢，他说爸爸告诉了那个警察。爸爸没有那样做！"

"不会的，我觉得夏米不会那样说的。何况他根本什么都不知道，不是吗？他当时并不在场。"

她用袖子擦了擦泪水,"走开。"她喃喃地说。

"我明白这是个很难解释的问题,吉萝丹。"

"你又知道些什么呢?你当时又不在场。"

"可是我知道很难解释。"

我起身,在她的身旁站了一会儿。我把双手插入口袋中,吉萝丹则愤怒地拭着眼泪。

"走吧,甜心,我们到外面去和他们一起玩。"

她咬着牙:"我说走开,我不要出去。走开!"

午餐时间,利德布洛克和我坐在桌前吃着我们的三明治。

"你觉得席梦娜会怎么想这一切?"利德布洛克问。

"你是指爱尔兰问题?还是夏米和吉萝丹之间所发生的事情?"

利德布洛克耸耸肩,"两者吧。"她看着她的手指,"我五岁大的时候都还不知道自己住在哪一州,更别提政治问题。"

"我不认为她对那种事能够了解多少。事实上,我想她也搞不清楚她的父亲是个情报员这类的事情。"

"我有同感。"利德布洛克放下三明治,打开她的牛奶,"我也不觉得吉萝丹真的那么了解。她哪懂得什么叫爱尔兰的悲哀?拜托,那个女孩也不过才八岁。"我认同地点点头。

利德布洛克沉默片刻:"可是席梦娜呢?我不停地想到她,不知道她对这一切有着什么样的看法。虽然她从不谈这件事,但我相信她一定会想到。"

我点点头:"的确,我相信她会想到这件事。"

到了下午，吉萝丹显然已把先前的不悦抛到脑后。利德布洛克和我利用第一节下课的十五分钟到楼下教师休息室去。约十分钟后，利德布洛克说她得去打个电话，便先行出去，我和两位驻校心理医师继续留在教师休息室聊天。

"桃莉？"法兰克探头进来。

我转头望去。

"我想利德布洛克可能需要你，我在楼梯间就听到她的叫声了。"

我起身，把杯中的咖啡倒进水槽里，然后匆匆跑出去。我已经听到骚动的声音。"我来了，利德布洛克，我马上就到了。"我大喊着，这时我已来到楼梯处，两阶并一阶地跨上去。

利德布洛克抓着席梦娜的颈背，一看到我出现在楼梯间，她立刻将席梦娜向教室的方向推去。

"我就是在等你自己来看看这一切。"当我来到她面前时，利德布洛克说。

整个教室一团糟，桌上、架上、窗台上的东西全被扫到地上，就连夏米的城堡也被毁了。跨进教室内，一不小心便会踩到东西。

"我来教室拿零钱要打电话，"利德布洛克说，"发现席梦娜就在这里。"

"一个人吗？"

利德布洛克点点头。

我低头看着这个孩子，她早就双手掩面，哭得不成人形。我再次环顾教室，想不透她如何回到教室却不被任何人发现。

"这全都是你做的吗？"我问席梦娜。

她依然双手掩脸地哭个不停。

我蹲下来，拉开她的手："席梦娜，这些全是你一个人做的吗？"

她低着头，紧闭双眼，泪水成串地滴到她的衬衫上。

"这种行为是非常、非常不应该的。大家都那么努力地在做那个城堡，连你也有份，它是属于我们大家的。待会儿大家看到的时候一定会很伤心的。"

就在这个时候，其他小朋友纷纷回到教室。"便便！"玛莉安娜人未到声先到。

"莉丝莱便在裤子上了，好臭啊！"一进到教室她便冲到角落。"哦，夏米，不要进来。"她警告着。

这时夏米已看到了城堡，突然放声大哭起来，跑到城堡前。他跪了下来，拾起一片片的碎片，心疼地将它们压在胸口。他无言地悲恸着。

吉萝丹站在利德布洛克的身边。"席梦娜！"她的声音充满愤怒，"你这个顽皮的女孩！看看你做的好事！你这个顽皮、顽皮的女孩，小姐现在会好好处罚你，看看你害夏米那么伤心。"吉萝丹转头看看我，"小姐，席梦娜就是这样，老是做这种事情。我的贝蒂阿姨说，她一定是被魔鬼附身了。"语毕又转头望着席梦娜，"你是个非常、非常顽皮的女孩。"说完，跳着到她的座位上。

我把席梦娜拉到比较隐秘的角落，她已经哭得全身颤抖。我示意利德布洛克照顾其他孩子，但她似乎更关心这个孩子的状况。她拿来一盒面巾纸，蹲下来温柔地为席梦娜擦鼻子和嘴巴。

"你要带她到摇椅上，抱着她摇一会儿吗？"利德布洛克擦完席梦娜的脸后，站起身，"你去吧，我去照顾其他小朋友。"

我抱起席梦娜，过去坐在摇椅中。她全身紧绷。我不停地摇着，然后慢慢地，她的泪水不见了。

"我实在不敢相信你会做那种事。"我一边说，一边用面巾纸擦她的脸，"你不像是会做那种事情的人。真的是你做的吗？"

她低下头，点了点头。

"我明白了。"我说，然后又摇了一会儿。

"我们得想办法解决这件事情，对不对？"我问。

她还是低着头，又点点头。

"如果是你做的，我想你就得把它清理干净。你觉得这样公不公平？"她又点头。

我坐了起来："利德布洛克？"

利德布洛克来到我们旁边。

"你可不可以带席梦娜到比尔那里拿一些水桶和拖把？我要她尽她的能力把这里清理干净。"

"好的。"利德布洛克伸出手等着席梦娜。席梦娜滑下我的大腿，拉着利德布洛克的手，然后朝着门口走去。

当我回到教室照顾其他孩子时，吉萝丹来到我身边："我要做我的方案。你说今天下午要教我做的，记得吗？"

我注视着她，两人沉默着打量彼此好久。我很确定她是这整件事情的幕后黑手，即使她没有和席梦娜一起在教室中从事破坏活动，我依然相信她是这整个破坏事件的指挥。当然我也知道，若当面质问她，她势必会否认到底。

我想吉萝丹知道我已知道。五个月的相处，只需一次眼神的交流便可以看出她的心思。

"恐怕今天我没办法帮你做你的方案，吉萝丹。利德布洛克得帮席梦娜清理教室，而在利德布洛克无法协助我的情况下，恐怕我没有时间帮助你做你的方案。"

吉萝丹皱起眉头看着我。

"那真的太可惜了，对不对？发生这种事情实在太不应该了。不但毁了夏米的努力，也毁了你的时间。"我话一说完，她便转身离去。我看她坐上摇椅，快速地摇了起来。这时候，我觉得最好还是如她所愿地不要去理会她。

直到放学后我收拾好东西准备回家时，才发现摇椅的扶手上刻着一些字。我走过去，仔细一瞧。上面刻着：

"我希望你去死，臭婊子。"

席梦娜的笑声

> 我入迷地看着她们。几个月来,我从没听过席梦娜的笑声。

城堡事件令我深为困扰,我必须承认吉萝丹和席梦娜两人的互动关系和我一开始的感觉完全不同。虽然席梦娜意图以沉默来掩饰并控制一切,但她并没有控制得很好。吉萝丹是真正的幕后操纵者,她利用席梦娜来表达自己恨意的同时,还可以让自己清白地置身事外。这种情形先前就已经发生过,只是这一次让我更确定是她在主导一切。令人觉得悚然的是,在这些构陷计谋中,吉萝丹不会因妹妹代自己受过而有丝毫的内疚。

席梦娜本身也无法帮上任何忙。她的沉默和她对身体亲近的抗拒让她自己陷入孤立境况,她只不过是吉萝丹的一颗棋子。对此我一点都不感惊讶,毕竟,她才五岁大而已。

这些事情让我对席梦娜的自闭症有了不同的观点。根据我长期对这个问题的研究,选择性的自闭经常包含一种共生关系。绝大多数有这方面行为的孩子都会利用他们的沉默来操控性格较软弱的人们，这通常是他们的父亲或母亲，但也有可能是他们的兄弟姐妹，因此我很轻易便可以辨识出席梦娜的问题症结。

对席梦娜的状况作了一番评估后，我认识到这两个姐妹之间并没有共生关系存在。我越来越相信不是席梦娜，而是吉萝丹在搞鬼，她让席梦娜不敢开口说话。我觉得她一定对妹妹灌输了些什么观念，让她不愿开口讲话。只是，我想不出来当她们两人独处时，她都跟妹妹讲些什么。我不禁担心吉萝丹的控制手段。

厘清结论后，我被迫必须面对改变我的教学方法的现实。理想上，我应该把这一对姐妹分到两个不同的班级。问题是，哪来的班级呢？显然，她们两人都需要特殊教育环境。席梦娜，不讲话，学业懂得不多，更没有社交行为，放在正规班级中绝对无法熬下去。吉萝丹，这个我开始怀疑能够在任何情况下生存的女孩，需要的是像我这种有限制性的班级。她具有个性上的病态行为，我相信谁都无法忍受这样的行为。不幸的是，在这个小小的乡下小区里并没有同时适合两个女孩就读的班级。我必须利用现有的环境来创造些什么。

"你知道，对于席梦娜，我终于想出办法了。"我说，此时已放学，我正和利德布洛克坐在桌前。我已经规划好第二天的课程。

"哦？什么办法？"她低着头问。

"我要你来辅导席梦娜。"

"你的意思是什么？"她依然低着头专心做她的事情。

"我要你来诱导她开口说话。"

这次利德布洛克抬起头望着我。"你的意思是什么？"她又问，一脸困惑的表情。

"对于她和吉萝丹之间的事情我想了又想，就是想不出其他办法来。我必须把她们分开才行，就算肉体上无法把她们分开，也必须在心理上把她们分开，而这就是我想到的办法。我要你去辅导她，个别的，就像我辅导莉丝莱一样。"

"我能做什么呢？"她流露出不确定的眼神。

"我要她和大人培养出一份美好又坚定的情感。如果我们真的想消除吉萝丹的控制的话，就必须做到这一点。"

"你要我去做那件事？我不确定我是否知道该如何做那类事，桃莉。我不知道如何让她开口讲话。为什么要我来做？为什么你不去做？"

"因为我觉得她对你的感情比对我的还要好。"

"我？"利德布洛克瞪大眼睛，"你才是她的老师呢。"

"那并无法赐予我任何特权。你是那个特别的人，当她可以选择的时候，总是选择你，所以我想由你来做是最理想的办法。"

这一切对利德布洛克而言犹如小说情节，"那我要对她做些什么呢？"

"我想，在我们上课的时候，你就把她带到一旁，就像我对莉丝莱一样。我并不担心会有什么麻烦，毕竟她也不太需要课业上的指导。我唯一关心的是你们两人感情的培养，我要你和她培养出良好的关系。"

利德布洛克的表情依然困惑："我还是不确定是否能和她培养出那样的关系。"

"别担心，我会帮你的。"

这样的安排让利德布洛克很紧张。虽然我已经为她拟了一份轻松操作手册，但她还是无法放松，甚至第一天紧张得吃不下午餐。

当利德布洛克第一次把席梦娜带到角落时，一如预期的，吉萝丹高度好奇地想知道到底怎么回事。

"小姐，席梦娜在那里做什么？"

"她和利德布洛克一起做功课。以后每天这个时候她们都要一起做功课。"

"可是她在做什么呢？为什么要这么久呢？"

"她们只是在做一些学校作业，就像她资料夹里的作业一样。"我回答。

"那她为什么不在这里和我们一起做呢？"

"因为我要她在那里和利德布洛克一起做。"

"是不是因为她调皮？"

"她没有调皮。"

"是因为她昨天的作业做错了吗？她一定要额外指导吗？"

"不，吉萝丹，她们只是一起做一些事情而已。"

"为什么？席梦娜什么时候回来这里？"

"大概还要二十分钟。现在，做你自己的功课吧，拜托。你的本子都还没有翻开呢。"

"可是为什么席梦娜在那里呢？她需要帮助吗？我可以帮助她呀。"

"利德布洛克会帮她的，吉萝丹。现在，做你自己的功课，拜托。"

"可是为什么呢？席梦娜不会喜欢的，小姐。她不会想要一个人在那里的。"

"她不是一个人，利德布洛克和她在一起。"

"可是万一她需要些什么呢，小姐？席梦娜不会想要这样做的。她会生气的，她会大发雷霆的。"

"席梦娜不会有事的，她等一下就会回来。不过，拜托，你得做你自己的功课了。"

吉萝丹眉头深锁地低头看着手上的铅笔："席梦娜不会喜欢这个样子的。"

不出我的期望，席梦娜和利德布洛克相处得很融洽。当我走过去告诉她们已经一点四十五分，就快下课了，她们却还有很多事情没有完成。

到了当周的最后一天，席梦娜和利德布洛克都变得很期待两人共处的时段。最初，利德布洛克还是需要我协助她准备指导席梦娜的教材，但一段时间之后，她便提议要自己准备。她开始有了属于她自己的教学计划。

利德布洛克的付出得到了回报。她是个敏锐的观察者，短短几天她便能指出席梦娜行为的细微差别。

"她很紧张，"某天放学后利德布洛克说，"我注意到，当我们在做功课时，她的手总是抓着桌沿。我可以看到她的指尖泛白，就连下课后回到课桌和大家一起上课时也是如此。你有没有注意到？好像她要紧抓着桌沿才有办法控制自己。"

利德布洛克若有所思："我在想……我是说，如果我的目标是要她开口讲话，要她和我自在相处，那么我必须……呃，让她放松。"

"你心里可有什么想法？"我问。

她耸耸肩："我不知道。举例来说，假如她抓着桌沿正是为了要控制自己的话，我们该怎么办？万一她真的必须把自己绷得很紧以避免开口说话,以免做出吉萝丹不想要她做的事情时,我们该怎么办?"我注视着她。

"呃,那么我的工作不就是让她不要再抓着桌沿,不是吗?我的意思是说,假设我是对的。"

我点点头。

她想了一会儿:"我在想,也许……呃,也许如果我借用你的颜色粉笔……我们就可以在黑板上画画,这样她也就可以移动身体改变姿势。"

我又点点头:"听起来很棒。"

利德布洛克注视着我:"可是我的假设是对的吗?"

"我不知道,可是值得一试。"

第二个星期的星期五,当席梦娜和利德布洛克相处了十天后,我第一次有了真正的惊喜。那是很不宁静的日子,同一堂课,每个孩子都出了点问题,把我搞得有些焦头烂额。就在那时候,我突然听到一阵开怀的笑声,笑声吸引了我们所有人的目光,大家整齐地循着声音转头过去。

"她们在那里做什么,小姐?"德基问,脸上也半露着笑容。

"我不知道。"

夏米和我交换一个会意的眼神。"她们听起来好像玩得很高兴。"他说。

我点点头,好奇心油然而起。我不想过去打扰她们,但很想从远处看清楚她们在做什么。看到我站起来,夏米也跟着起身。

"我知道你可以从什么地方看到那边,"他说,"过来这里,这是偷看的最佳地方。"他对着我窃笑,"这是你不知道的地方!"

"现在我知道了。"

席梦娜坐在利德布洛克的腿上,两人背对着我们,小桌上放着利德布洛克的一个打开的手提袋和一个小小的化妆镜,她正上上下下地梳编着席梦娜的长发,还把化妆镜举得高高的让席梦娜看。席梦娜放松地咯咯笑着,滑下利德布洛克腿上一会儿后,又爬了回去,并且面对着利德布洛克,双手将利德布洛克的头发梳到脑后,然后握成一把。她们两人都没有说话,但是再次地,席梦娜笑了起来,利德布洛克也跟着笑起来。

我入迷地看着她们。几个月来,我从没听过席梦娜的笑声。

然后很快地,我回过神:"好了,夏米,我们回去做功课吧。"

"她们可以那样做吗?"他问。

我点点头。

"可是她们根本就是在玩。"

"她们当然可以玩。"

"她们真幸运。"

我真的在乎!

你是这个世界上唯一一让我觉得也许我是个有用的人。

随着2月份的到来,我的永久居留签证也下来了。突如其来的松懈与兴奋让我喜不自胜,我立刻打电话给我的未婚夫肯以及亲朋好友。所有的等待将结束了,我就要回家了。

只是,打完电话后,我的心思开始回到现实世界。我一边吃着晚餐,一边心里盘算着,有多少事情必须处理。我的银行账户必须结清,要把我蒙大拿家里的东西拿来,卖掉车子。在想到班级和学生之前,待办事情的清单就已有一长串了。

法兰克早已知道我不会永久留下来,也无意要我永远留下。在一开始的那几周,我热切期盼着每封邮件的到来,希望能为我带来签证的好消息。法兰克也承诺,在我离开之前,他会找到一位正式老师。但是,时间一周周地过去,然后是一月月地过去,这个班级变成了我的班级。我也不再把它当成一份临时性工作,不再想到要离开的问题,似乎那一切都已经离我很遥远，我也很少问法兰克到底有没有找到老师，我甚至怀疑他根本没有在找。

现在呢？我急切地想要回家。没有肯和一堆好友的陪伴，我觉得很孤独。我们有那么多的事情要做。肯和我计划在7月结婚，可是在结婚之前，我也想要在威尔士好好地过我的单身生活。我和几位单身好友计划了好多事情，如果不是卡在签证问题上的话，我们早就……

只是，我怎么可以在这个时候离开呢？在五个月的相处后，我已全然认识到自己对这些孩子和这个班级的责任。我对孩子们还有很多方案要做，有很多方案正好做到一半，还有很多才刚开始。一切在进行中，而且都是我一个人的力量在推动。有谁能够在这个时候顺利地接手呢？他能够在不疏忽任何一个孩子或规划下顺利上课吗？

不过话说回来，我也并非无可取代，新的老师也许教得比我更好。也许新老师能够做到我做不到的事情或教好我教不好的孩子，就像吉萝丹和她的反社会行为，或是席梦娜和她的自闭症。

翌日早上的上班途中，我的感觉一片混乱。进到教室，我把东西放下后，转身去找法兰克。如果他没有替代人选的话，不论我决定走或不走，我势必都得待下去。反之，如果他已有替代人选，那么我所有的决定也必须跟着改变。

法兰克还没有到办公室。我去倒了杯咖啡，顺便和前面办公室的职员简短聊了几句，然后回到教室，恰巧碰到利德布洛克抵达。看到我，她愉快地对我微笑。

"你好。"

"我的签证昨晚下来了。"

她的脸上浮现不解的表情。

"我的签证,我的英国签证,我现在可以回去了。昨晚我打电话给肯,要他把一切都准备好。"

利德布洛克蹲下来拉着她的靴子。"你到底在说些什么?"她问。

"你知道的呀,我曾经告诉过你,对不对?关于拿到永久居留威尔士的签证的事情。"

等到我说完后,利德布洛克慢慢地站起来。她的眉头深锁:"你的意思是,你要离开?什么时候?"

"要看情况,看气候或看法兰克有没有找到替代我的人选。"

"你是指,现在?"

我点点头。

她不敢相信地瞪大眼睛:"哦,你不是认真的,桃莉。你不会现在就要离开,对不对?"

"呃,我还不知道。或许不会,完全要看法兰克啦,真的。你得了解,对我而言,这并不是一份永久性的工作。我们都很清楚,等到我的签证下来,这份工作就得结束。"

"但是,万一法兰克真的找到了替代人选,该怎么办呢?那时你就要走了吗?你就要离开了吗?"

"就像我所说的,我不知道,我必须等着看事情怎么发展。"

"你不可以离开,现在什么事都进行到一半。看看我们正在做的每一件事,你不可以在这个时候离开孩子们,对不对?"她的肩膀颓丧地垂下,"你能吗?"

我会心地微笑着:"嗯,我们就先不要担心这个问题,好吗?我得先和法兰克谈过后才知道要怎么做,现在揣测什么都没有用。"

"你当然可以说得很轻松,反正你什么都不用担心。"

那真是难熬的一天。和利德布洛克谈话时,我犯了一个错误:我没有停下来想她内心的感觉。我被兴奋淹没了,什么事情都不经大脑便脱口而出。孩子们也过了不是很愉快的一天。我不知道他们是否在反射利德布洛克的或我的内心冲突,抑或那天原本就不是个好日子。总之,一整天麻烦不断。

一直到放学后我才找到法兰克。他说他已经找到替代人选,是位行为专家,就住在邻近小区,是位特教班的代课老师,两周后她就可以上任了。

我在法兰克桌旁的大椅子上坐下,我原本不希望听到刚才的那些话。原本我希望听到的是他还没有找到替代人选,如此一来我便可以一直教下去。

"你要我和她联络吗?"法兰克问。

我注视着放在腿上的双手,"老实说,我也不知道该怎么做选择。"我说。

"或许最好的方法是我先留她两个星期。两个星期不是很长,但如果你要走的话……如果我们让她知道我们可能需要她,然后如果到时候你决定要走的话,她会做好准备的。也许她可以趁你还在这里的时候过来看看这个班级和学生。"

我坐着,衡量着情势。我怎么走得开呢?所有的等待就是为了等签证下来,但为什么偏偏在这个时候呢?如果早一点,在一切都还没有开始的时候,我可以走。如果晚一点,等事情都结束的时候,我可以走。

但为什么我的签证偏偏在这个时候下来呢?

我无言以对地坐了好久。最后,我摇摇头:"不,暂时先不要联络她,好吗?给我几天的时间想想。"

法兰克窃笑着,我想他已经知道我不会走了。

我想我心里也已经清楚了,但与此同时,我的脸上也露出颓丧的表情。我无法想象在电话中告诉肯我改变主意的画面,但我也无法想象一个人孤独地在公寓里,却没有班级和小朋友让我分心的画面。留下来当然是个容易的举动,但在我心里却又是另一回事。

我回到教室,看到利德布洛克坐在工作桌前。她专心低着头写些什么,没有抬头看我。我从档案柜上拿出我自己的东西,来到她的前面坐下。

"法兰克怎么说?"她语调平淡地问,依然埋头写着她的东西。

"他已经找到人了,是位行为专家。她的名字叫慕莉儿·山姆森。"

"哦。"她瞟了我一眼,然后回头继续做她的事。

"我不知道我该怎么办,"我颓丧地说,"真是骑虎难下。"

利德布洛克停下手中的工作,把铅笔握在半空中,注视着她纸上的内容好一会儿。接着,她放下铅笔,并把椅子往后推。"失陪一下。"她说,然后起身走出教室。

我以为她是去厕所,所以也就没有多想。然而,十几分钟过去了,还没见到她回来。我望着门口方向,喉咙低吼了一声,起身去找她。

利德布洛克手里拿着一瓶可乐,倚靠着女厕远处的墙壁,正缓缓地喝着饮料。一见我推门进去,她皱起眉头。

"走开,桃莉。"她低着声音说。

"这太幼稚了,利德布洛克。如果我们之间有问题的话,就该像两个成人一样地讨论。"

"我宁愿一个人静一会儿。拜托,走开。"

"我的心情也没比你好到哪里去,利德布洛克。今天也不是愉快的一天。"

"那就让我一个人静一静。"

我把手插进牛仔裤口袋,转身倚着一个水槽:"一切都是因为我的签证吗?"

没有回答。

"难道你一点都无法体谅我的处境吗,利德布洛克?难道你一点都不同情我吗?"

她紧咬着下唇,下巴不停地颤抖,那个模样看起来就像个小女孩,像个年纪大一些的孩子。

"这是个很难从事的职业。你认识了他们,亲近他们,然后自然而然地爱上他们,深爱着他们,而这样反而让情况变得更难处理。"

"难道对你而言我们就只是那个样子?只是你的职业?只是你一个星期三百美元的薪资,或什么呢?只是这样,所以你可以在高兴离开的时候,就毫无眷恋地放弃我们、离开我们?"

"不,当然不是,我没有那个意思。"

"那你是什么意思?"

毫无预警地,我发现我的眼眶已开始蓄着泪水。处于如此尴尬立场,我不知该如何为自己辩护。我低着头研究着我的牛仔裤,没有立刻回答,因为不信任自己的声音。

终于，我耸了耸肩："我不知道。实情是，我的确有另一种生活，我也渴望那样的生活。"

利德布洛克大声地把可乐放在窗台上。"你希望我对你说什么呢？"她说，"说我为你感到可惜？或是你要我承认我有多么地需要你？难道那就是你要的吗？"

这次轮到她的眼眶蓄满泪水。"可恶，"她低声骂了一句，并别开头去，"你是这个世界上唯一让我觉得也许我是个有用的人的人，"她背对着我，低着声音说，"我有生以来第一次真心想要在早上起床。身为人，我有我在意的地方要去。"她的语气听起来有如在谴责。

我无言以对地垂下双肩，叹了口气。

利德布洛克转过身来瞪着我："我知道这些可怜的孩子现在有什么感觉了，他们像垃圾一样被推来推去，他们的整个世界被操纵着，自己完全没有能力去主导。你太会玩弄别人的感情了，桃莉。你来到这里，像上帝般的崇高又尊贵，然后玩弄他们。你也许不爱我们，但你让我们爱上你，你让我们相信你真的在乎。"

"我真的在乎！利德布洛克，别这样说我。"我努力克制，但泪水还是流下来了，"我真的在乎，这才是一切令人讨厌的问题，难道你笨得看不出来吗？"

我突如其来的眼泪把利德布洛克吓了一跳，她僵立在那儿，紧紧地注视着我的脸，让我觉得很尴尬，好似我在一个小孩子面前哭一样。我抽起一张面巾纸擦拭泪水，两人都沉默不语。

我望着利德布洛克的方向。"或许我不会离开，"我缓缓地说，"我也许会等到这个学期结束后才离开，我差不多已向法兰克提到这点了。

我一直想要对你说,只是你一直不给我机会。"我又抽起一张面巾纸,并打开水龙头洗脸。

然后我转身,望着利德布洛克。她依然注视着我,但她自己的眼中也满是泪水。

我颓然地微微一笑:"天呀,看看我们两个,我们就像两个黄脸婆,对不对?看看我们两个,够吓人的了。要在古时候,被男人看见我们这副模样,他们铁定会尿不出来的。"

利德布洛克的唇间泛过一丝微笑:"那个时候还没有男厕所,他们都在树林里尿。"

我也笑了起来:"或许那是我们的问题,不是树林。"

我转头看着镜中的自己,用手指梳了梳头发,理了理我的牛仔裤和衬衫,对着镜中扮了个鬼脸。利德布洛克依然靠在远处的墙壁上,也注视着我镜中的身影。

"听着,我很抱歉害你心情不好,"我说,"我绝对没有伤害你的意思。我只是陷入我个人事情的混乱中,绝对没有要伤害你的感情。"

她耸耸肩:"我也无意伤害你的感情。我很抱歉,如果你真的想要回去……我不应该那么自私地不替你着想。我很难过你错过生活中的那些人,我想我大概能够了解。"

"这个你就别担心了。"我转身离开镜子前。

"你要去哪里?"她问。

"回教室,我还没有把明天的工作准备好。"

"你生气吗?"

我微笑着:"不,只是有点累罢了。好了,小鬼,你还不是一样。我们回教室去吧,还有很多事情等着我们做呢。"

20

半夜来电

> 突然间我意识到，不论我是刻意或无意介入，我其实已经脱不了身了。

还是很难拿定主意留下来。当向肯解释为何要多留四个月时，我无法拿英国、法兰克或学校来当借口，一切全出自于我自己的决定。决定暂时不回英国让我抑郁了好几天，于是我将自己丢入学校的工作中，以分散沮丧。

我一直努力着要帮夏米安排其他的替代方式，希望他能进到正规教育体制中求学。过完圣诞假期回来后，我更积极地进行这件事情，安排他到邻近的一所中学上半天课。早上他到我的班级，下午则到另外一所学校上课。

但是，才开始不到几天就出了大问题。夏米习惯于我的方式，因此无法适应中学的课程。他害怕正规严格的上课方式，而且会捉弄其他学生。其实，除了比较正式和严格以及老师和课本不同之外，那里的教学方式和我并没有严重的落差。但他的抗拒心态让他不但拒绝学习，也拒绝和同学们和睦相处。他痛恨下午的每一分钟。两个星期后我放弃了，显然这个计划有不足的地方。夏米再度成为我的全天候学生。

德基的情况则越来越恶化。以前一直用药物来控制他的精神分裂行为，但单纯依赖目前的药物显然是不够的，他的药剂必须依他目前的精神状况适度加以调整。我与他的精神科医生及养父母开了一次简单的会议，其结论却为我们班上带来一场噩梦。德基变得完全无法控制，我们因而整整过了一个月的悲惨日子。

吉萝丹和席梦娜的情况也没有改变。不论我如何努力尝试，吉萝丹的反社会行为和依附行为依然丝毫未见改善，而席梦娜还是不愿开口说话。我不得不承认我无法控制她们两人的事实，我的计划完全无法改变她们两人的行为。

莉丝莱的进步则很缓慢。她的确以她自己特有的方式开始开口讲话，通常都拼出字母而非讲单词，而且是一边在教室乱晃时一边高喊着"A……A……A"直到我们要她闭嘴为止。除此之外，她没再说过什么，也没有说出任何听起来合理的话。

似乎只有玛莉安娜的表现令人觉得比较安慰一些。她呈现稳定的进步，不耐烦地学习着一年级的课程。我也希望能够安排她到正规教育体制中上课，但我实在无法想象她如何在一夕之间去应付数学、阅读和拼字等课程。

2月似乎是个不宁静的月份。除了先前的纷纷扰扰，到了2月下旬，班上的成员还一个接一个的生病。首先是席梦娜，某个下午，她突然没有任何预警地不停呕吐。接下来的两三天，三个孩子分别在不同的时间吐在我身上，包括德基在内，他吐了我一身后便回家休息一天，隔天回来上课时，又吐了我一身。

到了星期四，利德布洛克在早上下课之前来到我面前。

"我得回家，桃莉。"她说。

那一刻我看着她，知道她也被感染了，她的脸色很难看。

"我明天会来的，这种小毛病似乎二十四小时就会过去的。"

"听着，利德布洛克，别担心这里。在家里好好休息，等病完全好了再来，好吗？现在，回家好好照顾自己。"我拍了拍她的肩膀，然后转身去照顾其他孩子。隔天利德布洛克并没有出现，我一点都不惊讶，这是意料中的事。这次的病毒很厉害，而她的胃又那么差。就算在正常状况下，我都还很怀疑是否能在二十四小时内痊愈，何况她的身体状况并不好。不过，到了星期一还见不到利德布洛克时，我立刻担心起来，她真的应该去看医生。长年以来呕吐的问题一直纠缠着她，她已经吐得连牙齿都遭殃了，但她就是不愿去看医生或寻求协助。然而……一想到她的酗酒习惯，我脑海中所有的担心顿时消失。利德布洛克并非仍在病中，她是沉迷于酒精中吧。五天了，病毒感染不太可能还没有痊愈。不是，是她老毛病又犯了。就像上次一样，走了，出去了，烂醉了。

我第一个反应是愤怒。就快上课了，我站在时钟下方，生气地想着她简直是个愚蠢的白痴。那是她最最不需要的东西，1月份挣扎了那么久才好不容易回到正常生活，为什么这么快又犯了呢？她到底是怎么回事？

愤怒一直驻留在我脑海。虽然我若无其事地照常上课，准备及计划孩子们的课程，但我脑海中却一直盘旋着一等她回来后要对她说的话，我再也不要像1月份时那样耐着性子。她到底把我当成一个什么样的笨蛋？

星期二晚上，电话铃声把我从睡梦中吵醒，我抓起床头闹钟一看，两点十分。

我拿起听筒，电话里传来利德布洛克的声音。

"你知道现在几点了吗？"我说。

她沉默了片刻后说："你睡觉了吗？"

"老天，利德布洛克，我当然已经睡觉了。"

又是一阵无语。

"你要干什么？"我问。

"你可以来接我吗？"

"你在哪里？发生什么事了？"

"我在一个电话亭里。"

"哪里的电话亭？"

"白杨街和第七十街的交叉口。"

我的脑筋渐渐清醒过来："你在那里干什么？你安全吗？"

"是的，我想是的。"她停了停，"可是我很冷，而且我需要有人来接我，我没有足够的钱坐出租车。"

"好吧。等一下，我去拿支笔。现在告诉我你确切的位置，好让我可以一眼就看到你。你可以等到我过去吗？"

我穿好衣服，在2月冷冽而漆黑的寒夜中跨进我的老爷车。虽然对利德布洛克所在的那个城不熟,但她给我的地址非常仔细,让我毫无困难地就找到她。她紧缩着身子站在电话亭里面,没有穿外套。

我第一次非常关心到底发生了什么事。直到这一刻,我觉得我的脑筋还没有完全清醒,因为我没有任何的怀疑,一心只想找到她。此刻找到她了,眼前的景象却把我吓坏了。半夜两点,没有穿外套,没有钱,没有人陪,她到底在那里干什么?她跑到这个只有工业建筑物和办公大楼的城镇到底要干什么?一个更可怕的想法闪过我的脑海:难不成她在这里从事性交易?

我打开车门:"利德布洛克?"

她迟疑地推开电话亭的门。

"利德布洛克,是我,赶快上车。"

"我快冻死了。"一进到车内她便迫不及待地说,同时关上车门。

"这我绝对能够想象,外头已经是零度的低温了。你的外套到底跑到哪里去了?"

她没有回答,只听到她的牙齿咔咔地颤个不停。我把暖气开到最大,将车子调头,往前驶去。

"不要送我回家。"她说。

"那你想要去哪里呢?"

她没有说话,只是紧紧地抱着双臂对抗冷战。

"你想要去哪里,利德布洛克?"

"我不知道。"

我放开油门,在下一个街角停车。

她看起来一脸的警觉:"你为什么停车?"

"因为我不知道你要我把你送去哪里。"

她注视着我的脸好一会儿:"我可以跟你回家吗?"

我一时不知该说些什么,于是耸了耸肩:"我想可以吧。"

我再次踩上油门。利德布洛克还是冷得无法分心讲话,她牙齿打战的声音依然清晰可闻。

"你在那里待多久了?你知道那可能是很危险的。这种天气你竟然敢没穿外套站在那里。到底怎么了?发生什么事?"

她没有回答。

她似乎没有喝酒,不过那一刻,我倒宁愿她喝了酒,至少那就可以解释一切了。

"利德布洛克,你得告诉我到底发生了什么事。"

"不要一直问个不停,好吗?"她说。

回到家,一入内,我把所有灯光打开,利德布洛克则沉重地跌进椅子里。

"你还觉得冷吗?"我问。

她的脸色还是很差。如果今晚她没有喝酒的话,那么过去几天中她必定喝了很多。

她没有回答我的问题。我走到房间拿了一条毯子给她,她用毯子紧紧地裹住自己。

"你先前吃过东西了吗?"

她耸耸肩。

"听着,我去烤些吐司,再做杯热饮料。这样可以吗?"

她点点头。

当我回到客厅时，发现她还是紧裹着毯子。她无语地接过饮料，我把吐司放在桌上，然后在椅子上坐下来。

"现在，可以告诉我到底发生什么事了吗？"我问。

"我不想谈，我太累了。"

"我不想听你谈你这一生的故事，利德布洛克，只要一个简短的解释。此刻我对这一切感到非常的不安。如果我知道到底是怎么一回事的话，我想我会觉得好一些的。"

她拿起一片吐司慢慢地吃着。

我继续瞪着她看。

终于，她摇了摇头："我太累了，桃莉。真的，我真的很累。"她的声音平淡无力，我也看出来她不喜欢我这样的催促。

我非常不悦，起身到房间拿一些棉被、枕头到沙发上。回到客厅时，我丢了一件T恤给利德布洛克："恐怕我这家饭店所能提供的就是这些了。"

待我冲洗好杯子并刷完牙回到客厅时，利德布洛克早已在我的床上呼声大作。我在那儿站了一会儿，看着她睡觉，不知所措的情绪淹没了我。一开始，我还因她给我制造了这么多麻烦而生气，然而此刻，我只觉得困惑不解。

我站在那儿看着她，想起了我爱她一如我爱其他孩子一样。为什么呢，我不禁怀疑，难道我真的这么爱麻烦的人和事物吗？然后，疲倦袭来，我转身走到客厅，在沙发上躺了下来，想要再补点觉。

但是我睡不着，我的心情仍在亢奋状态中。每次我的心情一平静下来，几个小时前发生的事情便浮上脑海。突然间我意识到，不论我是刻意或无意介入，我其实已脱不了身了。事情就这样一路被命运推着走，我想要抗拒都不可能。我越来越喜欢利德布洛克，不愿在教室中失去这个伙伴，但我也知道我们之间存在着治疗上的争执。让我想不透的是，我们是怎么走到今天这层关系的呢？

　　我努力地找寻各种方式要她去治疗，她却怎么都不愿接受任何方式的治疗。但因为她从不在我面前喝醉或出现醉相，我也就不再催促她去治疗。这一刻我才突然开始担心我所做的根本就是大错特错，我这是在帮她还是进一步地伤害她？我是否应该强迫她去接受传统治疗呢？我是否过于天真呢？我是否很愚蠢呢？从自己的治疗技巧和传统的治疗技巧对比来着，我都是经验丰富又领有执照的专业人员，因此我从没有感觉到自己能力不足的问题，然而此刻，我突然不再如此肯定了。我躺在沙发上，瞪着漆黑的空间。至今三个半月了，而利德布洛克依然没有打算要放弃酒精。难道这是我的失败？难道我就像汤姆和所有人一样，其实是问题的一部分，而非解决之道的一部分？

21

戒酒协议

> 没有人把酒倒到你的嘴里,除了你自己。

事情还没有想清楚,我就糊里糊涂地睡着了。当闹钟在六点半响起时,我拖着一身疲累到房间去找要穿到学校的衣服。床上的利德布洛克舒服地伸着懒腰,脸上紧绷的肌肉终于放松了。

当我下午四点三十分回到家中时,发现利德布洛克下床的时间显然并不长。她的眼睛呈现睡过头的浮肿,头发凌乱,身上穿着的依然是内衣裤和我丢给她的那件 T 恤。她正坐在厨房的桌前,喝果汁,吃松饼,一边还翻着刚寄到的时代杂志。

"嘿。"一见我进门,她愉快地说。

"嘿,你觉得还好吗?"

"还好,好很多了,我昨晚太累了。"

"我也是。"

我换好衣服然后回到厨房,从冰箱冷冻层里拿出一块牛排准备做意大利面，再拿出砧板，开始切酱料的材料。我背对着利德布洛克，听到她正翻着杂志的声音，"我们得正经严肃地谈谈，利德布洛克。"

"昨天晚上的事情我很抱歉，但除了你之外我实在不知道能找谁。可是给你带来这么多麻烦，我真的很抱歉。"

"我在意的并不是那件事，我很高兴你在那样处境下打电话给我。可是……这个……我是……"我不知道该怎么说，只好回头继续剁菜，"昨晚到底怎么回事？在我去接你之前你到底在做什么？"

沉默不语。

我借着拿蒜头走过去看着她，她就像个青春期的孩子一样斜躺在椅子上。我回身继续准备酱料，"不是我好管闲事，但我觉得我们两人都得面对我已经介入这件事情的事实。如果从今以后我得经常到不同的地方接你，如果我是那个唯一去接你的人，那么我就必须知道事情的来龙去脉。"

还是沉默不语。

我回头望着她："我不介意帮你，可是有一件事情必须马上厘清，那就是改变。我不愿意再次被卷入莫名的状况中。"

她依然沉默，我回头继续做酱料。

"利德布洛克？"

"昨晚我只是出去走走罢了。"

"你喝了酒吗？"

"是。"

"昨晚？"

"不，更早之前。早上的时候吧，我想。我真的不记得了。"语毕，她继续翻着杂志。

这样的对话实在令我厌烦,我努力地在帮她,她却不愿帮帮她自己。她在这里似乎住得很舒服,坐在桌旁,穿着我的衣服,吃我的食物,看我的杂志,却拒绝谈话,拒绝想办法解决事情。

"烂醉如泥吗,过去这几天?"我问。

她点点头,然后在桌沿玩起杂志来。然后她缓缓地耸了耸肩:"我不知道,我就是需要喝一杯,就那样。"

"我相信在感染病毒之后,你的胃最不需要的就是酒精。"

"我的胃一直都很好。"

我把酱料都调好后,打开煤气开始焖煮,然后走到桌旁。利德布洛克起身把椅子让给我,我把椅子调了个方向,靠着墙壁。我不想和她面对面。

"我们需要厘清一些事情。"我说。

"没有什么好厘清的,那是可怕的一天,烂醉如泥。我喝醉了,烂醉如泥。就那样,烂醉如泥。"

"真是可怕的一天。"

"星期四,嗯,星期四和星期五两天,那个病毒可把我整惨了,大概十分钟我就吐一次。从小到大,那是我第二次病得那么重。汤姆对病人没什么耐心,只会不停地抱怨说:'拜托,利德布洛克,我走到屋子的任何角落都听得到你呕吐的声音。'好似我的生病让他很烦一样。然后他又不愿照顾莉丝莱,不愿走出他的工作室,甚至睡在那里,只因为害怕一到屋里来会被我感染。所以,整个晚上,我除了要照顾莉丝莱,还要不停地跑厕所。然后到了星期五,他的另外两个孩子过来。

不幸的是，他们两个也因为我的病而不愿进屋。我真的受不了了，桃莉，我必须出去透透气。"

"为什么当时你没有打电话给我呢？我怎么说也是可以派上用场的。就算真的无处去，你也可以来我这里啊。为什么你不让我知道你们当时的状况呢？"

"我不想打扰你。"

"比起现在这个样子，那一点都谈不上打扰，利德布洛克。我不会介意你来打扰我的，那总比你出去喝得烂醉好吧。"

她一手托着下巴："我当时没有想那么多。"

"那么你去了哪里呢？"

她耸耸肩："就是出去啰。"

"你自己一个人？"

"是的，可以算是。"

我起身搅拌火炉上的酱汁。利德布洛克不说话，低头检查着她的指甲，然后开始咬起指甲。

"和你一起出去的那些男人是谁？"我问。

利德布洛克瞪着眼睛，转头望着我："什么男人？"

我直直地盯着她。

她倏然别开眼神，低头不语。然后她锁起眉头："是谁对你讲过那种可恶的谣言？"

"没有什么人。"

"是谁告诉你的？汤姆吗？你真的相信他讲的话？全是谎言。"

我看着她："听着，你不用担心这种事情会困扰我，但是我想这种事情我绝对有必要知道。"

"全都是胡扯。"

"也许真的是胡扯,小姐,但事出有因,我们也不需假装它不存在。"

寒战、愤怒的沉默涌至,屋子里只听到炉火上酱汁噼啪的沸腾声。我站在炉子前,转过身,用毛巾擦了擦手,然后倚靠在墙壁上:"听着,我们现在得作出决定,就在这一刻。我突然发现我已经在不知不觉中被你拖进来这么深了,利德布洛克。或许我们两人都无意如此,但我已经无法脱身了。现在的问题是,你无法继续我行我素了。从现在开始,我介入,你对我坦白一切,然后我们一起想办法解决;再不然就是我置身事外,而你从此也不可以在半夜打电话给我。两者只能选其一,决定权在你,你是不可能鱼与熊掌兼得的。"

她低下头,让垂下的发丝遮住脸庞,开始哭了起来。

"怎么样?"

"我当然希望你介入,你心里一直都知道的。"

"然后呢?"

"然后什么?拜托,你到底要我说什么?"

"那些男人是谁,利德布洛克?他们对这件事情有什么看法?他们都是酒伴吗?一夜情对象吗?或者还有别的关系?"

没有回答。

"难道这其中存在着某种性交易吗?"

利德布洛克抬头看着我,突然变得非常害怕:"不,老天,桃莉。你怎么可以那样问我呢?"

"因为我不知道该怎么问。"

她害怕的神情越来越强烈，迅速转头张望屋内，我可以听到她急促的喘息声。

"听着，我很抱歉这样单刀直入。"我说。

"我不是妓女，全世界的人都在问我那个问题。"

"很抱歉，利德布洛克，但我必须知道。我三更半夜到另一个城里接你，然后发现你没有钱，没有保暖的衣服，也不打算告诉我到底发生了什么事。我只好自己下结论了，不是吗？"

"你真的觉得我是那样的人吗？"

"我只是提出我的疑问，不是在评估你的人格。"

"我还以为你是我的朋友。"

"我是你的朋友。"

"去你的，你这样的朋友跟敌人有什么不同呢？"

"利德布洛克。"

"不管汤姆对你说了些什么，那些男人都是我的朋友。只是朋友而已，桃莉。"

她稍稍扬起声音说："有时候我就是需要某个人。我喜欢性，可以吗？这不就是你想要听的话吗？我是说，汤姆年纪大了，而我还年轻，桃莉。有时候我会需要男人，这有什么好奇怪的吗？"

"不会。"我回答。

她无语地用手捂住眼睛好一会儿，深深地吐着气。愤怒似乎敌不过疲惫，几分钟过去了，她仍不发一语。

"星期五晚上我和某个男人在一起，"她终于开口了，"通常我出门的时候都会开车出去。去年夏天,我一路开到丹佛,一共走了四百六十一英里,只为了想要一个人独处一阵子,去思考,去放松。但上星期五,我的病还没好,无法走那么远,于是毫无目标地开车在城里绕着,最后进了一家汽车旅馆。"

她停了停,走回桌旁,在椅子上坐下。

"我痛恨汽车旅馆,它们总让我觉得很孤独。所以住进去没多久,我就到楼下的酒吧喝酒。我只是太孤独了。"她叹了口气,"最后我搭上了比尔。我不知道那已有多晚,那时我已经灌下不少酒,我很害怕,因为我不记得自己到底喝了多少酒。他只是某个可以做伴的人,可以陪我入睡的人,我不喜欢一个人睡觉……"她的情绪变得越来越冷静,轻轻皱了皱眉后,她继续说,"我不知道,也许那是错的。因为,如果我够诚实的话,我就应该说,只要能够把他留在床上陪我睡觉,我愿意跟任何人做爱,这样我就不用一个人度过漫漫长夜了。"

我看着她。

"听起来很随便,对不对?"

"很诚实。"

她点点头:"没错,很诚实。"

她先前的不悦情绪已完全消失,脸色看起来苍白又疲累。

"那是星期五晚上的事,是吗?"

"是的,没有你想象的那么兴奋,星期六、星期日和星期一的情形也都一样。我不知道他们去哪里,也不知道自己做了些什么,反正时间就那样消失了。直到昨天,我实在受够了。我们还待在汽车旅馆里,但觉得越来越无聊。再者,我也病得很厉害,我忍不住地想到你和孩子们,我想要回来工作。"她轻微耸了耸肩,"昨晚没有什么特别的事情发生,我们只是在比尔的车内吵了一架,他就像个疯子似的开车。我告诉他,再不好好开,警察待会儿就会找上来了。我气他根本不把我的话当一回事,同时也吓得半死,害怕出意外。于是我要他停车,要他在那里让我下车。他真的让我下车了,但我的外套放在后座,还来不及拿下来,他便已疾驰而去。"

我沉默地望着利德布洛克,认真地望着她。她注意到我在看着她,"你心里在想些什么?"

"想你的事。其实你知道的,知道到了什么时候你就必须下定决心戒酒,对不对?"

她轻轻地点点头。

"所以才会有这一切的煎熬,你必须戒酒。"

"我就是忍不住,桃莉。那时候我病得那么厉害,而汤姆又一点都不帮忙。还有莉丝莱,以及汤姆那两个可怕的孩子。并不是我刻意要喝酒,我正努力在戒酒。"

"那么你为什么打电话给我而不打给比尔呢?为什么你不对酗酒的问题做一些有建设性的事呢?"

她低下头。

"汤姆并没有逼你喝酒,利德布洛克。我了解你在家中的生活并不好过,但那并不是汤姆、莉丝莱或汤姆那两个孩子的错,你才是那个拿起酒瓶的人。没有人把酒倒到你的嘴里,除了你自己。"

利德布洛克的下巴颤抖着。我看得出来该是收兵的时候了,咄咄逼人地再加深她的痛苦其实没有意义,那不只会惹得她不高兴,我自己的心情也不好过。我累了，耐心也被磨光了。

"我们谈点别的吧，"我说，"我们来讨论日后防止这种事情再发生的办法。"

利德布洛克点点头。

"就你看来，导致这一切的真正原因是什么？"

她沉默了几分钟，双手压着她的唇，若有所思地注视着前方："星期五，星期五从学校回家后。"

"发生了什么？"

"汤姆的孩子过来。"

"可是汤姆的孩子每个周末都会过来呀，当时你都没有喝酒。以前每个周末你都表现得很好啊，为什么这一次会不一样？"

利德布洛克看着她的腿："你真的要我说实话吗？"

"是的，我当然要你说实话。"

"老实说，其实大多数的周末我的表现都不是很好。"她非常淡然地柔声说，"有时候我会表现得还不错，就是当我能够避开他们的时候。"

"我明白。但我一直不明白的是，自从1月份你再回来之后，不是已经不再碰酒了吗？"

"只有周末会，桃莉。只是或许……什么？三次？并不算多吧。至于这期间介于喝了却没醉的次数，你就不要算进去了。大多时候我都控制得很好。"

"那根本不叫戒酒，不是吗？"我搓了搓双手，深深地吐了一口气，"我要怎么做才能够真正地帮你呢，利德布洛克？你必须戒酒，你必须想要戒酒。"

"我真的想要戒,但我做不到。"几分钟的沉默后,她非常柔和地说,"我努力过,从星期五到星期一,我给自己安排一大堆事情,都是些琐碎的事,例如洗澡、刮腿毛之类的蠢事。但都是那个病毒害的,原本我可以应付得了的,问题是我吐个不停,这一点令我无法控制自己。"她摇了摇头,"和圣诞节的下场一样,我就是适应不过来。"

"利德布洛克,你以前为什么都不告诉我呢?"

她耸耸肩。

"我们可以一起来解决呀,我们原本可以想出办法来的。为什么你没有告诉我呢?"

"我觉得不好意思。我是说,那并不是你的问题,你为什么必须一直为我负责任呢?"

"因为你就是没有办法自己一个人面对,不论你有多想,利德布洛克。"

她郁郁地摇着头:"我不想单打独斗,我已经厌烦了老是一个人面对这所有的一切,除了把事情搞得一团糟之外,我什么事也没有做成过,但我又不知道还能怎么办。"

"如果我们两人一起度周末的话,对情况会有帮助吗?不需要大费周章,只是单纯地在一起聊聊天就行了。星期六下午或星期日上午,也许一个小时。那样会有帮助吗?"

"我觉得自己很无能,觉得自己像个小婴儿,需要保姆的照顾。"

"可是那样会有帮助吗?那样可以让你少喝一点酒吗?"

缓缓地,她点点头:"是的,我想应该有帮助。"

"而且如果碰到不寻常的情况,像是生病或假日什么的,我们就得再安排时间。不过首要的宗旨是，我们要阻止你不再喝下一杯酒。好吗？你同意吗？"

她点点头。

"怎么了？"

她耸肩："我觉得很难过，把你牵扯进来，逼你为我如此费心。"

"你并没有逼我，我是自愿这样做的，好吗？这不是永远的，等到你度过难熬的时刻，我就无须再如此了。"

"我还是觉得很难过。"

"听着，你在教室里帮了我很多忙，现在我只是把立场互换而已，别担心这个。我也不会去担心的。"

她点点头："好吧。"

炉上的水开了，我起身把意大利面放进去，然后从冰箱里拿出一堆蔬菜准备做沙拉。利德布洛克也起身，伸长手臂，把一张面巾纸丢进垃圾桶里。然后她站到我的身后，看着我撕碎莴苣。

"要我帮忙吗？"她问。

"如果你想要做的话当然可以。来，你把这些切片。"我将一堆的蘑菇捧给她。利德布洛克拿过砧板和刀子。

"你一定知道，"我说，"我对酗酒这个领域的事情完全不专业。"

"知道。"她语气漫不经心地回答。

"关于酗酒，本身就是一门专门学问，所以我一直在想，如果能够有相关的专家介入的话，对你可能会比较好。"

"我还以为你刚刚才说你要帮助我的。"

"我是要帮助你啊，可是我不确定我的能力是否足够。说真的，这种事情一点都不轻松,利德布洛克。我只是在想,也许你需要一个比我还有经验的人。"

她把切好的蘑菇全丢到沙拉碗中:"我不要其他的帮助。"

"是的,我知道。"我说。

"假装我只是你班上的一个孩子。"

"问题是,利德布洛克,你不是孩子,你是个成人,你的问题是成人的问题。简直是胡扯,你还比我大呢。"

"大多少岁?两岁?三岁?三岁又代表什么意义呢?"

"那不是重点。"

"那才是重点,桃莉,整件事情的最大重点。如果我真是你班上的一个孩子,你就不会这样说了。你会跳进去,然后竭尽所能地帮助我。成人的问题又是什么垃圾?问题就是问题。从什么时候开始你变成万事通的?德基的问题你并不专长,对不对?那几个父母亲在北爱尔兰被杀害的孩子的问题你也不专长,可是你还是不放弃地帮助他们。我觉得那才是重点,桃莉,那对我已经足够了。"

我长长地吐了口气:"我只是不想对你作出错误的帮助,小姐,我要帮你找到最好的方式。而且,我也需要一些证据来证明我现在对你所做的是对的。"

"好。那么,我再也不喝酒了,我发誓。那样你会不会高兴一些?"

"你哦,你哦,利德布洛克,你哦。重点不在那是不是会让我觉得比较高兴,而是你,你得为你自己做到这件事,否则说再多也是枉然。"

"好嘛,好嘛。那么,我不再喝酒就是了,行了吗?"

"万一你又喝了呢?"

"我不会的。"

煮意大利面的定时器响了,我把锅拿起来,将里头的水滤掉。

"好吧。听着,我们来试试这个方法,"我说,"我们来个折中的办法,好吗?我们要很认真严肃地执行这个办法。如果你再喝酒的话,利德布洛克,你就得去参加戒酒协会,或是看专业医师,再不然就得去找专业人员协助,好吗?"

没有回答。

"好吗?我是说,我会支持你的。即使你又喝酒了,我们还是会继续努力的。我是说,我不会丢下你不管的。可是,一旦你再喝酒的话,你就去戒酒协会。成交吗?"

利德布洛克皱着眉头看着她的指甲。

"成交吗,利德布洛克?"我又问。

"好吧,"她低声地说,"成交。"

22

席梦娜说话了

> 席梦娜做到了我一直无法做到的事：她让利德布洛克感受到自己的能力。

如果有人给我一支魔棒，让我有机会一整天辅导一个孩子的话，我绝对会选择莉丝莱·康西迪尼斯。我当然也爱其他几个孩子，但莉丝莱最让我有成就感，也是几个孩子中最有潜质的一个。

莉丝莱的困扰问题征兆越来越明显，她的所谓"自闭症"行为已渐渐成形。我们都只是莉丝莱的环境中的物品，和椅子或开罐器一样，各自扮演着服务她的角色，让她依据不同的物质特性作出不同的反应。我们很惊讶地发现，她与人相处的模式不断地在修正。

另一个典型的自闭症行为是莉丝莱的模仿语言，这一行为越来越影响她的语言发展。现在当我鼓励她讲话时，她开口讲话的概率越来越高，不过有百分之八十五的语言是毫无意义的，纯粹只是复述。"你叫什么名字？"我问。"你叫什么名字？"她回答。

此外，在自闭症的领域中，如果环境对的话，她的自我刺激会更加深化。球是她的最爱，单单只是将球滑下斜面的动作，她就可以专心地看上好几个小时。把球放在她手掌上滚动，她可以花一个早上的时间高兴地重复做着那个动作。

相对地，莉丝莱也有极端不同于传统自闭孩童定义的行为。她对抚摸或搂抱并不会反感，不缺乏眼神接触，不是很在意环境的干扰。撇开她的人际关系失调不谈，她真的愿意与人亲近。

综合一切，我不禁有一些怀疑，莉丝莱的最主要问题可能是在生理上，而非心理上。事实上，我根本无法从莉丝莱的问题中找到符合情绪困扰的行为，但是在她那失调的家庭生活环境中，他们竟然全都适应得那么好，还把莉丝莱的行为合理化，我不禁怀疑康西迪尼斯家的家庭生活本身就是一种失调。虽然深受障碍的限制，但莉丝莱的情绪似乎很健康。

总之，我知道先前的许多努力都是在浪费时间。如果莉丝莱的障碍能够在她学步时期就诊断出来的话，那么她就可以得到密集性的治疗。我甚至觉得，她的功能就会因此而和同龄的孩子没有太大的落差。显然她是个聪明的孩子，在许多方面的学习能力一点都不输给正常的孩子。她很快便学会字母和数字，紧接着没多久便学会加减法。我相信，只要有足够的协助，她一定可以学会阅读。

不过，有意义的语言可能要很久才有办法学会了。在教导莉丝莱如字母这类的事物时，我能够鼓励她说出有意义的语言。不知为什么，相较于指认出实物的图片或实物本身，她似乎更能指认实物的抽象象征。同样，她能精确地告诉我五是三和二的总和，可是当我问她其他几个孩子的名字或她自己的名字时,她却回答不出来。为了鼓励她说话,我努力地为她创造一个口语环境,但当莉丝莱开始自在地使用词汇和词组时,依然令人很难与她真正地沟通。

随着莉丝莱在班上与他人越来越有所回应,我决定着手解决下一个问题——马桶训练。其他几个孩子早已注意到莉丝莱穿尿布的事情,虽然他们对此并没有多提,但他们也因而把莉丝莱视为一个幼小、无助的孩子。当然,莉丝莱对于大小便的无法自理也是家中最主要的紧张来源。为使她更快速地正常化,我觉得她必须适应这个必要的社会性行为。

意外的是,利德布洛克竟然极力反对我这项决定。自从莉丝莱开始学步起,在家里时,汤姆一直就不愿让她穿尿布,他觉得那是在"侮辱"她。然而汤姆的这个决定,不仅让利德布洛克五年来得时时为莉丝莱清理排泄物,也使照顾莉丝莱上厕所的责任落到她这个母亲身上。只要出了一点点意外,汤姆就对利德布洛克大发脾气。只有在和我讨论到马桶训练的计划时,利德布洛克才承认她终于松了一口气,因为我坚持要莉丝莱穿尿布。现在要把尿布拿下,而利德布洛克自己的身体状况又不是很好,她当然会觉得压力倍增。

不过我们还是做到了。我要吉萝丹和玛莉安娜为莉丝莱示范详细的马桶使用过程,我们花了好几个小时在厕所里认识马桶、冲水、拿掉马桶坐垫纸、检查马桶盖、掀起马桶盖、放下马桶盖等步骤。每次她做对了,就得到一片菊芋饼干。

我没有让利德布洛克参与这项行动,一方面不想增加她的压力和负担,另一方面是害怕利德布洛克在场会使莉丝莱有依赖感,又回到家里的生活习惯。几天的训练下来,她的确有进步,但还是要我带她去上厕所,因为一等到她向我示意要上厕所时已经来不及了。不过那一点点的进步已经让我们喜不自禁了。

不幸的是,教室内的成功并没有转换到家中。一回到家,利德布洛克仍旧疲于为她善后。更有甚者,没有让利德布洛克参与训练计划一事一直让她耿耿于怀,她觉得那是种侮辱,好似我取代了她的母亲地位一般。然后汤姆来教室找我。到底发生什么事?我到底对利德布洛克做了什么让她这么不高兴?莉丝莱又怎么了?这次的会议又是一次争执,最后利德布洛克跑到女厕所哭泣。我真的受够他们了,我失望地甩了甩双手,而莉丝莱这个小狐狸竟然在一旁窃喜不已。

理想的状况是,我应该让莉丝莱在家里也穿上尿布,以免不停地麻烦她的父母亲。只是事情发展至此,我已不想提出任何建议。康西迪尼斯家是如此护卫莉丝莱使用马桶的问题,这让我认识到我对这件事情的影响力实在很有限。于是我退出这项计划,只要莉丝莱在教室里保持干净就好,我不再介入她在家中的问题。

3月终于蹒跚到来。厌倦了冬季的冷冽,春风的3月竟令人如此期待。这期间有另一个改变,那就是吉萝丹和席梦娜的关系就像融冰一样,慢慢地破碎了。吉萝丹还是维持本性好几个星期,她的行为就在她经常性地黏人、幼稚行为、高傲无礼、对其他孩子颐指气使、凡事总要抢最好的之间摇摆。她的反社会行为丝毫不见改善,尤其是她那强烈的报复心态。慢慢地,这些行为开始冲击到席梦娜及其他小朋友,她们两人吵架的频率越来越高。

一开始，我觉得那是手足之间的争吵，也就不加以理会。但时间越久，我越觉得那不只是单纯的争吵。我注意到席梦娜引起战端的频率越来越高，她会选在安全的地点、安全的时间挑起战祸。一张不安全的椅子，一份姐姐无法看到的作业，一份独占的好处。若是一般孩子，我会视这种行为为正常的人格退步现象，但是对席梦娜，我知道这种行为是一步步地在关闭与吉萝丹互动的大门，也惹得吉萝丹异常愤怒。

我不把席梦娜在教室中越来越多的退缩行为视为一种退步的主要原因是，她与利德布洛克的关系日益稳固。虽然她对我们还是沉默不语，但对利德布洛克却会自在地玩乐、大笑。一看到利德布洛克完全适应后，我渐渐地把整个辅导席梦娜的工作转到她身上。虽然我们两人经常讨论事情发展的进度，但我尽可能不去影响利德布洛克个人的辅导特质。她非常可靠，而且我也很确定不会出现任何严重的问题。就我的观察发现，在我没有介入的情况下，利德布洛克和席梦娜的相处情况不同于平时上课的样子。她会帮席梦娜梳编头发，帮她换衣服，把她打扮得很漂亮："哦，看看你，真是太漂亮了。你现在是个高贵的女人了，看到没？你简直就像是逛第五街的贵妇。来，把这个戴上。实在太漂亮了，对不对？你照照镜子。哦，等一下，让我把你的头发绑高一点，像这样。这样好多了，不是吗？看看你，简直是个大美人。"

因为相隔不远，她们的对话很轻易会飘进我们耳里，时常还会听到利德布洛克忘情地高声说话。当我们手边的活动并不是很让人感兴趣时，她们两人的对话经常让我们分心，有时还会听到席梦娜踩着高跟鞋发出的咔咔声,我们总会忍不住地猜想着她们正在玩什么游戏。几个孩子一针见血地说中我的要害:这是学校,为什么席梦娜每天可以有半小时的时间玩游戏?但我还是不愿介入。对我而言,这个时段中最迷人之处是利德布洛克和席梦娜的融洽气氛。她们可以自在地彼此搂搂抱抱,将这个时段视为她们两人特有的时刻,自在地化妆打扮。

这段时期,利德布洛克还制作了一份邮购目录。她先前曾把那份目录拿给我看,那是一家大型连锁商店的过期圣诞玩具目录,利德布洛克觉得这也许可以引起席梦娜的兴趣。现在,在那个属于她们两人的小小空间里,我听到纸页翻动的声音。

"哦,看,"利德布洛克说,"看这个,很棒,对不对?看起来就像护士的制服。我们要是有一套这种东西的话一定很好玩,对不对?我可以当病人,躺在这里,然后你当护士,在我身上贴绷带。"停了一会儿,我猜席梦娜指着别的东西,"再看看这个,还有这个,都很棒。看,很长耶,是女孩穿高跟鞋时穿的,就跟你玩具化妆盒里的那个一样。你认为它是什么呢?舞会的礼服吗?我猜应该没错。"

又过了一会儿。"我穿过像这样的洋装,"利德布洛克说,"很长的洋装。你知道它是什么颜色吗?"

"金色?"席梦娜回答。

一瞬之间,教室里突然寂静无声。

我在桌旁一边教德基做功课,一边也倾听着利德布洛克的自言自语,所以我也听到席梦娜的声音。德基也听到了,他转头望着她们两人的方向。我停下手边的工作,拉长耳朵聆听。

利德布洛克强忍着兴奋,保持着镇静。这几个月来所等待的不就是这一刻吗？停了好久之后，我听到利德布洛克说："呃，不对，其实它是蓝色的，不过它真的很漂亮。"然后她们继续翻着目录，"哦，看，席梦娜，这里有个好美的东西，它看起来像是件粉红色的舞会礼服。"

"那件洋装很漂亮。"席梦娜说，夹着清晰的爱尔兰口音。

原本在另一边静静做着功课的我们，全都专心地听着利德布洛克与席梦娜的对话。虽然席梦娜的声音不大，但我们听得一清二楚。

玛莉安娜抬起头来微笑着。"桃莉，"她压低着声音说，"你听到了吗？席梦娜说话了啊！"

我点点头，用手指压着嘴唇要孩子们保持安静。我不想打断这美妙的一刻。

我眼睛瞟过桌子对面，吉萝丹正埋首做功课。我注意到只有她一个人回头做功课。

"嘿，吉萝丹，"玛莉安娜低声地喊着，"你听到了没有，利德布洛克让席梦娜开口说话了。你听到了没？"

吉萝丹耸耸肩，继续做她的拼字功课："那又怎样？"

席梦娜开口说话了。不似先前那样，这次她是真的开口说话了。一开始她只是在那段时间和利德布洛克说话，但几天后，她变得越来越大胆。她和利德布洛克不只是谈话，她还会戏弄她、开她玩笑、发出可笑的噪音。我简直不敢相信我的耳朵，她好像完全变了个人似的。

然后，慢慢地，席梦娜开始和我们讲话了。因为她似乎知道我们已经偷听她们讲话好一阵子，她开口讲话这件事情已不再是秘密了。她第一个说话的对象是玛莉安娜。自从在第一天听到她讲话后，玛莉安娜便一直很想和席梦娜讲话。然后席梦娜开始也和其他几个孩子讲话,尤其是下课时间到操场玩的时候,她会不停地和我讲话。

只有对我们这个班级的成员她会主动讲话,遇到外面的人,通常都是有问才有答。除了说话外,她无法用对利德布洛克那种嬉闹的方式来对待我们。不过这无所谓,重要的是她开口说话了。

或许席梦娜的开口说话对利德布洛克士气的影响也几乎同等重要,它在利德布洛克生活最低潮时发生了。我不认为我能够做出什么让这个爱尔兰小女孩说话有同样正面效果的事。除了投入班上的活动外,利德布洛克依然觉得和我们存在着距离。毫无疑问地,她爱我们,也爱这份工作。可是事实是,她依然不是一名老师,不是一名心理学家,甚至不是一名像乔伊斯那样受过专业训练的助理,因此不管我多努力要让她注意到她给了我的真正帮助,依然无法改善她自认无法胜任的感觉。但是席梦娜做到了我一直无法做到的事:她让利德布洛克感受到自己的能力。在席梦娜第一次开口讲话的那一节课之后,利德布洛克依然坐在她们那张小桌子前翻着邮购目录。当我走过去时,她抬头看着我,一脸沉思的表情。

"你知道吗?"她惊异地说,"我可以做到耶。"

23

表达困难

> 我开始把这些问题视为她表达困难的延伸。

虽然在教室中得到了成就感,同时很努力地不去碰酒,但利德布洛克依然度过了一个痛苦难熬的冬季。席梦娜开口讲话虽然让利德布洛克的自信大增,但她依旧不停地在一个接一个的危机中翻滚。和她相处越久,我越察觉到其实那就是利德布洛克的人生。让我备感惊奇的是,她竟然如此活了三十三年。

她最主要的问题在于家庭。汤姆和利德布洛克的关系是我很不以为然的,当我越来越了解他们两人之后,我不再欣赏汤姆对婚姻的坚持态度,因为那对他们两人都是种折磨。

汤姆执意维持这段婚姻关系的心态很复杂,我也一直没有机会深入了解,但是他对利德布洛克的那种态度却无法不让人注意。他让人感受不到他对利德布洛克这个个体的尊重,他轻视利德布洛克的无能,同时他又委屈自己去忍受她在外面的所有行为。我深深觉得,他爱的是利德布洛克美丽的外貌而非她的本质,现实似乎从未在汤姆的生活中存在过。相对地,利德布洛克就有较充足的理由继续这段婚姻,那是她此生最亲密的一段关系。她这一生得到的感情不多,因此不敢轻言放弃。

从2月起,利德布洛克和我每个星期日早上都会碰面。每次都是在我的公寓里,这样便可以在不受干扰的情况下聊天。刚开始时我会尽地主之谊招待她,但那样反而让我们变得生疏,于是我们恢复到有如在教室里那种像朋友又像工作伙伴的轻松态度,最后她甚至很高兴地帮我清理烤箱和地毯。我们还开玩笑说这是一种职业治疗。老实说,或许真是如此吧。

不管如何,这个方法奏效了,利德布洛克远离了酒精。日复一日,周复一周,她在没有酒精的催化下,辛苦地度过各种困境。在和她相处了三四个月后,我慢慢地找到了她最严重的问题:她没有能力表达自己的想法。表面上,最严重的问题是她的酗酒以及她与汤姆的纠结关系,但我开始把这些问题视为她表达困难的延伸。的确,她所有其他的问题都可以直接或间接地追溯到语言困难这个领域。例如,她会为了逃避与人交谈而避开人群,即使只是小型的社交场合也会让她变得很紧张。随着相处时间的增长,我看到了她自己所看不到的这个盲点。另外,我也注意到其他比较轻微的问题。奇怪的是,诸如吵闹的环境、浪漫的音乐或人们讲话的声音,都会造成她的困扰。即使身处友善的环境中,即使那些背景都是人们无心制造出来的,也都会严重影响到她。长期相处后,我才开始渐渐感觉到,莉丝莱习惯半夜起床的毛病也是造成利德布洛克有口难言的原因之一。

综合所有的问题后,我终于得到结论,利德布洛克的沉默无语与情绪问题并无多大的关系,而是她大脑里负责语言传达的部分功能不全。从这个角度来看,她的很多怪异行为突然都有了合理的解释。紧张时,她会说不出话来;害怕找不到话讲时,她就会惊慌,只要一惊慌,她所有的能力便无法施展。她唯一知道的应付方法只有两个,若不是逃避人群,便是在社交场合中摆出一副高傲不可亲近的态度,或是拼命地喝酒。

这个理论也能够解释她在家庭生活中的困境。汤姆在对话上是个可敬的对手,因为他很清楚自己的权利,而且能言善道,因此他总能反驳我的话,扭曲或扭转我的意思,扭转话题,而反过来质疑我,甚至坚持让我认同他的说法。如此精锐的语言动力又岂是利德布洛克所能抗衡的!并非她无法和汤姆平等对谈,而是她根本无法开口谈,到最后她也只能无言地被困在这个婚姻中。

大雨已经下了一整天,孩子们到吃过午餐时都还一直留在教室,因此等到下午开始上课时,每个人都显得心浮气躁、坐立难安。尤其是玛莉安娜。她早上的功课全部没做完,午餐休息时间,她先是和吉萝丹吵架,然后又在女生厕所里和席梦娜吵架,还害得德基兴奋地躲到桌底下手淫,同时还不停地黏着我。整个早上,她被罚坐在安静椅上好几次。吃完午餐后,她还是不肯罢休,坐到木制椅上,不停地摇着,弄出吱吱嘎嘎的嘈杂声。于是我设定她罚坐的时间,然后转身指导席梦娜功课,并不时抬头看她。"好了,玛莉安娜,你的功课就在桌子上,请马上开始做功课,再没多久就要下课了。"语毕回头继续指导席梦娜。

玛莉安娜走到桌前，打开资料夹，仍然倚站在椅子旁，注视着她的作业纸。她拿起铅笔，把它削得尖尖的，然后回到座位上坐下，又望着作业纸。她瞟了坐在两张椅子距离外的吉萝丹一眼，朝她扮了个鬼脸。见到吉萝丹没有看到，她过去用手肘撞了撞她，再对她扮了次鬼脸。

"玛莉安娜，"我说，"请赶快做你的功课。"

玛莉安娜拿起铅笔开始写着，但旋即又把笔放下。她站起来，走到她的柜子前，拿出她的铅笔盒，回到桌前，又坐了下来。接着打开铅笔盒，在里面翻寻了一阵，终于找到她的绿色橡皮擦。在纸上擦了一会儿后，她举起橡皮擦，检查着它。接着用一根手指头刮了刮橡皮擦的边缘，然后将橡皮擦压在桌面上来来回回地搓着。

"玛莉安娜，"我说，"赶快做功课。"

玛莉安娜瞪着她的作业纸，然后在纸的旁边画一条线，再将铅笔举在眼前检查着。

我对玛莉安娜的漫不经心感到恼怒，因此暂时离开席梦娜，坐到玛莉安娜的旁边。"你今天到底怎么了？"我问。

"我不明白这个功课。"

"这和你这个星期以来所做的内容都一样啊。来，我们先来读指示，并照着指示做，然后你就会明白了。"

玛莉安娜把指示读了一遍。

"指示说些什么呢？"我问。

"它说我读这边的这些字，然后是另外这边的这些字，并画一条线将它们连起来。"

"没错,这样你明白了吗?"

她耸耸肩以示明白。

"那么就赶快做吧。"我起身,绕了一圈看看其他几个孩子的功课写得如何。再绕回到玛莉安娜身边时,发现她又用手指玩起铅笔来了。

我的耐心完全被磨光了,一把抓起码尺,毫无预警地朝着桌面重重打下。玛莉安娜惊讶地缩回手。

"做功课!"我说,她乖乖地照做。

几分钟后,下课铃声响了。那是利德布洛克和我的休息时间,所以,一等到孩子们都被带到操场后,我们也一起走向楼下的教师休息室。

"别再那样做了,好吗?"利德布洛克一边说着一边跨下楼梯。

"做什么?"

"像那样打桌面,像你刚刚在教室那样的动作。"

我微微笑着:"我只是要让玛莉安娜赶快做功课而已,她这一整天一直都魂不守舍的。"

"可是别再那样做了。"

"我并没有要打她呀,利德布洛克。可是她这样游手好闲了一整天,我那样做是想把她的魂找回来。"

"那是不对的。"利德布洛克回答。这时我们也来到教师休息室,里头挤满了人。比尔、法兰克和三个语言治疗专家正在里头喝着可乐并高声谈笑,利德布洛克和我之间的对话也因而中断。

放学后,利德布洛克和我坐在桌前准备第二天的教材。她停下手中的工作,双手托着腮。几分钟的沉默后,她看着我低头写计划本。

"我记得曾经有一次在学校的时候,"她静静地说,"是我六岁读一年级时,我们正在写阅读课的作业,其中有三个空格要填充,但我没有做对。"

"老师在我们的身边走来走去,检查着我们的功课。她总是握着一根长长的教鞭,当她发现你没有做对时,就会大力地把教鞭往桌子上打。每回她打我的桌子时,我就会吓得半死。虽然我不是笨蛋,但她也许觉得我还是会很害怕。我怕她,她总让我觉得很痛苦。你知道有些人就是毫无理由地发脾气,她就是那样。她痛恨我是个左撇子,一天到晚威胁我说,如果我再不换手的话,她就要把我的左手绑在桌子上。就因为这样,我一直无法把我的名字写对。相信我,换了手写字后,我老把名字中的'd'写成'b',我还只是个六岁的孩子,你真的以为我会记得住这两个字母的差别吗?每次写错,老师就大发雷霆,把我留校,要我一遍又一遍地写我的名字。我因为不知道自己是写对了还是写错了,所以一直心惊胆战的。我只能硬着头皮写,祈祷自己写对。"

她停了下来,沉思了一会儿。"那并不是我真正想要告诉你的,"她轻柔地说,"我无意扯开话题,我想我只是要解释我这么害怕的原因。我只是想要给老师留个好印象,你很清楚你在那个年纪的时候是什么样子,你想要人们喜欢你。总之,我们那时候也是在做像今天这种功课,其中有一个空格要填的单字是'Carry',但我把它填错了句子。老师走过来低头看着我的作业并说,'这是什么字?'我说是'Carry'。她说,'Carry'不属于这个句子,不是吗?那样读起来根本就不通。'Carry'这个字是什么意思?然后她就站在那里等我回答。但我没办法开口。我是说，我知道是什么意思，但我说不出来。于是她一次又一次地问我，问了又问。我开始觉得坐立难安，想要告诉她答案，因为我要她知道我不是笨蛋，但她就是紧紧盯着我一直问。然后她就毫无预警地把教鞭重重打在我的桌子上，就在我的面前，就在我的作业上。我吓得哭起来，还尿湿了裤子。"坐在椅子上的利德布洛克稍稍换了个姿势，她抬头望着我："直到现在，那种羞辱的感觉依然挥之不去。"

"我对玛莉安娜所做的不一样呀，利德布洛克。玛莉安娜一点都不怕我，有时候我还真希望她会有些怕我呢。其实那些功课她都会做，她只是心不在焉罢了。"

利德布洛克皱起眉头："那不是重点。"

"那么重点是什么？"

"我不是很精确地知道，该怎么说才好呢？总之，问题不在于她是不是能做到，或者她是不是心不在焉，而是对待的方式。"

我注视着她。

她耸耸肩："我不喜欢想到你做那种事情的画面，桃莉，你的教育态度绝对远远优于那个样子。"语毕，她拿起她的铅笔回头做她的工作。

我坐在那里注视着她好一会儿后，也回头做我自己的工作。我们就那样默默地做着各自的事情，应该有四十五分钟之久吧。

"桃莉？"

"什么事？"

"我可以问你一件事吗？"

"当然可以。"我仍埋首工作中。

"你会告诉我实话吗？"

"如果我可以的话。"

"你会不会觉得我有问题？"

举起铅笔，我望着她："你是指什么？"

"我的样子，"她停了一会儿，"我一直在想刚刚告诉你的话。我可以那么清楚地记得我坐在那里，清楚地知道那个字的意思，却怎么都说不出来。难道每个人都会这样吗？还是我真的有问题？你必须老实地告诉我，因为我真的想知道。"她研究我的脸好一会儿，不等我回答，她继续说："我是指我的思考方式，不是指我的思考内容，而是我的思考方式。还有，我说话的方式。因为，好像有时候，我就会……就会……什么？停止？僵住了？或者根本不知道从哪里开始。我一直在观察别人，发现他们似乎并没有那样的问题。你没有，汤姆没有。去他的，谁都无法让他不讲话。你觉得难道这都是性格问题所致吗？汤姆说我是精神上冷感，虽然我不愿承认，但有时真的有那种感觉。他是对的吗？或者那是一种连我自己都不知道的深藏的情绪问题，像是也许藏在我潜意识里或什么的，就像席梦娜那样，只是症状不同。是那样吗？你的看法呢？你在这方面是专家，你的看法是什么？"

于是我告诉她实情。我说我觉得她有某种器官功能的障碍，导致在言语表达上出现困难和不可预测，这种不可预测是因她身上巨大的紧张和焦虑累积所造成的，而焦虑又把障碍的效能放大，这一切综合起来，引发了她生活上层出不穷的问题。利德布洛克锁着眉头仔细聆听着，眼神未曾片刻离开我的脸庞。

"以前有人告诉过你这些吗？"我问。

沉思几秒后，她缓缓地摇摇头："没有。曾经有人告诉过我，一切都是情绪问题造成的。我以前跟你提过的一位精神科医生,他说那只是歇斯底里的反应。我告诉他这件事,关于我觉得我不像一般人那样能流利讲话的事。他说,只要我想要的话,我就可以讲得很好。他说,我只是利用沉默当作防卫来逃避我面对的问题。"

"那你有什么看法呢?"我问。

"我并没有利用沉默当作防卫来逃避我面对的问题,它本来就是我的问题。"

她突然沉默了,开始咬起拇指的指甲,眼神盯着桌面:"曾经有好几年的时间,我急切地到处询问知道这种状况的人。如果我够诚实的话,我就必须坦承,那正是我要来这里当义工的原因,因为我想我也许可以在这里找到答案。我必须找到答案,必须更清楚地了解到底是怎么一回事。但与此同时,我极端地害怕,害怕真的找到答案,害怕它会印证我心中的猜想。"

"你的猜想是什么?"

她偏着头,轻轻地耸耸肩,然后移开眼神:"我猜我不够聪明,猜我的想法和所有笨蛋的想法一样,不论我讲话,或者不讲话。我一直有种感觉,我如此精通于数学和科学充其量也不过是个白痴学者罢了,一个幸运儿,你明白吗?尤其是有了莉丝莱后,我的那种感觉更强烈,因为我看到她在某些方面是那么的有天分,却也一样无法说话,无法照顾自己。我觉得那是我遗传给她的。"

她的话让我听得心都快碎了,她的语气是那么的柔软、那么的接近事实。"你不是笨蛋,利德布洛克。白痴学者是不会去想到他们的处境的,也无法在普林斯顿大学从事研究工作。你的智商没有问题。"

她轻轻地叹了口气。

"我不是随便说说来安慰你的。你要我的专业看法，那正是我的看法。你要担心的事情很多，就是不需要去担心你的智商，不需要害怕莉丝莱的问题来自于你。就她的案例看来，我恐怕是上天坏心肠的结果。但我也不是说我能够找到所有的答案，小姐。对于这类事情，谁都没有答案。但是与你这几个月来的相处，看着你所经历的一切，我都觉得这是一种生理上的问题。当然这并不表示情绪方面就没有问题。我们两人都很清楚，有时候你根本就是被焦虑给生吞活剥，同时还有很多其他事情也引起了你的悲伤，其中尤以你无法表达自己为甚，是无法表达自己导致你的情绪问题，而非情绪问题让你无法自我表达。"

利德布洛克停下咬指甲的动作，仔仔细细地检查着指甲。然后，谨慎地点点头："好，就算你说的是真的，然后呢？接下来该怎么做呢？"

"呃……这是比较麻烦的部分，恐怕我也没有答案，只能学着去接受它，与它和平相处，把它视为你的身体的一部分。或许更重要的事情是，当你觉得无法如愿地表达自己时，你应该尽可能地降低你的压力和惊慌。"

"没错。"她点点头，"没错，我必须承认你对惊慌的说法是对的。没想到它竟然那么明显，我还以为只有我自己知道。我知道那就是我——一个笨蛋。可是天啊，桃莉，有时候我觉得我都快心脏病发作了，真的，我觉得我会死掉。"

"这种情形常常发生，对不对？"我问。

她点点头。

"这种情况持续很久了吗？"

她又点头："有好几年了。"

我们各自沉默地思考着。我想到她一定比一般人还努力，才能够有今天的学术成就，因为她所面对的不只是学习的问题，还有情绪问题。

"你到底是怎么拿到博士学位的呢？"

"其实还好，"她说，"那是我擅长的领域，所以一直没有什么问题。"

"站在教育的角度来看，我可不这么想，单单口试一关对你就是一大考验。"

"我和我的主考官很熟，而且我很了解我的课题。"

"我相信，可是那一定是一次很紧张的经历，你的主考官问你问题，而你必须以口头的方式来回答问题。当时你喝了酒吗？"

她的脸上闪过一丝淡淡的微笑："我记得我喝得烂醉，隔天差点就起不了床。"

"我明白了。"

笑容消失后，她耸耸肩。"还有，"她淡淡地说，"我和我的指导教授睡觉。"

这个答案有点出乎我意料。

"可是我对考试的确有准备，我没有作弊，真的，我是靠实力拿到博士学位的。我只是需要确定会拿到，就那么简单。"

24

"我像是你的另一个孩子"

> 我需要成长，因为在我人生第一次成长的时候，我并没有真正地成长。

接下来那几天，利德布洛克和我花了很多时间讨论她的自我表达问题。问题一旦说开之后，利德布洛克似乎欲罢不能地想要探究到底。大多数时候，她都把讨论的重点放在她的大脑拒绝合作上。然后，她谈到在她开始酗酒之前，她发现了另一项有力的武器：她的外貌。

这是我第一次听到利德布洛克直接提及她的美貌，第一次意识到美貌在她生命中所扮演的重要角色。她并不觉得自己漂亮，她平淡地说。但她的美貌是不容否认的事实，它是一个可以用来缓冲可怕无助感的东西。最后，我看得出来它变成她进一步表达狂乱愤怒的要素之一，她利用美色来引诱男人给她爱，然后视他们如敝屣，因为那些男人看不到她的价值。我静静聆听着她说话，明白或许这是汤姆勉强要把她留在身边的最主要原因。她的美貌并没有让他盲目，只是他不愿承认她拥有她自己的灵魂。

我能肯定利德布洛克对厘清这一切的需要，而且发现这事有趣的地方是，只要我们谈论到这个话题，她就只是不善言辞，别无其他。当她单独和我在这间教室时，她可以重建那些因为不善言辞所引发的许多琐碎的难堪时刻。不过，在聆听了几天后，我想要确定能够找出建设性的结果，否则就算今日找出问题症结，仍无济于事。

我的两个最大隐忧是唇齿相依的。第一个是开发出某种能够克服并最后消除她的焦虑感的方法。第二个则是让利德布洛克明白，她那些行之有年的克服惊慌、逃避人际互动的方法，其实只会带给人们不愉快的感觉。

我们谈到放松及其他常见的克服恐慌的办法，我提到一些我用在德基身上的方法。但我不得不承认，最有效的办法还是得回到社交场合中去。那个场所会带给她恐惧，但却必须在那个场所中去克服恐惧。我同时也提到其他事情：当她努力于恐慌场合中解救自己时所留给人们的印象。事实上，从她的谈话中不难听出来，利德布洛克并不知道自己的行为会影响到别人。我曾在不同的场合中注意到她的这个缺点，尤其是在她和汤姆的关系中。就某种程度而言，她的确清楚她留给人们一种冷漠、充满敌意的形象。但在另一程度上，她又天真地惊讶于人们竟然会认为她就是一个冷漠、敌意的人。"我真的不是那种人，"她回答，"为什么每个人都只会如此轻慢地看待事情？"我说大多数人原本就是那样，我们接受我们眼睛所看到的事实。可利德布洛克还是很想要了解她自己，不愿把时间浪费在讨论别人的看法上。

3月中旬，汤姆带着莉丝莱和他另外两个孩子去拜访他的母亲，利德布洛克借口教室里还有工作没做完，不打算与他们同行。我得知利德布洛克那几天没有其他约会，因而想到可以邀请她和我们一起去洗桑拿。她有点羡慕我和卡罗琳的友谊关系，我想这正是邀她加入的最佳时机，而且还可以趁机稍稍扩大她的社交环境，不失为一个一石二鸟的办法。

在与卡罗琳讨论过后，我询问了利德布洛克，她立刻惊喜地答应了。一开始我并没有想太多，纯粹只是友谊性质的邀请。但随着星期五的逼近，我开始变得不安起来，我竟然忘了大家看到利德布洛克时可能会展露不愉快的脸色，毕竟在学校里时，我们两人少与其他人有所互动。现在，突然间所有的记忆都涌上来，万一利德布洛克无法适应的话该怎么办？万一她还是不改冷漠、敌意的表情，进而让卡罗琳怪我为何要邀请她时，该怎么办呢？我越想心越烦。等到了泳池时，我的情绪已经处于紧绷状态中。一时之间，我痛恨起自己给自己找了这样的麻烦。对于当晚我的怪异举动，我唯一的解释是我太紧张了。在泳池里，我们两人和利德布洛克简直相形见绌。她的身材姣好、会跳水，而且游泳的技术很棒，简直像只鱼一样的自在，而我和卡罗琳只能站在一旁努力地掩饰尴尬。

游了一会儿后，我们全都坐在浴池里。我靠在喷嘴处，让水柱按摩我的肌肉。利德布洛克走到最深的地方，背上的长发浮散在水面上，看来好像一幅画。只有卡罗琳似乎有讲不完的话。

然后，利德布洛克回到我身边的位置坐下，仰着头，闭上眼睛，任由水柱温暖地打在身上。我们就那样无语地享受着。

卡罗琳转头望过来。"那么，利德布洛克，"她问，"你觉得我们怎么样？你喜欢我们所做的工作吗？"

利德布洛克睁开眼睛，匆匆地瞄着我的方向一眼，接着看着卡罗琳。她点点头，卡罗琳没有再说什么。

"是的，我喜欢，"利德布洛克说，"我学到很多。"

"你想要正式进入这个体系吗？"卡罗琳问。

"我不知道。"

卡罗琳亲切地微笑着："呃，至少那是实话。"

"我还蛮喜欢待在那里体验每一件事情的。"利德布洛克静静地回答，"如果你明白我的意思的话。当你没有身处其中的时候，你会觉得很奇怪，但当你真的身在其中，亲身经历所有活动时，那种兴奋感觉远远超出我的想象。那种感觉更……更……更……"她说不出来。

"更诚实，"卡罗琳适时地接话，"更真实，更有活力。"

利德布洛克点点头："没错，我想我就是那个意思，更有活力。"

卡罗琳露齿而笑："是的，利德布洛克，那正是让你着迷的地方。那就像迷幻药，一沾上就戒不掉。"

到了更衣室后，卡罗琳因为另有约会而不停地对我们道歉。利德布洛克还在吹头发，我坐在长椅上等她。吹干头发后，她站到我的面前梳头发。

"你现在要干什么？"她一边梳着头发一边问。

"现在？"

"我的意思是今晚，有什么计划吗？要不要到泰勒餐厅吃晚饭呢？"

"好啊。"我说。

"我得先声明,我的厨艺并不怎么样。不过,如果你不介意的话,我就随便弄点东西请你。"她停下来用梳子拉着头发。

"没问题。"

独自坐在康西迪尼斯家的客厅好一会儿后,我起身走到厨房看看利德布洛克在干什么。我发现她的厨艺的确不怎么样,她正把一包碎牛肉酱和罐装的意大利面倒成两盘,然后把它们弄得看起来很丰盛的模样。我不禁笑了起来。

利德布洛克也跟着笑了起来,"你喜欢这个吗?"她问,声音充满期待。

我点点头。

她打开冰箱,望着里面:"你想要喝什么?"

"随便都好。"

"如果是在六个月前的话,我会建议喝酒就好了。"她愉快地说,然后站在冰箱门前转头望着我,"你要喝酒吗?这里有一些。"她高举着一瓶来自加州的白酒,"我不介意的,桃莉。汤姆一天到晚喝酒,我真的不介意你在我面前喝酒。"

我摇摇头。

"我已经非常能够控制自己了,我不会受不了的,真的。"

"不,不要。你有牛奶吗?"

她又望着冰箱里面:"牛奶?这算哪门子的饮料?给你喝牛奶,我会觉得自己很蠢。"

"牛奶很好啊,利德布洛克,我在家都喝牛奶。"

我们在桌前坐下来。当发现这个巨大的房子会产生回音时,我觉得很不自在,但利德布洛克似乎完全不为所动,事实上,她的情绪越来越放松,愉快地拿着叉子叉着盘中的面条。然后,她突然咯咯地笑了起来:"这实在太棒了,这种感觉就好像请我自己的老师到家里吃饭一样。"

"我不是你的老师,利德布洛克。"

"你当然是。"她很有感情地说,脸上依然挂着微笑。

吃完盘中食物后,她起身到厨房,"你要不要吃冰淇淋,桃莉?"她喊着,并拿了两盒冰淇淋回来,"这个是蓝莓口味,这个是重巧克力口味。"她还是愉快地笑着,"那盒是汤姆的,这盒是我的,我爱死了巧克力口味了。来一点这个吧,这比那个好吃多了。"

她到厨房去拿来两个碗,然后开始用力地将冰淇淋挖到碗中。"汤姆恨死巧克力了,老说巧克力会毁了我的皮肤。我可不这么认为,可是他老是告诉我不要吃那么多。"她摇摇头,"有时候我真的不了解汤姆。他真的是个令人头痛的人物,颐指气使的,对待我好似我是个六岁小孩一般,所有事情都非得照他的方式。我希望你不会嫁到这样的丈夫,我希望你的眼光比我敏锐。"

她把冰淇淋放回冰箱。

"你为什么会嫁给汤姆?"待她坐下后,我问。

她耸耸肩,挖起一匙冰淇淋舔着,眼睛看着我。"我不知道。"停了一下,"他当时很好。"又停了一下,"我对他所做的事情印象深刻——你知道的——他的画。"然后举起汤匙又舔了起来,"汤姆可以为我提供很多东西。你必须了解,我很年轻的时候就认识了他,都还没有满二十三岁,没有什么人生经验,而这个家伙年轻又多金。当他表示要娶你时,其实你是很难抗拒的。你很难不会顺着他的意思。"

"当时你在工作吗?"

她点点头:"我们刚认识时我还在普林斯顿念硕士,距离博士学位还有好几年,那时我们便开始同居。汤姆在曼哈顿有一套公寓,周末时我便过去住在那里,但是一段时日后,他就一直想要回这里来。我从未来过这个地方,但他把这个地方描述得有如天堂,说这是他的根,坚持要回来,要结婚,要让一切正式化及公开化。那时我们已经有了莉丝莱,而且我从内心深处知道她有些不对劲,于是我想,为了莉丝莱好,我最好来这个地方。再加上汤姆不断告诉我,我不会因此而中断学位,因为他有私人飞机,我只要拿得到飞行执照,就可以开飞机往返。"

"当时你的计划是从事哪一类工作?"

"那是关于特定分子物质的几何学的一份实验性工作。"她眼神瞟向我,"你熟悉罗马光谱学吗?"

我轻轻地摇摇头。事实上,我连听都没有听过这个名词。

她的脸上掠过一丝失望的表情:"我却知道。它听起来无聊透了,对不对?对大多数的人来说是这样的,但我很喜欢这门科目,我蛮擅长于这类事物的。"

"是什么原因让你最后放弃这个计划的?"

她又耸耸肩,"太费事了吧,我想。其实,我当时根本就是被兴奋冲昏了头,没有仔细想过每周要飞越半片国土会是一种什么样的状况。我是说,每个星期飞到新泽西,周末又回到这里。而汤姆又喜欢热闹,喜欢开宴会，喜欢他的另外两个孩子来度周末。然后回到学校后，我又得面对念不完的书，与教授有开不完的会，我真的累坏了。我当时才二十八岁，却觉得自己像八十二岁。到最后我根本什么事情都没做好，我没有拿到飞行执照，因为太累，我开飞机开到睡着了。"她长长地吐了口气，"你明白了吧。一开始是为了华丽迷人的生活，然后一切都是为了自尊和面子，我一直硬撑着。但那根本不值得，我累得无心享受任何事物。汤姆一天到晚对我喋喋不休，抱怨我无法陪他做许多事情。我受不了了。我又不是天才，又不能有分身。我只是个普通人，而且他们也不是真的那么需要我。所以，当越来越无法应付时，我放弃了。"

"似乎很可惜，"我说，"听起来它原本有可能是一份很棒的事业。"

她的神色顿时亮了起来，"没错，也许吧。"她耸耸肩，"只是谁知道呢？"

我们起身把碗拿到厨房的水槽，然后利德布洛克煮了咖啡。"我事后会后悔我喝了咖啡的，"她一边煮着咖啡一边说，"它让我的胃受不了，可是有时候它就是那么的好喝、那么诱人。"

的确很棒，香气溢满整个屋子。

"走吧，"利德布洛克说，"我们端到书房喝，那里的感觉更舒适。"她领着我到书房，这里的确和其他房间不一样，给人一种有人住的窝的感觉，鞋子、袜子、脏衣服，甚至是散落各处的报纸。

"我做家务的能力恐怕和我的厨艺一样烂。"利德布洛克说。我选了张椅子坐下来。利德布洛克把她的杯子放在咖啡桌上，然后整个人大大地躺在沙发上。

有好几分钟我们就那样沉默不语。我啜着香醇的咖啡,利德布洛克则舒适地闭上双眼。这样的沉默,温暖又亲密。

"你知道吗?我在那里撒了谎,一点点。"利德布洛克静静地说。

"哪里?"

"刚才在餐厅的时候,当你问我为什么要放弃我的工作时。"

"哦。"

"也不完全是撒谎啦,只是没有把事实全部说出来。"她的十指交叉地放在腹部上。

"其实是我的错,所以我才不敢据实告诉你。不是汤姆的错,不是莉丝莱的错,不是任何人的错。我辞职是因为我做了件愚蠢的事情。"她玩弄着她的手,"我从没有把这件事情告诉任何人,我是说,并没有几个人知道这件事,但我从没有告诉过任何人,连汤姆都不知道。我可能永远都不会告诉他。"

我们两人都沉默着。

"首先我得先解释研究工作的困难之处。在冷漠的科学界,竞争是非常激烈的,我认为大多数人都不会喜欢那种激烈的竞争。人们觉得他们都是象牙塔里的学者,而他们所不了解的是,象牙塔里的人和其他领域的人一样,都是自相残杀的,但他们又不得不如此。经费难求,而研究计划的费用又是那么的昂贵,只有真正严肃的研究才可能找到研究经费,但相对的,必须有充足的经费才有办法进行真正严肃的研究。"她停了停,"科学奖有很多,只要能够拿到奖项,就容易申请到研究款项。有许多大企业都设有研究基金,问题是他们的经营者不知道你研究的是什么。得奖有助于让他们了解你的研究,得到他们的肯定，进而容易让他们掏出钱来赞助你。所以就某种程度而言，奖等于钱。"

停了下来，她深深吸了口气。

"我们就在那个颁奖的晚宴上，我的指导教授，我们那个研究方案的主导者，被提名其中的一个奖项。大家都知道我们得奖的希望浓厚，我们也都很兴奋，拉长脖子期待能够听到约翰获奖。那是个非常上流的场合，你知道的，每个人都穿得光鲜亮丽，而我的酒杯一直未曾离手……"

她停了好一会儿，好似故意制造紧张气氛一般，吊我的胃口。我不发一语地等待着下文。

"当时我并不觉得我真的有酗酒的问题，"她说，"现在回头想想，其实那时候已经有问题了，只是还没有严重到影响我的生活。在那个晚宴上……我，你是怎么说它的……调情吧，我猜，和我的指导教授，完全忘了他是整个研究方案的领导人。我真的喝太多了，那是个那么重要的场合，由于我焦急着要在会场上留给人们好印象，因此不停地喝酒，好去除内心的紧张。总之，我就开始和我的指导教授调起情来。他的妻子也在场，他们全都带了妻子或女友出席。我是那个研究计划中的唯一女性，约翰的妻子就坐在我的对面，而我想那正是诱发我对约翰展开调情动作的原因，我做了那些愚蠢的事情只是为了引起约翰的注意，但他根本不理我，我想是因为他的妻子在场的缘故吧。其实我也不是嫉妒她，我想我真正的目的是要让他知道我不同于其他那些女人，我不只是拥有一张漂亮脸孔的女人，我还有聪明的脑袋。我和男人是平等的，不愿像其他女人一样被当宠物对待。"

气氛一片死寂。

"然后呢？"我问。

"我实在不好意思说。"她终于说。

"你可以不说。"

"我一定要说，我需要听到自己讲出来，那就像我第一次告诉别人我是个酒鬼一样。有些事情你必须听到自己讲出来。"她长长吐了口气，突然坐了起来，"我做了……这听起来真的很丢脸……我做了脱衣挑逗那种事，但他根本看都不看我一眼。"她一边说，一边用双手捂着涨红的脸庞。

这次，我们无语沉默了很久。

终于她又躺回沙发上，叹了口气，她说："如果你想知道那天晚上发生了什么事，那个晚宴发生了什么事的话，我可以告诉你，所有人似乎都忘了他们是来参加颁奖典礼的。我的确吸引了注意力，而且是所有与会者的注意力。"

她瞟了我一眼，我点点头。

"我必须承认我已记不得详细的过程，甚至不记得后来发生了什么事。记得的只是，我丢尽了颜面，记得约翰把我带到会场外面，记得我在人行道上吐得到处都是，隔天起床的时候发现自己置身于研究小组其中一个成员的公寓里。我不知道怎么到他家的，也不敢去想象前一夜我们之间发生了什么事。总之，我没有脸再回去工作。我没有通知约翰，就自动退出研究小组。我回到这里写了辞职书后，就再也没有回去。那似乎是我唯一的选择。"

沉默。

利德布洛克长长地叹了口气："现在，你终于知道我是个多么愚蠢的人了吧。"

"我可以想象那个场面一定很可怕。"

利德布洛克又叹了口气："我花了两年的时间才有勇气去回想那件事情，而这是生平第一次我对别人讲这件事。那是我做过最丢脸的一件事。"

她的唇间泛起尴尬的笑容。她出神地瞟了我的方向，然后看着我的眼睛："呃，当然，我在你的教室里也做了丢脸的事，只是没有那么糟糕罢了。虽然那不是在公开的场合，但是我一样觉得很尴尬，因为我根本无处可逃。那时我真想死了算了，就是在你的教室那一次。"

她开始咬起拇指的指甲。

"那天的事情其实我已不太记得了，只知道从早上六点十五分便开始喝酒。前一夜我无法入睡，只记得我需要勇气去面对你。我喝到迷迷糊糊的，还吐得到处都是。你那时的表情看起来就像……你是一幅画，桃莉，你真的是。"

我的脸一阵赤红。

"你和你那些可恶的抹布……"她突然笑了起来，"那也许不好笑，我也从来没有想要去笑它。我把你吓坏了，你说：'你不会想要再吐吗？'我嘴里说不会，心里却一直想着万一我真的又想吐呢？我坐在那里，觉得全身麻痹。你的态度温柔但理智，你掌控着全局，而我像是你的另一个孩子。就在那一刻，我真的想到我需要做些什么。我需要另一个人来控制我一段时间，因为我就是无法控制自己。我需要重新来过，我需要成长，因为我觉得在我人生第一次成长的时候，我并没有真正地成长。"

我回想起那天的情景，笑着说："你还记得，你曾经为了接莉丝莱回家的事，而在你的车里威胁要找律师告我的事吗？第二天你来到教室时，我还以为你打算杀了我。我是说真的，我在你的眼中看到死亡的影子。你还记得吗？"

"应该吧。我是说，我记不清详细过程，只知道很气你，就那样而已。不过汤姆让我打消了念头。"

"你真的把我吓坏了，那件事真的对我产生了极大的威胁。"我说。

"我吓到你？你才把我吓得半死呢。就从第一天开始。记得吗？就在办公室前面，当我们都无法劝莉丝莱下车时，我才被你吓得半死呢。还有，记得你为汤姆和我安排的那场会议吗，第一次会议？我紧张得吐个不停。汤姆还对我大发脾气，但我就是没办法去。我无法面对你，你吓死我了。"

我不敢相信地望着她："到底为什么？"

她耸耸肩："我不知道，就是你看我的那个样子。这吓坏了我，我觉得好似你可以一眼把我看穿似的。"

"我没有啊。"

她坐直身子，用手指梳了梳头发，并将头发拨到肩后。"我觉得你是那样，"她回答，"那真的很可怕。不过现在已经没有关系了，我想我已经准备好要让人们看穿了。"

25

生日蛋糕

> 我是如此希望为她做些什么,希望她快乐,那会让我觉得很舒服。

"在贝尔法斯特不像这个样子的。"吉萝丹盯着窗外说。又开始下起雪了,路上的积雪已有数英寸厚。"这个时候爸爸已经种下我们的豆子了。"

"贝尔法斯特也下雪,"夏米说,"但不像这个样子。"

这是一场春雪,又湿又深厚,却异常漂亮。不过,要在这样的天气里开车,可能就没那么容易了。伦何太太亲自开车把三个孩子送来。德基和玛莉安娜搭公交车,还没到。利德布洛克和莉丝莱也不知道发生什么事,我猜她们应该被雪阻挡了。就快十点了,还不见他们的身影。

"过来,你们几个,"我说,"我们开始上课了。"没有人理我,三个孩子依然站在窗前看着外面的雪景。"快点。"我又说,一手搭着夏米的肩膀，把他带回到他的座位上。

"这个时候我们的花园早就设计好了。"吉萝丹一边说，一边在她的位子上坐下来，"这是个蠢地方，永远无法知道有什么事会发生。"

"我喜欢这里，"夏米回答，"你可以做很多你在家里无法做的事情。"他转身看着我，"吉萝丹的问题在于，她觉得所有发生在贝尔法斯特的事情是美好的，所有发生在这里的事情都是不好的。"

"那里是美好的。"吉萝丹说。

"那里不是。那里不是，吉萝丹，那里只是你的回忆而已。"

"是，就是。现在我们已经有我们自己的花园了。"

"花园？"夏米大喊着，"去你的花园，吉萝丹，我已经听烦了你说的话。难道你已经忘记了那边的情况吗？已经忘记了那是个什么地方吗？我甚至连操场都不能去。记得暴动之后的情景吗？那样叫作美好吗？记得在地下室制作手枪炸弹的那个柯林吗？记得席梦娜是怎么到地下室去弄得满身的炸药粉又割伤手的事情吗？那样叫好吗，吉萝丹？"

吉萝丹的脸一阵铁青。

"席梦娜是有可能被炸死的，吉萝丹。她还只是个小孩子，也是你的妹妹耶。"

我看到吉萝丹的眼中蓄满泪水。虽然泪水没有流下，但她还是拿下眼镜，把泪水擦掉，再戴上眼镜。"我只是想要回家嘛。"她说，声音变得非常细微。

夏米的态度有些融化。"这里很好，吉萝丹。"他温和地说。

"爸爸说，我可以有一个我自己的小花园。"

"也许你在这里也可以有一个，也许贝蒂阿姨会让你拥有一个你自己的花园。"

"他们根本就没有花园。"

"那么,也许他们可以为你做一个。"

吉萝丹还是无法释怀,她抑郁地摇了摇头,然后大家都沉默了下来。坐在我身边的席梦娜看着他们两人。突然,夏米摇了摇头,好似还在和某人说话一样,然后他转头看着我:"我很高兴我来这里,那里一点都不好,一天到晚打仗。"

"必须打仗才行。"吉萝丹回答。

"为什么?打仗有什么好呢?只会害死很多人罢了。"

"你得打仗,夏米,你得报仇。人们害你,把你的东西拿走,所以你一定要报仇。"吉萝丹平静但坚定地说。

"报仇是上帝的事情,不是我们应该做的事。"

吉萝丹摇摇头:"上帝的动作太慢了。"

夏米没有继续回答,反而开始沉思起来。他注视着前方;我则注视着他。他是个很英俊的孩子,有着一张艺术家的面孔,就连他的灵魂里都有着艺术气息。

"你知道在那里最坏的事情是什么吗?"他问,转过头来看着我。

"什么?"

"你并不自由。你可以自由地走动,但你依然不自由。我记得有一次,我的爸爸和妈妈带我们去野餐,妈妈把坐垫铺在草地上,并开始准备吃的东西,我坐在湖边看湖上的鹅游泳。我们车内的收音机正播报着下午一点的新闻,说附近有暴动发生,士兵和暴民发生严重的流血冲突……我坐在那里看着湖中的鹅自在地悠游,但我真正看到的却是血流成河的尸体。"

突然，一阵推门的嘈杂声打断了我们的宁静，是利德布洛克和莉丝莱到了。利德布洛克冒着风雪来学校，途中发生了一点小事故，还好都没有受伤。她们的出现让大家从低沉的气氛中恢复生机。但是我觉得有些遗憾，因为我还想继续听贝尔法斯特的故事呢。似乎只有我无法从北爱尔兰的悲剧中走出来，一整天，夏米和吉萝丹所说的那些话在我脑海中盘旋不去。

那天下午，下课时间的操场上，孩子们疯狂地玩着雪。卡罗琳和乔伊斯也出来加入我们，她们班上的四位学生和席梦娜、莉丝莱玩得兴高采烈。吉萝丹与夏米不想和幼儿园年纪的孩子玩，两人到一旁玩他们的游戏。盖好坚固的城堡后，夏米开始做雪球打利德布洛克，利德布洛克立刻还击。吉萝丹也加入战场，但被打中一次后，她便退出，走过来站在我的身旁。

"夏米喜欢她。"吉萝丹口气不悦地说，她极少称呼利德布洛克的名字。

"是的，我知道。"

"你还知道其他的吗？他一直保留着她所画的图，那张她为他的拼字课所画的图。"

"他把它放在卧室床边的抽屉里，他会拿出来，盯着它一直看，有时还会亲它。"吉萝丹做出一副嫌恶的表情，"他爱上她了。"

我微笑地低头看着她。

"我觉得他很蠢，她已经是个长大的女人了。"

"嗯，他有那种感觉其实是很正常的。"

"他觉得她很漂亮,他觉得她比你还漂亮。"

"我想他的感觉是对的。"

"我可不这么想,"吉萝丹说,"我觉得你很漂亮,小姐。我觉得你比她还要漂亮,你比较好。"

"谢谢你,吉萝丹。"

我们就那样站在那里看着其他小朋友玩。吉萝丹将手伸出口袋,勾住我的手臂,倾过身来靠在我身上。

"你知道我们今天早上所谈的事情,"我说,"当我们聊到贝尔法斯特时的事吗?"

吉萝丹点点头。

"夏米说到战争没有任何好处,战争让人们哪里都去不了,对这点你有什么想法?那里的战争对你有什么好处吗?"

她没有立刻回答。然后,她慢慢地摇摇头:"没有,小姐。那根本没有什么好处。"

"那么你觉得那是对的吗?"

她又想了好一会儿,然后耸耸肩:"我不知道,我想也许那是对的。如果只因为有些事情是不好的,也并不表示那全都不对。你必须打回去,当有人打你的时候,你必须报仇。"

"你必须报仇?"

她点点头。

"你觉得报仇是件好事情吗,吉萝丹?"她再次毫不犹豫地点点头。

"为什么?"

"因为那是正义。"

我低头看着她,"你觉得什么叫作正义?"我问。

她没有回答,只是站在那儿。

"你知道什么叫作正义吗,吉萝丹?"

"知道,小姐。"

"是什么呢?"

"就是你报仇的原因。"

我伸手搂着她,无语地看着远处玩得正高兴的夏米和利德布洛克。

"我并不是那么确定报仇是件好事,"我对吉萝丹说,"我觉得,或许那只是人们伤害别人而不必感到内疚的一个借口罢了。"

"才不是。"她回答。

"有人伤害我们,让我们很生气,所以我们就伤害他们。但是,在我们伤害了他们之后,我们又得到了什么呢?没有,只是留下另一次暴力的记录而已,这反而让我们变成了魔鬼。"

"可是那些士兵杀小孩子啊。我爸爸曾拿那种照片给我看。他说士兵根本不在乎他们杀的是女人、婴儿或小孩子,所以他说报仇并杀害士兵是正确的。"

我沉思着该怎么回答这个问题。

"他那样说是因为他是我的爸爸,他不要他们杀害我。"

"但是你真的觉得杀人报仇的手段是对的吗?"

"我爸爸是那样说的。"

"可是你,你真的这样觉得吗?"

吉萝丹叹了口气,贴得我更紧,又叹了口气,"我不知道,我一直不觉得那是对的。我的想法一直和夏米一样——你知道的——他们不应该一直做所有那些事情，所有那些伤害的事情。"她停顿了一下，"否则妈妈和马修也就不会死了。"

"他们的死是否让你改变想法？"

她没有立刻回答，沉默了一会儿说："我不知道，我不这样觉得。那似乎只让事情变得更加错误。"

我看着夏米又跑又笑的。

"然后我爸爸也死了。"

"所以你的想法因而改变了？"

她点点头："报仇是我爸爸希望的，那是等你长大以后要做的事情。你看，到那个时候你什么都了解了，到时候那就是你要做的事情。我现在已经比较大了，所以我必须报仇。"

席梦娜的生日是3月的最后一天。往年，我都会为班上的孩子及我自己大肆庆祝生日，让我们有借口可以好好庆祝一番，但这次却显得有些困难。因为，除了席梦娜和我之外，其他小朋友的生日都在寒、暑假，我不确定是否应该为席梦娜举办生日宴会。一方面，这对其他小朋友会显得不公平，而且我也觉得，席梦娜或许不喜欢成为焦点，她是个自我意识很强的孩子，我不想为了刻意取悦她而造成她的困窘。但另一方面，为她举办宴会似乎是一个让她感受到自己被重视的好方法。她是班上年纪最小、最安静的孩子，遇有什么活动时，经常只能在一旁观看或是被摒除在外。再者，我们也需要狂欢一下。由于我们是一栋行政大楼里两个特殊班级中的一个，因此我们不仅没有机会参与正常学校的各种集会、游戏和节目等活动，甚至连看都看不到。就这样，自从耶稣诞生剧之后，我们的日常生活就不曾有所突破。

星期一，我提出这个点子。孩子们一听到要开宴会便兴奋不已。然而，正如我所担心的，席梦娜似乎对这突如其来的注意力无法承受。当我第一次提到她的生日时，她不好意思地低下头。随着这个话题的进行，她把双手举起来捂住脸庞，就像只小鸟用双翼掩住头一样。

我决定不再以她的生日为宴会的主题，转而以为我们全班庆祝为名义，以避免席梦娜陷入更深的困窘。整个早上，孩子们热烈地讨论着。之后，这个话题延续了整个一星期。

那天下午，当利德布洛克和我走出教师休息室时，发现席梦娜就站在外面。其他几个孩子都还在操场玩，我们不免都有些惊讶。

"嘿，"我说，"你在这里干什么呀？"

她抬起头，脸上露出不知所措的表情。她还是无法轻松和我讲话。我唯一能猜测的就是她在等我们，但现在她看到我们了，反而不知所措。我用手肘撞撞利德布洛克。

利德布洛克蹲了下来："你是不是有事情要找我们，席梦娜？"

她点点头。

"你真的不应该在这里，现在是下课时间。"利德布洛克站起来，一手搭着席梦娜的颈后，"走吧，我们回我们的教室。"

不论席梦娜想要干什么，我们当时都没有问出个所以然来。她一言不发，只是和我们一起走回教室。

放学后，我再次发现席梦娜流连不去。利德布洛克送孩子们到楼下坐车，我则留在教室准备我的教材。我的眼角瞄到图书馆的那个方向有东西在动，我转头望去，没有看到什么东西，于是回头继续埋首工作中。又动了，我再次停下工作望过去，还是没有东西。这次我假装全神贯注。

席梦娜在走道的尽头现身，手上拿着午餐盒，外套半挂在身上，头发凌乱。她注视着我。

"你需要什么吗？"我问。

她走到我身边，我们静静地注视着彼此。

"到时候会为我准备生日蛋糕吗，小姐？"她终于开口问。

"如果你想要的话。"

"我要一个生日宴会，小姐。"

我微笑着蹲了下来，摸了摸她的手臂："难道你以为我们的宴会不是为你办的吗？是为你办的，那是你的生日宴会，不是吗？"

"有生日蛋糕吗？"

"是的，有生日蛋糕。"

"上头有蜡烛吗？"

"有。"

"六根蜡烛吗？"

"是的，六根蜡烛。"

"你们会为我唱'祝席梦娜生日快乐'的歌吗？"

"当然。"

她点点头，"好的，小姐。"她说，然后转身消失在教室门口。

这时，我突然觉得我必须认真地办这个宴会，就算不能很完美，至少要让气氛很欢乐。

星期五，我利用午餐时间悬挂彩带和气球。我原本希望利德布洛克可以帮我布置，但她坚持回家拿蛋糕，因为她不想在早上拿过来，那会破坏蛋糕的美味。

下午，利德布洛克回来了。她把硬纸盒放在桌上，拿出里面的蛋糕。那是一个很特别的蛋糕，我从未见过那种形状的蛋糕，就像一座比萨斜塔，上面还用巧克力写着"祝席梦娜生日快乐"。

利德布洛克注视着蛋糕好久。"我亲自做的。"她说，声音显得不确定，"我应该用买的才对，这个看起来很丑。"

"不，它看起来很好。"

"才不呢，桃莉，它看起来一点都不好看。"

的确，它看起来是不怎么对。

"不过我相信它一定很好吃，那才是最重要的。"

"你想她会在意吗？"利德布洛克转头望着我，"我可以利用下课时间出去买一个比较好的。"

"不要，席梦娜不会在意的。她根本不会注意到，她只会看到你为她做了一个生日蛋糕，还插了六根蜡烛，那才是最重要的。"

其实，一切都很重要。蛋糕在桌上，果汁在杯子里，盘子、餐巾纸以及所有的装饰都在桌上。我们点燃蜡烛并高唱"祝席梦娜生日快乐"，她害羞地用双手掩盖脸庞，然后从指缝间偷偷看着我们。她爱死了这一切。吹完蜡烛，吃了蛋糕之后，我们玩游戏、唱歌，还把衣服箱搬出来，大家彼此打扮。席梦娜成了那年班上最受瞩目的焦点人物，在这么多年的教学经历中，这一次的宴会是气氛最愉快的一次。

宴会结束后，利德布洛克和我留下来整理凌乱的教室。我到楼下去找比尔借了扫把和畚斗，利德布洛克爬上桌子开始拆天花板上的装饰品。

"今天的宴会真的很好玩。"她对我说。

"是啊，席梦娜爱死了。你有没有看到她跳舞的样子？"

"她告诉我，这是她生平第一次过生日。"利德布洛克踮起脚尖抓取上面的饰品，一时无法言语，"他们今天好像都还挺喜欢吃那个蛋糕的，原本我还很担心。我也不知道当时脑子里在想些什么，竟然想到要自己做蛋糕。"

"还不错，蛮好吃的。"

"呃，好吃才是最重要的，不是吗？"她说，"我真的很想特别为席梦娜做些什么。如果我只是到外面买个蛋糕的话，那么意义就不一样了。"

我点点头。

利德布洛克微笑着低头看我："做蛋糕的时候我真的好快乐，一整个晚上不睡地做那个蛋糕。你真应该看看我当时的样子，到处都是盘子。康苏拉还以为我发疯了，不停地说：'我会做的，夫人。'其实我应该让她做的，可是我做得兴致正浓。"

她爬下桌子，站到我的身边，弯腰拾起掉下来的皱纹纸，"做蛋糕的整个过程中，我一直想着席梦娜，想到她看到蛋糕时的兴奋表情。我是说，那么小的孩子过生日，蛋糕一定要自己做，不能用买的。"她沉默了一会儿，"我真的很喜欢席梦娜。"

"是的，我知道。"

她手上拿着拾起的皱纹纸，紧靠在我身边，我只要一转身就会碰到她。"我要告诉你一件真的很可怕的事情。"她静静地说。

"什么事情？"

"我爱席梦娜。"

"那有什么好可怕的？"

她开始玩起手上那些皱纹纸。"是很可怕，"深思之后她说，"因为我觉得我爱她甚于爱莉丝莱。如果不是你的话，我还真的很难说出口。因为再怎么说，莉丝莱是我自己的孩子。只是……只是……呃……席梦娜是这么的正常。当我看着她的时候，我看到……什么？我自己。我清楚记得自己五六岁时的样子，记得当时所有好感。我是如此希望为她做些什么，希望她快乐，那会让我觉得很舒服。你能明白吗？"

我点点头。

"可是我一方面又觉得很内疚，因为莉丝莱从没有让我有那种感觉。我是说，就连我的猫咪都比莉丝莱有反应。我觉得她似乎不在乎我是否在她身边陪她。谁弄饭给她吃，或谁帮她擦屁股，其实都没有什么差别。但是……我不知道。"

"这个我倒是不担心。"我说。

"那是因为你自己没有小孩。"

"不，那是因为我知道你这样的反应是很正常的，那并没有什么不对。"

她无语玩着手上的皱纹纸。沉默了好一会儿后，她迅速瞄了我一眼，我解读不出她眼中的表情。然后她又低头。

"我从没有碰过别的女人，"利德布洛克语气宁静地说，"我从不喜欢女人碰我。"

我注视着她。

"我从来就不喜欢女人。"

我没有回答。

"我从来就不喜欢当个女人。"她柔柔地说,"当我怀莉丝莱的时候,我祈祷她是个男孩。我一直都不想要女孩。我觉得如果她是个男孩,我可能会适应得比较好。我会更加知道要为他做些什么。"

她把手上的皱纹纸留在桌上,转过身,走到窗前,将双手插进口袋里,凝视着外面。我在桌前坐下,开始玩起桌上的皱纹纸。她显然很紧张,来来回回地踱着步,但从头到尾都背对着我。

"我曾经对你提过我母亲吗?"她终于问。

"谈得不多。"

"她在几年前去世了,在我三十一岁那年。"

"哦。"

"我们是个小家庭,只有我妈、两个弟弟和我。她一再地结婚、离婚,所以我们不停地换继父,不过他们都待不久。通常,家中的主要成员还是我们四个。"她停了一会儿,"然后她死了,胃癌。我记得是我的小弟打电话通知我她的死讯的,他一直陪伴在她身边直到她过世。我还记得我挂上电话时,心中还想着,就那样啰。我没有哭,甚至没有难过,真的。如果要说真的有什么感觉的话,应该是松了口气吧,因为一切的争吵和不愉快终于结束了。"

她转身望着我,双手依然插在牛仔裤口袋里,身体倚着墙,研究我的脸庞:"事情过后我觉得很难过,但主要是为我自己而难过,因为突然间我觉得自己老了。我没有上一代了,再也没有人位于我和死亡之间了。但是对于我母亲,我必须坦承,我真的一点感觉都没有。"

说到这里,她停了下来,低头看着自己的鞋子:"我猜我一定曾经爱过她,只是我不记得是什么时候了。等到她死的时候,我对她的爱早已停止,我们唯一共同拥有的只有我父亲的姓氏。"

沉默再度围绕我们,我不知道是什么让她想起如此深埋的回忆,是不是不经意地轻碰到我,还是席梦娜和莉丝莱给她不同的感受所致。

"你知道,除你之外,我从来没有过女性朋友,甚至在小时候也都没有,我们三个姐弟从不邀请小朋友到家里玩,因为谁都无法预期我母亲会出什么状况,所以还是不要邀请比较安全。我因此没有结交到任何朋友。而你是这么地不同于我的母亲,也和我想象的完全不同。反正就是很不一样。在此之前,我从未和女人亲近过。"

"母亲和我一直很不亲近,但我和两个弟弟的情况就好多了。她从不摸我,从不抱我,她说女人之间是不会做那种事的,她说亲吻另一个女人会让她觉得想吐。我还记得,大约十岁的时候,曾有一次我试着想要亲她,她却露出很厌恶的表情。"

利德布洛克把重心换到另一只脚,环视着教室内的每样东西。

"我念硕士班时有一位教授,我不认识她,只在课堂上见过她,可是我真的很喜欢她。她真的帮了我很多,让我顺利写完硕士论文。我还记得我很想碰她,那个念头把我吓得半死,因为我觉得我一定是个女同性恋或什么的。而且我希望她碰我,你知道,就是只是碰碰我,就是把她的手放在我的手上。那个想法把我吓得半死。"

利德布洛克低下头注视着她的双手:"我一直想象着婴儿时期母亲照顾我的情景。你知道的,把我抱起来,搂着我,逗我玩。她一定那样做过,当时我只是个婴儿,而且还是家中第一个孩子。只是,我怀疑她是否真的像我想象的那样照顾我,或者是等我是个小女孩而不再是个婴儿的时候,一切就变得不一样了。"

她坐了下来,双手垫坐在臀下:"那或许有点像我和莉丝莱的关系。关于我对待莉丝莱的方式,汤姆是对的,他并没有夸张,我的确是个很糟糕的母亲。因为,我不抱她。我真的做不到,而且也无法忍受想到给她哺乳、让她碰我胸部的画面。我当然得照顾她,为她打理一切,因为面对一个小孩,你没有选择的余地。可是最该感谢的人是汤姆,感谢他为她所做的一切,他填补了我做不到的部分。我就是无法把她抱起来、搂着她,我必须把她放下来,尽可能远离她,就算那样会让她伤心痛哭。"

化脓的脚趾头

> 这一年都是我这一辈子中最辛苦难熬的一年,但它似乎同时也是最棒的一年。

4月,长长的复活节周末来临。我一位住在蒙大拿州的朋友要过来度三天假。我们就读同一所大学,他后来还做过我的研究助理,几乎有三年的时间,我们一直在各地做实地研究。那是我生命中一段非常快乐又疯狂于工作的时光。

提姆在复活节假期开始的前一天抵达。当时学校已经放学,我正在教师休息室找一些隔周要用的教材。当我回到二楼,提姆就在那里。一见到他,我高兴地尖叫了起来,朝他冲过去,欢喜的声音回荡在走廊间。他紧紧地抱着我,把我高举到半空中。

"你早到了。"我说,他把我放下来。

"是啊,交通非常顺畅。我要来看你的教室,希望能够看到你的孩子们。"

"抱歉,他们都回家了。他们在三点半就放学了。"

他的双眉带点害羞的兴趣轻皱着,"她是谁?"他扭头朝着教室门口说。

我微笑着说:"我的助理。"

提姆转了转眼珠:"你怎么找到她的?你到哪里去找到那么漂亮的助理?你总是有办法找到那种高的金发美女帮你做事。"

我闻言不禁大笑,回想起在明尼苏达州时,我的一位女性助理辛迪也是如此美丽动人:"我知道你在说谁了,辛迪是我的第一位美女,利德布洛克是第二位,但我可没有刻意专门找美女来当助理。"

"我只希望我有你的好运气,那样我就不怕娶不到老婆了。"

"她已经结婚了,提姆,别想了。"

进到教室后,我为他们彼此介绍。他们已经碰过面了,因为当我还在楼下的时候,他已经进过教室,她还告诉他教师休息室的位置,不过他很高兴能够正式认识她。

我坐下来准备教材。提姆随意地四处观看,看看孩子们的功课,并问问孩子们的状况。利德布洛克,我注意到,她并没有回头继续工作。她原本在设计夏米的数学功课,现在则拿着铅笔呆呆地坐在那里。最后,她匆匆收拾东西。

"我想我现在得走了。"她说。

"你不要想太多,不必觉得一定得离开,利德布洛克。"我回答,同时对她的举动感到很惊讶,"提姆只是我的普通朋友。"

利德布洛克从椅子上站起来:"不,我得回家了,家里还有很多事情要做。"

我抬头看着她,不希望这一天在这样的气氛下结束。由于事先不知道提姆会直接来到教室,因此我留下一些工作等待放学后和利德布洛克一起讨论。每个星期日我们两人仍然会碰面,现在却碰到好几天的假期,再加上提姆的来访,我们也得重新安排时间。

她把她的东西放回档案柜里,然后去拿她的外套。提姆嗅到不对劲的味道,他来来回回地看着利德布洛克和我。终于,我站起来。

"你可不可以让我们两人单独相处几分钟。"我对他说,然后和利德布洛克一起走到教室外的走廊,并随手关上教室门。"听着,这个周末你有什么打算?"我问她。

她的脸上有着冷漠、距离遥远的表情,"我会好好安排这个周末的。"她说。

"我们聚聚吧。"

"星期日是莉丝莱的生日,汤姆的母亲会过来。"

"那么,就星期六吧。"

她摇摇头:"不,我们就跳过这一次吧。我想要自己试试看,我会很好的。"

"你并没有打扰到我们,利德布洛克。如果提姆在我家让你觉得不方便的话,我们可以出去。"

"只有三天而已,桃莉,我处理得来的,不要摆出一副我做不到的样子。"

我们沉默地注视着彼此好一会儿,然后她拉上外套的拉链并转身:"总之,再见了。"

我抓住她的手臂,"如果有任何问题的话,打电话给我,利德布洛克。"在我手掌下的肌肉显得紧绷,但我还是不放手,"我是说真的。我和提姆之间只是普通朋友而已,有事情尽管打电话过来,你绝对不会干扰到我们的。"

她点点头,但仍要走。

我继续抓着她一会儿,想要告诉她不要做出任何蠢事,不要毁了这几个星期以来所有的努力,但我没有说出口,因为那会显得我对她没有信心。于是我放开手,并对她说再见。

当我回到教室时,提姆正望着门口,一脸的疑惑。那是他最大的特性:从不错过任何事。

我耸耸肩:"这次有点不一样。她不是辛迪,她是班上的一个孩子。"

利德布洛克一直没有打电话来,而我也没有时间想她。直到星期一,当我站在镜子前梳着头发时,我才想到一直没有收到利德布洛克的消息。这么一想,让我的心情陡地一沉。我预感,到达学校时,我将不会看到她。

但我错了,因为她就在那里,还因为把长发束成马尾、卷起了袖子而看起来特别干净利落。从她桌上堆满东西、埋首专心工作的样子来看,在我于七点半抵达前,她显然早就在那儿了。

"你看起来很忙。"我说,把我脱下的外套拿去挂起来。

"只是一些放假前我没有做完的事情,我想我最好早点来把它做完。"

然后我们不再交谈,专心地做各自的事情。我们把教室准备好,等着孩子们来上课。我到楼下去弄了杯咖啡,顺便和前面办公室里的员工打声招呼,还和法兰克聊了几句。回到教室后,我又和利德布洛克聊了几句，可是我们都没有谈到任何有关周末的事情。

放学后，卡罗琳用一个箱子装了几只天竺鼠给我们当教材。这些动物有着很旺盛的性生活，结果衍生出数量庞大的后代，于是她到处拿去送人。为了这些小动物，我不得不去找个笼子。好不容易找到了一个，却花了将近四十五分钟的时间清洗，利德布洛克却从头到尾坐在桌前玩弄着那些动物。

"你该不会是想把这些动物带回家吧？"我语带讽刺地问。

可是利德布洛克根本听不出我话中的意思，还是一个劲儿地逗弄着那些小东西，还把它们抱到鼻子前闻了半天："不行，汤姆会杀了我的，他痛恨毛茸茸的小东西。"

我把还在滴水的笼子放到桌上："好了，来吧，把那些没用的报纸铺进去。它们两只的性别是一样的吗？"

利德布洛克站起来，一手捧着一只天竺鼠，另一手抱起装着另一只的箱子。出其不意地，利德布洛克手上的那团小毛球跳到桌面上，并跑到桌子的边缘，在利德布洛克还来不及抓住之前，它已经跳到地板上，往图书馆的书架底下逃走。

"哦，拜托，利德布洛克！"我尖叫起来。

两人手忙脚乱，紧张得又叫又喊地追捕着那对小动物。要追捕体积如此小的动物真的很不容易，何况我们俩的手脚又不像小孩子那么灵活。不一会儿，我便开始歇斯底里起来。

"我把它围到角落里了，桃莉。"利德布洛克终于说，她正在最远一排书架的尽头，"它往这边跑来了，快把笼子拿过来。"

我抓起笼子，飞也似的奔到她的身旁蹲下。利德布洛克俯着身，下巴顶着地板，慢慢地把手伸到书架下面。

"我抓到它了！"她兴奋地喊叫着，笑容满面地将那团小毛球抓出架子下。我打开笼子，然后那只动物终于回到了它的家。利德布洛克疲倦地喘了口气，靠着墙壁坐着："呼！"

我也坐下来，交叉着腿，把笼子放在腿上。我们从追捕中恢复过来，利德布洛克的额头还闪着汗光，我的心跳依然很快，更糟的是，我们已经笑得无法自已。

利德布洛克的脸上依然挂着微笑，她摇了摇头，"很难想象我们是成熟的女人。"她说。

"如果我们不笑成那个样子的话，也许早就把它逮到了。"

"是你先笑的。"她说。

"我？是谁让那个小毛球跑掉的？"

"好吧，可是是你先笑的，你这个笨蛋。如果你不先发笑的话，我就不会让它跑掉了。"

我们两人都会心地微笑起来。坐了一会儿后，我把笼子放在地上，准备站起来。

"要是没有你，我该怎么办？"利德布洛克问，声音充满感情。

我起身，并把笼子提起来："那么也许我们就不用这么辛苦地追着这只小动物了。你知道的，我对卡罗琳有些气愤。她不应该把这些动物送到我的教室来。"

一阵沉默。我把笼子提得高高的，注视着里面的两只动物，它们正忙着咬报纸重新安排它们的窝。

"我是说真的，桃莉。"利德布洛克说，这次她的口气变了，"要是没有你的话,我要怎么活下去呢?"

我低头望着坐在地上的她。

"只剩下九个星期而已。上个周末我仔细算过了,只剩九个星期学期就结束了。"

我的心情一百八十度地转变。

"我要怎么活下去?要是你离开了,我要怎么撑下去呢?就只剩下两个月而已。"

"两个月还会有很大变化的。"我说。

她不相信地注视着我。

"两个月对某些事情来说是很长的时间,利德布洛克。到了那个时候,你的感觉就会和现在不一样了。何况,我也不会弃你于危难之中而不顾。我不会的,这点你很清楚。"

"我不想再回到以前的生活方式,"她静静地说,"以前并不会觉得有什么不好,因为反正也不会有不同。可是现在我要我的生活一直维持目前这个样子。我现在很快乐,在很多方面,这一年都是我这一辈子中最辛苦难熬的一年,但它似乎同时也是最棒的一年。我很快乐。"

她再次抬起头来:"我不希望这几个月来的快乐最后就这样结束了。"

"不会结束的。"我伸出手鼓励她站起来,"起来,利德布洛克。"

她还是坐着:"我不觉得你了解那是什么滋味和感受。"

我把笼子放在地上,又坐回地上,"上个周末很辛苦吗?"我问。

她咬着下唇不看我。慢慢地,她点点头。

"你喝酒了吗?"

"没有。"

"太好了。"

"我做到了,我整个周末都没有沾一滴酒,可是差一点就忍不住。"

我微笑着:"可你还是做到了。"

她还是没有看我:"这一整个周末把我吓坏了,桃莉。我脑海中不停地想着,如果才短短的三天都会是这个样子,那么等到6月你离开以后,我该怎么办呢?"

"你还是对你自己的期望太高了,利德布洛克。"

"才三天耶?三天算什么自我期望?"

"时间的长短并不是重点,重点是期望。你期望待在家中的三天就像在这里的三天一样。问题是,它们不会一样的。那是阶段性的,第一个阶段通常都是煎熬期,情绪上会觉得好像完全毫无进展。但撇开那种感觉不谈,那个阶段却是一大步,也许是最大的一步。你做得很好,利德布洛克,不要一直去钻牛角尖。等到了6月,我们就知道事情的结果了。现在先不要去担心它。"

"你打算怎么做呢?留在这里吗?带我一起走?'嘿,肯,别管我。我只是桃莉一起带来度蜜月的一个不重要的人。'"她微笑着,口气虽然嘲讽顽皮,但我知道她不是在开玩笑。

"再相信我一段时间,好吗?让我来担心就好了。还有九个星期呢,我们不要被第十个周末毁了前面九个周末。"

她点点头,"好吧。"她换了个姿势准备站起来,"可是我期望,到时候伤脑筋的人是你而不是我。"

我不得不承认利德布洛克的未来一直占据我的脑海。在与提姆一番长谈后,他提醒了我一件明显的事实:如果利德布洛克仍然需要治疗的话,那么她就需要一位新的治疗师。我的回答是,要是事情有那么简单就好了。分担了我这么多的工作、为席梦娜烘焙蛋糕、极具耐心地指导德基画图,这是治疗吗?果真如此的话,是否我应该把她送到精神疗养院或大学里去修一个特殊教育学位?还有,在凌晨两点接她回我家或在她家吃罐头意大利面,这是治疗吗?抑或这只是纯粹的友谊?还有,利德布洛克实际上还需要些什么呢?提姆微笑起来,然后陷入沉思。除了职业上的友谊外,什么是治疗呢?他质疑着。这样的哲学问题,我们无法再讨论下去。

不过,九个星期的时间还是很长的,我当时绝对不是对利德布洛克随口说说的,有很多事情会发生的。我想,如果有必要的话,到时候我可以说服她接受另一种形式的协助。但一想到利德布洛克躲在我的阴影中不愿走出来,就让我觉得很头痛。我真的希望我有那个能力让她快乐,让她永远快乐。

星期四早上,三个爱尔兰小孩全都处于糟糕的心情中。显然,在他们来到学校之前必定发生了什么事,因为他们全都气冲冲的不说话,关柜子时也都大力甩得砰砰作响。我问吉萝丹,她说那不关我的事。我问席梦娜,她拒绝回答。

席梦娜受到的影响最深。整个早上,她不停地哭泣,不愿离开她的座位,也不理会利德布洛克或我。我在她的身旁蹲了下来,她就瑟缩地转开身子。

"你还好吗,甜心?"我问。

"跟小姐说你没事。"

"吉萝丹……我可以自己和席梦娜讲话,谢谢你。"

席梦娜低下头,眼泪跟着滴下来。

"跟小姐说你很好,席梦娜,否则她不会放过我们的。"

"吉萝丹。"

"小姐,如果你一定要知道到底是什么事的话,是她的脚趾头啦。她的脚趾头在痛。"

"哦,"我语带惊讶地说,"我可以看看吗?"

吉萝丹大大地叹了口气:"她不会让你看的,小姐。她甚至不给贝蒂阿姨看。我是唯一看过的人,因为我是她的姐姐。"

我不理会吉萝丹,转过席梦娜的椅子,好让她面对着我,并弯腰脱掉她的鞋子。

"来,让我把你的鞋子脱掉,席梦娜。让我们来看看怎么了。"

席梦娜开始大声地哭起来,转身把脚再次缩回桌子底下。

坐在对面的夏米这时突然大吼一声:"我受够了这个讨厌的脚趾,"他说,"贝蒂阿姨昨天晚上带她去看医生,她也不把脚给医生看。她在医生的诊所那里哭得惊天动地。本来看完医生后我们要去吃麦当劳的,结果我们没有去,都是因为你在医生那里闹得太厉害的缘故。"

"席梦娜不想让他看她的脚趾头。"吉萝丹回答。

"为什么不给医生看呢?她以为那个医生要对她做什么?把它切断吗?"

"嘿。"我说,对着夏米皱眉头,"吵架是没有帮助的。"

"反正,我已经快烦死了,我的好心情都被毁了,被你们两个。我受够了,不论是这里或是家里都一样。"

"她不想和一个医生讲话,不是吗?"吉萝丹反驳道,"她从没在那种地方讲过话。"

"她不讲话是因为你让她不敢讲话。你不让她讲话,你不让任何人讲话。"夏米说。

"可恶的臭骗子。席梦娜在医生那儿不讲话是因为他是个男人,席梦娜不和男人讲话。"

"那你知道是为什么呢,吉萝丹?"夏米大声问道,然后突然转过来面对我:"你知道席梦娜为什么不和男人讲话吗,小姐?都是吉萝丹害的。吉萝丹吓她,她不停地对席梦娜说男人来了,他们要来烧掉我们的房子了。"

这话似乎击中了席梦娜的要害。她从椅子上一跃而下,跑到材料架的角落,然后消失在图书馆走道的尽头,惊慌的哭泣声从杂志间传来。

"看你做了什么好事?"吉萝丹说,"这下子你高兴了吧,夏米?"

"才不是我呢,是你害她的。"

"停!"我突如其来的吼声吓得大家噤若寒蝉,寂静的空间只剩下席梦娜的哭声。

吉萝丹带着难以理解的表情注视着我们,她半立起身子俯在桌面上,现在她仍有如塑像般地保持这个动作。有好一会儿的时间,她就这样来来回回地瞟着夏米和我,我完全不知道她的脑海里在想些什么。然后,她谨慎地将眼镜推回鼻梁,并缓缓地坐下来。

"我想,你和我得好好谈谈。"我平静地对她说。

"我没有什么好对你说的,小姐。"

我起身去找席梦娜。利德布洛克已经先找到她了，正蹲在远处，保护似的用双臂抱住哭得歇斯底里的席梦娜的头。

"你可不可以帮我维持一下教室秩序？"我问利德布洛克，"我要带她到楼下教师休息室去，如果那里没有人的话。午餐之前我会回来的。"

"不用担心，就算来不及回来也没有关系，我们不会有事的。"利德布洛克回答，并回去照顾其他几个孩子。

在席梦娜沿途又踢又叫的强力抵抗下，我终于挣扎着把她带到教师休息室。很幸运地，休息室里空无一人，否则我也不知道还有什么地方可以去。

慢慢地，慢慢地，慢慢地，她累了。尖叫变成抽噎，然后开始作呕。我把她的上半身往下压以防她呕吐，同时紧抓着她不让她脱离我的掌握。终于，她累得崩溃了，瘫倒在地上，大声地喘着气。

我放开手，起身，拍了拍身上的灰尘，再弯下腰把席梦娜抱起来，将她轻轻放在沙发上，然后去拿了一盒面巾纸给她。这时席梦娜开始打起嗝来，身体配合着嗝声而抽动着，并涨红着一张脸，久久冷静不下来。我坐下来，等着。几分钟后，当她终于安静下来时，我递给她最后一张面巾纸。

"来，把这个拿去擤擤鼻子。"

她照做。

"现在，躺好，我要看你的脚趾。"

她摇摇头。

"躺好，席梦娜。把这个枕头放在那里，然后你可以把头放在上面，把脚放在我的腿上。躺好。"

"不要。"

"你可以不让你的阿姨、姨夫、医生和任何人做这件事,但你无法拒绝我。现在,躺好。"

她回望着我,打量着我。我不相信她还有力气抗拒。终于,她调整了一下枕头的位置,然后躺了下来,并小心翼翼地把脚放在我的腿上。

我慢慢脱掉她的鞋子,然后是袜子。我看到她大脚趾的趾甲长进肉里,轻轻一压,脓就从里头流出来。

"你乖乖地躺在这里别动,我去楼下办公室拿医药箱来,马上就回来。"我说。

"会很痛吗?"席梦娜深锁着眉头问道。

我微笑着:"当然会痛的,不是吗?我会尽量小心点。"

我回到休息室时,席梦娜还是躺在那儿没动,吸着拇指。

我在沙发上坐下,拿了一个枕头枕在我的大腿上,并把她的脚放在枕头上,然后开始用棉花清洗脚趾:"我会尽量不要弄痛你,可是我必须把它清洗干净。痛的话就告诉我,我会更小心一点。好吗?"

我非常小心而专注地用棉花把脓擦掉。由于两人都没有讲话,她吸吮手指头的声音反而变得清晰。席梦娜舒适地躺在枕头上,转着头,我的眼角注意到她搜视着休息室。我剪掉一小块趾甲,好让里头的脓可以压出来。那一剪让她缩了一下,她回过头看着我的脸,但没有说话。

"弄痛你了吗?很抱歉。"我微笑着,"我就快好了。"

当沉默再次降临时,我的思绪回到早先教室内的场面。我一边清理伤口一边想着。

"席梦娜,你记得以前的事情吗?你们来这个国家之前的事情?"

她没有回答。

我拿起一块蘸有消毒水的棉花，开始擦拭剪开的伤口："你可不可以告诉我，那天晚上你们贝尔法斯特的家发生了什么事？"

"房子烧了，"她声音柔和地说，"我醒过来，我们的弟弟在哭。"

"你的弟弟和你睡同一个房间吗？"

她点点头："是的，小姐。"

"然后发生了什么事呢？"

"马修在哭，我找不到他，于是下床去找他，可是找不到。"

我把棉花球丢掉，制作了一个小绷带："然后呢？"

"我很害怕，我找不到灯。我怕黑，所以妈妈都会为我留灯，可是那天晚上没有。我什么都看不到，到处都是烟，我无法呼吸，也找不到马修。"

"那你怎么办呢？"

"我开始哭了起来。我被什么东西绊倒了，所以就开始哭了起来。我四处找不到人，我不停地喊：'妈妈？快来，妈妈！'可是我找不到她。"

席梦娜盯着我的脸，眼神中毫不保留地流露着恐惧。缓缓地，我伸手摸摸她的脸颊："那一定很可怕。"

她点点头，又将拇指塞回嘴里。

"找不到妈妈后呢？"

"我不知道，"她含着手指说，"我记得火灾以后的事。"

"你记得些什么？"

"我们在外面，"她说，"外面很黑，我还穿着我的睡衣。有个男人穿着又冰又黑的外套。"

"是你的爸爸吗？"

"不是，他的外套很冰。他抱着我，把我放到一辆大车子里。"

"消防人员吗？"

"我不知道。"

我把她的脚包扎好了，抬起她的脚，轻轻地亲了一下绷带："好了，现在舒服些了吗？"

她无意起来，仍然躺在沙发上，把脚放在我的腿上，视线一直没有离开我的脸庞。"你要不要多告诉我一些呢？"我问，"关于火灾的事情？"

"我记不得了。"

"我明白。"

她依然吸着手指，眼神慢慢飘到天花板上，表情显得更深沉。

"我们的马修去和婴儿耶稣玩了，"她淡淡地说，"在他的皇宫里。还有妈妈也去了，去照顾马修，因为他还只是个小婴儿。"

"所以就只剩下你、吉萝丹和你爸爸。"

"是的。"她点点头说。

"然后怎么了？"

"我们和爸爸住了一阵子，每天晚上我们都吃薯片和炒蛋，因为爸爸只会做那两样。我就要上小学了，爸爸为我买了一个书包。可是后来我们就去和梅格阿姨住，我也没有变成学生。然后我们就和艾琳阿姨住，然后是和卡西阿姨住，然后就来这里。现在还在这里。"

"那你的爸爸呢？他在哪里呢？"

"他去找妈妈了。"

我点点头,席梦娜凝视着半空。

"你知道那晚你们家是怎么着火的吗?有没有人告诉过你那件事呢?"

"没有。"

"吉萝丹是否和你谈过?"

她耸耸肩。

"还有你们的亲戚呢?那些和你爸爸一起工作的人呢?夏米和吉萝丹有时会谈到,你知道他们在谈些什么吗?"

"我知道有战争,可是不知道为什么。我不知道为什么大家不能做朋友。"

我对她微微一笑,她的脚还是舒服地枕在我的腿上。

"吉萝丹都告诉你一些什么事呢?她是不是常常跟你讲你们的老家以及你们的爸爸和妈妈?"

"有时候。"

"她还告诉你其他的事情吗?一些让你害怕的事情?"

她又耸耸肩:"我不知道。"

"你相信吉萝丹告诉你的事情吗?"

"不,不完全,吉萝丹经常胡说八道,就像夏米说的那样。有时候我希望我是夏米的妹妹而不是吉萝丹的妹妹。"她说,语气令人心疼。

"怎么说呢?"

"夏米对我比较好,他没有那么爱发脾气,他会让我玩他的东西,但吉萝丹就不会。可是她会玩我的东西,甚至没有问我可不可以。就像昨天,她拿了我的新蜡笔,还折断了一支。她甚至没有向我道歉。

你知道吉萝丹说什么吗？"席梦娜问。

"说什么？"

"她说，她叫我做什么我就得做什么，说我永远都要听她的话，照她的意思做事。"

"她为什么那样说呢？"

"呃，那样她才能够照顾我。她是那样说的。可是，真的，那样她就可以任意叫我做任何事。我不喜欢那样。"

"那么你是不是真的听她的话做事呢？"

"有时候是，"她说，"有时候不是。"

"然后呢？"

"她就会发脾气。"

"那个时候你会害怕吗？"

"有一点点，她会打我，有时候还会拿走我的东西。"

"你告诉过你的贝蒂阿姨或姨夫吗？"

她摇摇头。

"为什么不说呢？"

她没有回答。突然我们就那样沉默着，留在她唇间的拇指，这时又塞回嘴里。

"吉萝丹是怎么和你谈男人的，席梦娜？"

没有回答。

"你怕他们吗，像吉萝丹说的那样？"

"是的，小姐。"

"为什么？"

"她说那些坏男人会在晚上来,就像以前那样。她说我们家所发生的事情就是那样。她说他们会把汽油炸弹丢到信箱里,把家烧掉。她说和爸爸打架的那些人就是坏男人,他们会做所有坏事,会放火,害我们没有爸爸和妈妈,害我们来到这个地方。她说如果我不乖,不听她的话做事,那么她就无法照顾我,然后那些男人也会来这里。"

"当她这样告诉你的时候,你会对她说什么呢?"

"我告诉她,贝蒂阿姨这里没有信箱,他们在马路旁边有邮筒。可是她说那没有关系,他们会打开窗户或什么的。如果我不听她的话,不让她照顾我,他们就会来这里。"

"你相信她的话吗,席梦娜?"

没有回答,但我看到她眼眶中的泪水。她非常缓慢地点点头,"是的,小姐。"她的声音紧绷。

"席梦娜,甜心,过来这里,来坐到我的腿上。我要告诉你一些秘密,你得非常靠近我才能听得到。"

她起身爬到我的腿上,我紧紧抱着她。

"吉萝丹只是努力地想要当你的好姐姐,她爱你,她要你们两个都过得很好,可是她自己也还只是个小女孩,她也和你一样被那一切吓坏了,所以才没有办法把事情看得很清楚。她所告诉你的事情并不是真的,席梦娜,那只是她的感觉。我想她相信那是真的,可是事实并非如此。没有男人会来这里把汽油炸弹放到你家里的,吉萝丹只是不了解,那种事情不会发生在这里,不会发生在你贝蒂阿姨家里。"

席梦娜快速地吸着手指头。

"当你想要知道一些事情的真相时,你需要去问大人。你需要问我或利德布洛克，或你的阿姨和姨夫，而不是吉萝丹，因为吉萝丹并不完全知道事情的真相。我要说秘密了，你一定要记住我告诉你的这个秘密。你想要知道是什么秘密吗？"

"是的，小姐。"

"这个秘密就是：你在贝尔法斯特所发生的事情都已经过去了。它虽然很可怕，可是现在都已经过去了，也不会再发生了。你在这里，和你的阿姨一家人住在一起很安全。所以如果吉萝丹跟你说一些关于贝尔法斯特的可怕事情，如果她告诉你你得乖乖听她的话，否则那些事情会再发生的话，那么你就回答她，不会。现在你知道这个秘密了，你知道那不会再发生，因为已经结束了。真的，席梦娜。那些日子都已经过去了，不会再回来了。"

她伸出一根手指，轻轻地擦掉悬在眼眶的泪水。然后，她靠着我的身体，抓住我的手臂紧紧把它搂住。

27

"汤姆，别把我当孩子对待！"

> 他拿我当六岁的孩子对待，他从不让我说出我的感觉，若我说了，他就泼我冷水。

和席梦娜的这番长谈后我得到一个结论：这对姐妹必须分开。我的第一个想法是，把席梦娜安排到正规的幼儿园班级。问题是，到目前为止，她除了在班上说话之外，出了教室便不和任何人说话，就连对伦何太太也不例外。想到这里，我不禁痛恨自己没有进一步鼓励席梦娜说话。

某天下午，我再次为这个问题陷入苦思。为什么我们无法进一步解决语言不足的问题？我该如何安置席梦娜？我坐在这栋行政大楼里咒骂我们愚蠢的环境。要是我们的班级能够编制在一所正规的学校内，这一切问题就容易解决多了，那样我可以安排她每天几个小时到资源教室去。

利德布洛克静静地听着我唠叨。"那卡罗琳呢？"趁我停下来喘口气的时候她问道,"她的教室能够派得上用场吗?"

"不行,他们都是学龄前孩童,而且都是低能的孩子。"

"这个我知道,可是下课的时候他们也都玩在一起,她似乎不在意他们的年纪比较小或是智障,她还和他们讲话呢。"

我犹豫着。

"她真的和他们说话,桃莉。我是说,让她待在那个她已经觉得很自在的地方不是更好吗?也许每天只要几个小时就好了,美劳课或音乐课或什么的。"

我慢慢地点点头:"也许那样是比较好。"

星期四早上我去找卡罗琳商量,她对这个想法很感兴趣。隔周,卡罗琳、法兰克、伦何先生、伦何太太和我确定了这项改变。星期五,在利德布洛克的陪同下,席梦娜开始每天早上加入卡罗琳的班级。

当然,这个转变的唯一不足之处是没有适合席梦娜的课程。卡罗琳班上的孩子年纪比较小,程度也比较差,他们大部分的上课时间都在学习一些席梦娜早已学会的基本技巧。不过,虽然孩子们没有席梦娜聪明,但最重要的是,他们都对她很友善,很愿意和她接近。再者,反正她只是早上去,而且我发现,她下午回到我班上的时候,上起课来反而更专心。我和伦何太太对这样的结果都觉得很满意。

这项改变最令人惊讶的结果是,席梦娜完全放松了。我知道她在我的班上一直有很大的压力,不只因为她和吉萝丹的关系,还因为她得赶上几个大她三四岁的孩子的功课。我未曾注意到那对席梦娜是多大的负担,她从没有表示不喜欢我的班级或想要出去,但一旦出了我的教室,整个人就有了一百八十度的转变。

我觉得席梦娜最大的愉快是在隔周的星期五，当她从卡罗琳的班上带着一个"助手"的牌子回来时。她向我们解释说，现在她在卡罗琳小姐的班上是个大女孩，所以必须帮助其他小孩子，必须教他们大女孩的做事方式。有了那个牌子，其他孩子就会知道要来找她帮忙。她小心翼翼地解下那个牌子，将它放进她的柜子里。每天早上一到教室，她就把它拿出来别在衣服上，然后到楼下去。卡罗琳这个小小的动作让席梦娜产生莫大的动力，至少她觉得自己是最大、最聪明、最有能力的孩子，我想那是席梦娜在这短短几年中一直没有机会去做的事情。我和伦何太太保持密切的联络，希望也能改善她在家中不说话的状况。她和吉萝丹换了房间，和伦何太太四岁的女儿同屋，吉萝丹则和伦何太太十二岁的女儿同屋。我建议他们夫妻，要兼顾到每个孩子，同时我觉得，在目前这个时刻，在没有长辈的监督下，不要让她们姐妹两人单独在一起。

有趣的是，在学校与家里同步改变后，席梦娜开始自然而然地对她的阿姨及姨夫说话了。接下来的几周，只要有人和她讲话，她就自然地回应。她的表现让我确定了先前对她自闭症的怀疑，其实是吉萝丹在背后控制她，至少有一部分的原因是如此。

反观吉萝丹本身，我期待在这样的改变下，我们两人之间能够有某种程度的互动，而且是正面的互动，一如席梦娜和我一样，如此一来，至少我们可以一起面对吉萝丹的一些劣根性，并合力去除它。然而，这样的改变对席梦娜是正面的，对吉萝丹却是负面的。我很确定，在席梦娜和我到教师休息室的那个早上，吉萝丹便已知道她无法再控制席梦娜了。在那之后，席梦娜的环境如此迅速地改变，让吉萝丹根本无所适从。她不动声色,努力地做功课,于是我提高警觉并做好准备,可吉萝丹还是没有进一步的行动。

总之,吉萝丹不为所动,紧张在我们两人之间慢慢延续着。她在班上的态度变得更加情绪化,上课比以前不专心,和同学相处的情况比以前差。她会做一些令人讨厌的摧毁性事情,像是折断玛莉安娜的彩色铅笔或撕毁德基的图画。同时她对利德布洛克的态度也变得很恶劣,我觉得她经常把对我的气出在她身上,问题是,她对席梦娜或我又没有什么动作。

最后,我觉得最好把问题挑明。既然吉萝丹不愿面对我,那么我就想办法让她把心里话讲出来。我把她带到教室黑板后面隐秘的地方和她单独相处;在操场上,我和她有意无意地聊天;早上的讨论课,我把目标对准她;指导她功课时,我不停地问她问题。但吉萝丹还是不为所动。不,小姐,她总是一贯地回答,令我无言以对。我也许已经找出席梦娜的缺口,但她却很清楚地让我知道,我不可能找到她的。

距离学期结束只剩下一个半月的时间,是考虑进一步安置其他几个孩子的时候了。现在我很确定席梦娜在秋季的时候可以上一年级的正规班。我们再次计划让夏米到附近的高小上课,一个星期去三次。这次他上得很顺利,和老师相处得也很融洽,我也觉得他很快就可以去上正规班。剩下的三个孩子中,看起来最有可能回到主流教育体系的是玛莉安娜。她目前已拥有同年龄孩子的学科程度。刚来到这个班级的时候,九岁的她阅读技巧只有七岁的程度,数学程度甚至比七岁的还差,现在这些问题已不存在了。我不敢奢望她将来会成为一名学者，毕竟她的智商很普通，因此学业的表现不可能突出。不过她却是三个孩子中唯一有机会发挥潜力的一个，所以我觉得让她回到正规班级是最好的安排。不过我们也知道，虽然我们已经合理地控制了她的行为，但她仍然没有完全脱离冲动，她需要一位成熟、具组织力、经验丰富的老师，而我也在很努力地寻找。

现在就剩下德基、吉萝丹和莉丝莱，他们三个都需要持续性的全天候特殊教育环境。法兰克已经和山姆森太太就即将接任我这个班级一事取得联系，我也在电话上和她谈过，并且在3月初安排她到班上来参与我们的课程，好让她可以先认识她的学生。法兰克和我一直为这三个孩子寻找其他的可能，但最后还是回到原地。

这一年来，德基还是永远的德基。虽然在某些科目的课业上稍见进步，但其他方面却未见丝毫改善。他依然对猫咪图片和长发着迷不已，依然一兴奋就躲到桌底下。若说没有教他写字、读书，对他、我和利德布洛克都是不公平的，因为很显然地，在整个教学过程中，他还是喜欢待在他自己的迷幻世界中。当然，他也给了我们很多。他生性愉快、热忱，这是让人无法忽视的，也带给我们很多的快乐。只是在现实世界中，他这样的条件是进不了正规班级的。

吉萝丹是最谜一样的一个孩子。打从一开始，我就误判了她。若非她自己展现出来，我还不知道她其实是个情绪失调的孩子。几个月的相处，我知道她是班上孩子中心态最不平衡的一个，也是这种班级中极少见的现象。这如果不是她父亲的去世所造成的，难道会是因为她在那个情绪失调的城市中有着压抑的生活？如果不是和一切熟悉的人、事、物分开所造成的，难道是因为强忍着父母去世的痛苦所致？抑或她原本就是一个问题孩子？我苦思不出答案，也看不到吉萝丹可能的未来，却又无法不去想它。在我看来，她真的需要一个特殊的教育环境。内心深处，我真的不敢去碰触她潜在的危险性感觉。我们对她、她的感觉甚或是她实际的感觉了解很少，似乎把她放在严格的环境里，对她有进一步的认识才应该是比较明智的决定。

在所有孩子中，这一年来收获最大的是莉丝莱。到了4月，她的进步已经让人刮目相看了。刚来班上时，她还是大家口中的重度智障孩子，现在她的学业有长足的进步，尤其是阅读及数学两个科目。她在社交方面的进步比较缓慢，但还是很明显。现在，她整天叽叽喳喳地讲个不停，大多数还在重复别人的话。她的记忆力很惊人，只要读过的内容几乎都会记得。通常当她一个人玩的时候，我还可以听到她不停地念着读过的东西。这个新发现让我惊喜莫名，她是那么的迷人又鲜活，不像先前那个沉默的鬼魅。在教室里，莉丝莱还是接受着马桶训练，但是一到家里，她这方面的进步就很缓慢。于是我留了张字条给新老师，告诉她若是在新学年发现莉丝莱尿裤子的话，无须太惊讶，她在坚持下还是可以做得好的，所以一定要坚持到底。

除了这些进步，她当然还有很多要注意的地方。现在，只要一碰到挫折，她就会极度受创，变得极不合作。她的情绪还会让接下来的新老师伤透脑筋，但整体而言，她在这八个月中的进步确实是有目共睹的。

4月末，我举行了一次家长会讨论我对每个孩子未来的安排。单单和伦何太太的讨论就花了两天放学后的时间。星期三，我见到玛莉安娜的母亲。星期四，德基的养父母来了。星期五下午，我安排了汤姆和利德布洛克。

虽然汤姆和利德布洛克事先已承诺，但汤姆还是拖到四点三十分才抵达。利德布洛克在孩子们正要放学的时候出现，她心神不宁，坐立难安，不停地起来、坐下地拾东西，在教室里来回地踱步。她的不安让坐在桌前整理莉丝莱功课的我无法专心做事。

"我痛恨这些会议。"她低声地说。

"我看得出来。"

她转身走过来，站到桌前。我试着整理待会儿开会要用的资料，利德布洛克注视着我。

"我觉得，随着这一年的过去，"她说，"这些会议已经容易多了。"

"我没有什么新的问题要告诉你，小姐。我想我也没有什么新问题要告诉汤姆，这些多多少少都是熟悉的老问题了。"

"这个我知道。"

"那么你就放轻松吧，不会有什么事情发生的。"

她点点头，继续站在我前面："桃莉？"

"什么事？"

"你可不可以帮我一个忙？"

"什么忙？"

她没有回答。我继续做我自己的事情，但听不到她讲话，于是抬起头来。

"我是在想我该怎么说。"她嗫嚅地说。

"哦，好吧。"我回头做我的工作。

"我需要你为我和汤姆谈谈。"她终于说。

"为什么呢?"

"我需要……我需要你……呃,我不是说你得和汤姆谈。是我需要和汤姆谈谈,可是我需要你在这里。"

"当你和汤姆谈的时候,你要我在这里陪着你?"

她点点头,"每次我要对他说什么的时候,我总是说不出来,他总会把我吓得说不出话来,可是我真的需要和他谈谈。"她停了停,"目前家里的气氛、情况真的很糟糕。"

"我相信,介入你和汤姆之间一定会让我觉得很不自在,我并不是个婚姻顾问,利德布洛克。"

"我并不是要求你介入,我只是想要和他谈谈。我们之间的情况必须有所改变,桃莉,而我必须跟他说清楚。如果在家里讲的话,他一定不会听的。他根本不把我的话当一回事,可是他会来这里,你也在这里。你不用说什么话,只要在这里就好了。陪我,"她不好意思地微笑着,"给我精神支持。"

"我不确定我对这一切能够觉得自在,利德布洛克。"

她焦虑地深皱着眉:"拜托啦!"

汤姆在我身边的位子坐下。利德布洛克紧张的情绪升起,又开始来来回回地踱着步。最后,她选择我们对面距离最远的位子坐下。

会议所讨论的都是一些熟悉的事情,他和利德布洛克已经讨论过秋季莉丝莱回到这个班级的问题,不过,我倒比较乐意和汤姆谈莉丝莱的课业表现。

一如以往,汤姆最感兴趣的是莉丝莱都在做些什么。他仔细地看着我所准备的数据、图表等等,并检查她的作业资料夹。他安静、专心、仔细地看着，然后他看到一张莉丝莱写下自己名字的纸张，他轻轻地抚摸着她的名字。

"她什么时候开始学会写字的？"他问。

"她现在已经会写很多字母了，最近这三四个星期，她越来越会写自己的名字。"

他温柔出神地微笑着。约半个小时后，他把资料全部看完。我合起资料夹时，他伸手抓起他的外套。

"汤姆？"利德布洛克说，这时汤姆的一只手已经穿进袖子里，他抬头看着她。

"汤姆，我得和你谈谈。"

他脸上泛起疑问的表情，迅速地瞄了我一眼后，又看着她："你想要说什么？"

"我想要和你谈谈。"

"在这里？现在？关于什么呢？"

利德布洛克点点头："坐下，好吗？"

他瞄了我一眼，"她想要说什么？"他问，声音显得不知所措。

"我想她是说，请你坐下。"我说。

他坐了下来，依然穿着外套。

"我希望事情有所改变。"利德布洛克说。

"这是什么意思？"他的语气中露着愤怒。

"我希望事情有所改变，汤姆。"

"这到底是怎么回事？我来是要谈莉丝莱的事情。这是什么意思？某种计谋不成？"

"你是要来谈莉丝莱的事情,现在已经谈完了,所以接下来你得谈谈我的事情。"

"哦,老天啊。"

"我只是希望事情有所改变,汤姆。"

"我只是希望事情有所改变,汤姆。"他模仿着她的语调,"这句话你已经讲了很多次了,甜心,我又不是聋子,我已经听到你说的话了。现在快点,把你的外套穿上,我们走吧。"

利德布洛克深锁起眉头,她十指交叉在身前,两只拇指紧压着嘴唇,一动也不动。

汤姆转过来看着我:"是你的主意吗?是你鼓励她这样做的吗?"

"不,"利德布洛克突然插嘴,"是我自己要这样做的。因为我必须和你谈谈,汤姆。我在家里没办法讲,因为你一句话都不肯听。"

汤姆无力地摇摇头,一手抚过他的脸庞:"你要再一次地在陌生人面前把家里的丑事都挖出来吗,利德布洛克?你干吗在公共场所讨论我们的私生活呢?一切都是你在找麻烦。"

"我只是想要谈谈而已。"

汤姆叹了口气。

"事情正在改变,汤姆,你似乎无法理解到这点。它们正在改变,所以你也要跟着改变。"

"事情一直没有改变,利德布洛克,什么事情都没有改变。"

"所有的事情都改变了!"

"是吗?例如什么,举例而言呢?随便说一个已经改变的事情出来。"

一阵死寂。

"就像什么呀，利德布洛克？"

依然沉默。

我瞟了她一眼，怀疑她的舌头打结了。

"就像什么呀？"汤姆第三次问。

"别逼我嘛，汤姆，我正在想。"

"哦，老天帮帮我们吧。"

我瞟了利德布洛克一眼，她正注视着被她咬烂的指甲。我试着向她使眼色，告诉他你已经不喝酒了，告诉他你把莉丝莱照顾得多好，告诉他你在教师休息室发生的事。但她还是什么都没说。

紧张的气氛越来越炽热，我觉得这场沟通可能会越来越难以进行。

"我，"利德布洛克终于说，"我已经改变了。"

"怎么改变的？"汤姆的语气不再温和，听起来只有疲惫。

"我不知道怎么改变的，但我已经改变了。"

再次沉默，这次大家似乎都不知道该说些什么。

"那么，你想要我怎么样？"他问。

利德布洛克举起一根手指头，咬着指甲，然后看了看它，又咬了咬。终于，她转头看着他："我要再生一个孩子。"

这话完全出乎我的意料，再看看汤姆，他的表情也一样。他被吓呆了。

"在我还来得及生之前，我要再生一个。"

"拜托，你才三十三岁而已，距离更年期还早呢，利德布洛克。"

她没有回答。

"你再生一个孩子到底要干什么？"他问。

利德布洛克看了看我:"这就是我要你在这里的原因,这样你才能看到这一幕。他拿我当六岁的孩子对待,他从不让我说出我的感觉,若我说了,他就泼我冷水。"

"我是一直都让你说的,不是吗?我只是问你,你说这些干什么?这个世界上你最不需要的,利德布洛克,就是另一个孩子。看看你前面生的那个。"

"那是没有办法的事情。下一个不会有莉丝莱的问题的,它不会发生两次的。"

"这不是什么有办法或没有办法的事情,利德布洛克。你不要自欺欺人了,你不是个母亲,你从来不照顾莉丝莱。别假装你有,你根本不知道怎样去爱一个孩子。"

"这次我可以做得更好。"

汤姆转了转眼珠。

"我可以的。如果你不一直告诉我我是一个多么烂的母亲,也许我就会是个比较好的母亲。也许上一次我不知道怎么当母亲,但我可以学习,不是吗?也许我可以做得到。"

"但也许你做不到,到时候该怎么办?'我已经老得无法再当妈妈了?我的育婴日子已经结束了?'我们不要听这个废话了。"

"我已经改变了,真的,不管你喜不喜欢。"

汤姆低吼一声,别开头去:"哦,可恶,利德布洛克,你根本没有改变,而且你永远都不会改变。"

"你老是把我当个小孩一样对我说话,我受够了,我要像个大人般地被对待,因为我是一个大人。"

汤姆叹了口气。

"我是说真的,我再也不要忍受了。那就是我们需要谈的。我是一个大人,而不是小孩子,而你得开始以对待大人的方式对待我。"

"这就是你的杰作吗?"他问,突然转过身来看着我。

"不!"利德布洛克大叫,倾身倚着桌面对着他,"他妈的,汤姆,我就在这里!对着我讲。"

突然,我们之间笼罩着一股山雨欲来的沉默。汤姆非常缓慢地在椅子上转过身,直到和利德布洛克面对面,然后瞪视着她,好久好久。利德布洛克瑟缩了,压在桌上的双手举起,抱住自己的双臂。

"我爱你。"汤姆说,声音出其不意地温柔,"我爱你和莉丝莱,你还要我怎么样,利德布洛克?"他依然直直地盯着她。

利德布洛克垂下头,我立刻知道她快哭了,这是此时此刻我最不愿见到的事。我不知道这是不是人们惯用的伎俩,但是它的影响力实在太惊人了。这让我不禁痛恨起汤姆来。

利德布洛克没有再说一句话,起身离开教室。在她随手关上门后,教室随之陷入死寂。汤姆依然坐在我身边的椅子上,依然背对着我。

我玩弄着桌上的铅笔。"她一直很努力地在改变,"我平淡地说,"在经过这么多困难后,她似乎终于能够控制她的酗酒问题。她一直非常想进一步地控制其他问题,我能够了解她距离完美还有很长一段路,但是她在努力,汤姆。如果你不相信她有能力去改变的话,这对她的自尊无疑是一大打击。"

汤姆转过身俯在桌上,"我很相信这一切都是你的杰作。"他安静而无情地说。

"上面到处都留有你的痕迹。"

我没有回答。

"她整天不停地谈到你,那种情况在我们家实在有点好笑。她不断地说你说这个说那个的,说你让她不再对莉丝莱感到内疚,不再对她的酗酒感到内疚,对所有事情不再感到内疚。"他停了停,"可是,可恶,桃莉,她是该内疚。她伤害了莉丝莱,伤害了我。"

我点点头。

"然而,你却告诉她那一切不是她的错。"

"我是告诉她过去的已经结束了。"

"那还不是一样!"

"她是个好人,汤姆,你我都知道,她应该像个好人般地被对待。她不是刻意去伤害她所爱的人的,我相信她不是。"

"可是发生了这么多事情一直都是她的错,而你却不停告诉她不是。"

我耸耸肩:"因为我看不出来告诉她是她的错有什么意义,她无法改变已经发生的事实,她能够改变的只有未来。"

汤姆回过身注视着他放在桌上的双手,然后慢慢地转过来看着我,搜索我的脸好一会儿:"似乎你不了解的是,桃莉,我未必希望她改变。她一直问题重重,我们之间也一直困难重重,可是我就是喜欢她那个样子,桀骜不驯,不像其他人那样。"

他重重地叹口气,"事实上,我不得不承认,在这整件事情中,你才是我最气愤的人。"他说,语气平静,听不出生气的意味,"你就这样出现,而且几乎易如反掌地就毁了我的生活。你明白我的意思吗?当你介入所有这些事情时,你是否有过片刻停下来想想对我所造成的影响?

我是说，一开始是莉丝莱，现在是利德布洛克。你没有留下任何东西给我，你把我所有最爱的都拿走了。"

"可是她们并不快乐呀，我所做的也不过是要她们好过一点。"

"可是能确定比较好过吗？你让她们比较好过了吗？"

我轻轻点点头。

"你能够这样来判断别人的生活吗？"

自我摧毁

> 一根六英寸长的大钉子穿过她的掌心,她的手掌被钉在木制地板上。

终于,春天来了,这是我一年中最爱的季节。我爱下课时间,因为操场上的郁金香如期地在这个季节盛开了。我爱孩子们的吵闹声,因为相对于寒冷的季节,即使连这样的吵闹声都令人觉得温暖。

那是个令人难忘的星期四,天空晴朗无云。这天早上的下课时间,利德布洛克和我带着孩子们到操场上玩。乔伊斯从操场的对面朝我们走过来,莉丝莱和乔伊斯班上的孩子在沙盒附近玩,正忙着把沙子铲到卡车上,再把它倒掉。吉萝丹和玛莉安娜在玩跳绳,两人边玩边聊天。夏米带来了棒球和球棒,正在操场上抛球、挥棒。利德布洛克和我坐在秋千上,一边荡着一边聊天。

席梦娜来到我们旁边,站了一会儿,推动一个空秋千并注视着我们。然后她来到利德布洛克的秋千身边,用手抓住一边的链子。"我可以和你一起荡吗?"她问。

"当然可以。"利德布洛克说,我相信她一定以为席梦娜要和她并坐,但席梦娜并没有。她爬上利德布洛克的秋千,双脚跨站在利德布洛克身体的两旁。

"好了,"席梦娜说,"你可以推了。"

利德布洛克轻轻地推动秋千。荡了一会儿后,她们又停了下来,然后席梦娜坐了下来,坐在利德布洛克的大腿上,两人面对面,贴得很近。她微笑了起来,"再推,好吗?"

利德布洛克微笑着,又推动起秋千。席梦娜的身体配合着秋千的旋律摇动,高高低低地来回荡着,长长的头发在身后飞散着。然后,利德布洛克不再用力,让秋千自然地慢下来。

"再来一次。"席梦娜说。

她们再次荡了起来。看着那两张脸和她们韵律和谐的肢体动作,让人不禁神迷。

利德布洛克再次让秋千自然地慢下来,直到速度与我一样缓慢。

"再来一次。"席梦娜要求道。

"不,那样就够了。"

"再来一次嘛,拜托!拜托!"

"不,我累了。那是很吃力的,我不行了,我是个没有力气的老女人了。"

"不,你才不是。"席梦娜咯咯笑着说,"你才不老呢。"

"我比桃莉还老呢。"

"不,你才不老。她是老师。"

"可是我还是比较老呀。我比她先出生,我是这里最老的人。"

席梦娜闻言大笑:"不,你不老。她是老师,所以她最老。"

利德布洛克不禁莞尔。

"所以再来一次嘛,拜托!和我一起荡。"

"不行,真的够了。"

"求求你!求求你!求求你嘛,小姐!"

她们依然面对面地坐着。不过在下一刻,利德布洛克将抓着链子的双手伸过来环抱着席梦娜。两人依然微笑着,亲密而又放松。

"你可知道,"利德布洛克说,"我有名字,可是它不叫小姐。"

席梦娜举起手,用手指轻轻摸着利德布洛克的脸颊。

"我宁愿你叫我的名字也不要你喊我小姐。你知道我的名字是什么吗?"

"知道。"席梦娜回答。

"叫什么?"

她低下头,害羞地微笑着。

"叫什么呀?"

席梦娜紧紧地靠着利德布洛克,额头抵着额头,"妈妈。"她说。

"呃,是的,我是莉丝莱的妈妈。"

席梦娜稍稍抽回身子,双手环住利德布洛克的颈子:"我要你当我的妈妈。"

利德布洛克微笑了起来。

"你可以的。我没有妈妈和爸爸,你可以到法院领养我。"

利德布洛克的笑容中充满感动:"那会很棒的,对不对?我非常乐意当你的妈妈,可是那似乎不太可能,不是吗?我已经有一个小女孩了,你也有你的阿姨和姨夫。如果我把你从他们身边带走的话,我想他们可能会不高兴的。"

"可是他们又不是我的妈妈和爸爸。我要当你的小女孩,莉丝莱不会在意的,她可以当我的新姐姐。"

此时玛莉安娜和吉萝丹也来到我们身边。吉萝丹在一个空荡的秋千上坐下,但是玛莉安娜走到利德布洛克跟前。她摸了摸利德布洛克的长发:"我可以也像那样和你一起荡秋千吗?"

我想,利德布洛克感到有需要缓和与席梦娜之间的对话,于是她温柔地夹着席梦娜的双腋,将她抱下来:"我们换玛莉安娜吧。"玛莉安娜爬了上去。由于她比席梦娜有力气,因此与利德布洛克合力推动秋千,两个人就飞得高高的。

"过来,席梦娜,"吉萝丹说,同时站了起来,"过来和我一起玩跳绳。"

"不,我不,我要留在这里。"

吉萝丹皱起了眉头:"过来。"

"我说过了,不。"

"过来帮我拉着另一端,这样我才能跳。过来。"

"不,我要留在这里。我要再荡一次秋千。"

吉萝丹不耐烦地丢下跳绳并走了过来。她抓住席梦娜的手臂,但被她甩开了。

"吉萝丹,"我说,"席梦娜听起来并不想跳绳。不要勉强她,拜托。"

吉萝丹的姿态充分流露着顽固,她猛然踢了席梦娜一脚,把她踢倒在秋千下的沙堆里。我立刻跑过去,将她们两人带离玛莉安娜和利德布洛克的秋千摆荡的范围。

吉萝丹气席梦娜,也许更气我的介入,她尖叫了起来,甚至挣脱我的掌握,又去攻击席梦娜。她把妹妹推倒在地,跳到她的身上,抓着她的头发。但是席梦娜也不是好欺负的,她疯狂地反击,两个女孩就在沙堆上扭滚着。

利德布洛克急忙停下秋千,把玛莉安娜抱到地上。我只能抓住一个,无力同时抓住两个,利德布洛克适时过来帮我将她们分开。还好两人都没有受伤,事实上,两人都没有哭,只是咒骂着对方。

"好了,好了,你们两个,"我说,"安静。下课时间就快要结束了,不要再吵了。"

"对,你回去你的智障班级!回去你那个婴儿班级!回去吃你的奶嘴!"吉萝丹大骂。

"那也比和你在一起好啊!"席梦娜也不甘示弱地骂回去,"我恨你!没有你这种姐姐我还更高兴呢!"

"我也恨你!"

我挣扎着将吉萝丹拉往大门的方向。

"你等着看好了,席梦娜。等我们明年回到贝尔法斯特后,一切都会不一样了。"

"我才不会回贝尔法斯特呢。"席梦娜吼着。

"会的,你会的。"

"不会,我不会!我永远不会回贝尔法斯特。永远不会,不会!"

"你会回去的!你会回去的!"吉萝丹一边被我拉着走,一边喊着。

"我不会！你无法逼我，没有人可以逼我。我永远不回去！"

一路上她们就这样彼此叫骂着，直到乔伊斯将席梦娜拖进她们的教室门口。利德布洛克和我合力把吉萝丹拉上楼梯，这时她终于开始哭了起来。

"我们会回去的，席梦娜和我一定会回去的。在学期结束后，夏季的时候，我们会回去的！"

我用力地要把她拉近我身边，但她抗拒着。然后她挣脱了我，拔腿飞奔而去，进入教室躲到图书馆一排排书架之间。我跟了过去，在她的身边蹲下，伸手轻轻地摸着她的肩膀。

"走开！"

"来这里和我坐在一起。"

"走开，婊子。"

"我们聊聊天，好吗？"

"走开。"

我在她旁边的地上坐下。有好几分钟，我都没有说话。吉萝丹则低垂着头，不让我碰她，但似乎已经不哭了。

"我想如果我们聊聊的话也许会有帮助的，吉萝丹。你要不要过来和我坐在一起呢？或者你喜欢我们找一个比较安静的地方？"

"走开。你到底是怎么回事？没有听见我说的话吗？我不要和你说话。"她抬起头，然后看着我，"我恨你，你要到什么时候才会明白这点呢？"

我轻轻点头。

"我恨你，这都是你的错。你毁了一切，你和她在那里毁了一切。

为什么我得和你讲话？"

"我们是怎么毁了一切的呢？"

"难道你还看不出来吗？席梦娜现在不回去了，不是吗？"泪水再度在她的眼眶中凝聚，"现在我该怎么办，你这个婊子？你已经毁了一切。"

下午的下课时间轮到卡罗琳陪两个班级的小朋友到操场去，利德布洛克决定跟着出去，不想辜负这么好的天气。经过早上的争吵后，这两姐妹都恢复了平静。午餐过后，席梦娜回到我们班上，两人倒也相安无事，好像都把早上的事情忘记了。

我到办公室和同事打招呼聊天，这时突然听到卡罗琳喊我名字。

"我在这里，卡罗琳。"我对着门口喊着。

"桃莉！桃莉！下来，来这里，快点！"

卡罗琳的声音充满惊慌，我从未见她如此慌张过。我警觉地起身跑过去："怎么了？发生了什么事？"

"哦，天啊，"她说，"天啊，天啊，桃莉，快点来这里。"

地下室的穿堂一片混乱，卡罗琳班上的孩子和我班上的孩子全惊慌地哭成一团。

"乔伊斯在哪里？利德布洛克在哪里呢？"我问，声音中夹着高度的恐惧。

卡罗琳顾不得孩子，从木工工作的房间里夺门而出。那些木工此刻都在休息。卡罗琳打开门，对我挥了挥手，一待我进去，立刻把门紧关，不让孩子们进去。

利德布洛克和乔伊斯就在房间的远处，两人都跪在地上，但我看不清楚是怎么回事，因为她们背对着我们。利德布洛克循着关门的声音转过头来，她的脸上毫无血色。

"哦，我的天啊。"我说，不敢相信地看着眼前那一幕。吉萝丹的左手臂贴在地板上，手掌朝上，一根六英寸长的大钉子穿过她的掌心，她的手掌被钉在木制地板上。

"乔伊斯已经去叫救护车了。"卡罗琳说。

"去找法兰克来，"我说，"去找人来帮忙照顾孩子，把他们带离这里。"

我看着吉萝丹，她满脸苍白，没有眼泪，没有痛苦，什么都没有，我怀疑她是不是已经吓得魂都跑了。我在她和利德布洛克的旁边蹲下，伸手去摸摸她的额头，然后看着利德布洛克："发生了什么事？"

"我刚刚找到她。我们原本在操场看着孩子们玩，才一会儿时间，她就不见了。于是我进来找，就发现她在这里。她拿着一根榔头不停地捶着钉子。"利德布洛克的声音忍不住颤抖。我站起来，搭着她的肩膀，她的肩膀也抖着。

我一时不知道该怎么办。虽然我不知道这样的伤会流多少血，但眼前很意外地看不到什么血。但即便如此，我还是不知道该如何是好。这时法兰克到了，一看到吉萝丹的样子，他的脸色大变。他的反应和我一样，立刻摸摸吉萝丹的额头，鼓励她把身体躺下来，她做到了。然后他站起来转身对着我。

"乔伊斯和凯蒂在照顾孩子，他们全都在卡罗琳的教室里，也都很好，你不用担心。"

几分钟后救护车抵达，医护人员把吉萝丹团团围住。利德布洛克未曾片刻松开过紧握吉萝丹的手，我则蹲下来向吉萝丹保证不会有事。经过一番讨论后，医生决定锯下部分地板木头，然后连着木板一起带走，以免进一步伤害到她的手。医护人员很快地去把木工找来，并嘱咐他们务必小心。在木工锯地板的过程中，吉萝丹依然沉默地一动也不动，她的脸色越来越苍白，越来越苍白。

终于，切出了一小方块木头。吉萝丹依然无法自己把手举起来，一名医护人员帮她举起手，另一名则把她扶起来。法兰克已经去打电话通知伦何太太到医院等他们，他将随救护车去医院。

我陪着吉萝丹和医护人员上了楼来到救护车旁。直到医护人员从车里拉出担架时，我才看到吉萝丹露出一点生命的迹象。

"小姐，"她突然哭喊着，"不要让他们把我带走，小姐。小姐！小姐！"

医护人员将她轻轻放上担架，我弯下腰向她保证不会有事，她却用她未受伤的手紧抓着我。

"你不会有事的，甜心。卡顿先生会到车上陪你，你的阿姨和姨夫也会在医院那里等你。一切都会很好的，他们会好好照顾你的。"

"不！不要离开我，小姐！拜托，不要让他们把我带走！"

我紧紧抱着她，亲着她的脸。一旁的法兰克拉开吉萝丹紧抓着我衬衫的手。医护人员将担架推进车内，法兰克跟着爬进去。

我因为担心其他的孩子，于是以最快的速度回到卡罗琳的教室。卡罗琳和利德布洛克都不在那里，只剩可怜的乔伊斯和凯蒂努力维持着秩序，孩子们都漫无目标地走动着。我班上的孩子只有席梦娜在唱歌,夏米和玛莉安娜愁眉苦脸坐在桌前,莉丝莱面无表情地坐在地上,德基则缩挤到桌底。

"过来,你们大家。"我站在门口说,我的孩子们于是纷纷起身走过来,"谢谢你,乔伊斯。谢谢你,凯蒂。"

乔伊斯无力地点点头。

"吉萝丹发生什么事了?"当我们来到走廊时夏米问道。

"她受伤了。她去了她不该去的地方,玩木工们的工具,结果就伤了自己。卡顿先生叫来救护车把她送到医院去。我想她伤得并不是很严重,可是我们得等一下才会知道情况。"

"她做了什么?"

"她伤了她的手。"

来到楼上,我推开门并打开灯,然后开始找一些蜡笔,准备让孩子们画画。

"画什么呢,小姐?"席梦娜问。

"想要画什么就画什么,甜心。你喜欢画画吗?"

"我可以画我的弟弟吗?"她问,"画他们把他送到医院之前的样子?"

我点点头。

课程进行了一半,教室门被推开,我起身转过角落看看是谁。卡罗琳就站在那儿,一看到我便向我挥手,把我拉到走廊,不让孩子们听到我们的对话。她一脸的忧心。

"你得进去陪利德布洛克。"她说。

"她在哪里？"

"在厕所里。她的心情真的很不好。"

"我现在没办法去，我要照顾孩子们。"

"她一直吐，桃莉。她在那里吐得很厉害。"

"我确定她不会有事的。她有一颗全世界最敏感的胃，所以你可以不用去理会这件事。我确定她不会有事的。"

卡罗琳摇摇头："你得进去想想办法。"

"卡罗琳，我走不开，我还有孩子得照顾，孩子们才是最重要的。如果你觉得她需要人陪的话，你现在就去那里陪她。我一有空就马上过来，不会很久的。"卡罗琳的神情显得很无助，她双肩垂下，"这实在是太糟糕了。"她淡淡地说。沉默地站了一会儿后，她转身离去。

回到教室后，孩子们仍然静静地坐着，看着我走进来。"那是谁？"夏米问。

"是贝瑞小姐。"

"利德布洛克在哪里呢？"

"她现在不太舒服。"

他眯起眼睛："到底发生什么事了？为什么大家的行为都这么奇怪？"

"吉萝丹的受伤让大家的心情都有点不太好。我们都不希望她受伤，因为我们都很在乎她，所以大家才会心情不好。"

"她死了吗？"

"没有，没有，当然没有。"我对他坚定地微笑着，"不要担心，甜心，就像我所说的，她伤得不是很严重，只是这件事情把我们都吓坏了。不过她很快就会复原的，我确定。"

席梦娜从头到尾不发一语地涂着图画。听完我和夏米的对话后，她放下手中的蜡笔并抬起头来，"我以前看过死人，小姐，"她说，"在我们教堂的外面。他就躺在人行道上，他的头一直在流血。就在那里，他是个死人，我看到他了。"

夏米点点头："我也看到了。"

等我把孩子们送上车后，我转身回到教室，走上二楼的女厕所。

利德布洛克还在厕所里。虽然我进去的时候她的眼睛是干的，但显然她哭过。她双手环膝，额头顶着膝盖，头发披散。我蹲下来，缓缓地将她的头发拨到肩后。

"真是累人的一天，"我语气平缓地说，"看到吉萝丹那个样子，你一定吓坏了。这是这种工作的缺点之一，你永远无法预料会有什么事情发生。"

利德布洛克抬头看着我，"那种感觉就好像看到耶稣被钉在十字架上。"她哑着声音说，然后她望着厕所的门口。

"事情到底是怎么发生的？"我问。

"我找不到她。"

"她那时已经不在操场上了吗？"

利德布洛克轻轻地点头："我去找她，我想她有可能是去上厕所，可是我不确定，于是开始四处找，然后……然后……在我走过那个房间时，不料竟从窗户看到她在里面。当我看到她正在做的举动时，我简直吓坏了，赶快跑进去阻止她。我当时慌了，所以没有想太多，其实我应该去找卡罗琳过来的。我只是跑进去，抢走她手上的榔头。我紧紧抱着她，不敢放手。桃莉，我怕一放手，她会进一步做出伤害自己的事。除此之外，我不知道还能怎么办？只是如此一来，我就和她一起困在那里了。我身后的门已经自动关上，当时进去的时候并没有想到把门卡住，因此根本没有人听得到我的高声求救。我不停地喊着，但没有人听到。"

"哦，甜心。"我心疼地说。

她吞了吞口水，眼眶中蓄着泪水："我想要阻止她的，桃莉，可是我不知道该怎么做。"

"你做得很好，利德布洛克。你做了你该做的。"我可以听到她急促的呼吸声。

"我希望你不要觉得这是你的错，"我说，"吉萝丹所做的事情并不是你的错，那是吉萝丹自己心里面的问题，而且我猜这个问题已经在她的心中累积很久了。"

"我原本可以阻止她的，"利德布洛克说，"要是我早几分钟到的话……我是说，我的确看到她离开操场。一开始我以为她只是去上厕所而已，虽然她没有请求我的允许，但我不以为意。"

"不，千万不要那样想，在这个时候你这样只会让情况更复杂。"

"可是我那时没有采取任何行动。我当时又不是很忙，我只是靠在墙壁上看着他们。天气那么好，而且……"

"利德布洛克，别这样，那并不是你的错。我们以前不也经常让孩子们自由地去上厕所吗？不论她是否请求允许，她不都已经做了吗？你不可能时时刻刻把他们抓在身边。真是那样，结果也只是适得其反。

你做得很好，利德布洛克。我相信就算换成我的话，也不见得会做得比你好。那种事情是难免会发生的。"

利德布洛克沉默着用手指捂着唇间，"我可以告诉你一件事吗？"她的眼神凝视着前方，表情深不可测。

"当然可以。"

"你知道，我的弟弟巴比……"说到这里，她停了下来。

"他怎么了？"我问。

她转头望着我好一会儿，然后又别开头去，没有立刻回答。

"巴比和我非常亲，我们两个只差十八个月。"她又看着我，"有时候我会觉得你一定认为我跟谁都不亲近，认为我和别人一定没有亲近关系。或许你是对的，可是我和巴比真的很亲。我很爱巴比，我觉得他是唯一了解我的人。"

她伸了伸腿，又靠回墙壁上："当我在普林斯顿念书的时候，巴比在新泽西的爱斯柏瑞公园有一套公寓，我经常去那里看他。他的公寓就在海滩旁边，我们经常一起到海滩上散步、聊天。巴比虽然不太爱说话，但却很好相处。"

"他很忙，不但是个资讯工程师，还从事研究工作。他交了个女朋友，名字叫莎拉。我觉得他们对彼此的关系并不是很认真，只是相处得很愉快又可以相互为伴。"

说到这里，她突然沉默了起来。我注视着她，想探究出来她为什么突然不讲了。

她换了个姿势，将头发拨到肩后。

"后来呢？"我问。

"有一次我去他那里,那是9月份,天气非常晴朗。我迟到了,原本我跟他说我四点会到,但被系上的会议拖延了,接着又碰到塞车。但我并没有想太多,没有想到要先打个电话通知他。"

"我到的时候已经五点半了。停好车之后,我登上他的公寓。但是当我到了那里时,发现门是锁着的。这倒令我很惊讶,因为如果他知道我要来,是一定不会锁上门的。我按了很久的门铃,但都没人回应。于是我想他可能是出去走走,马上就会回来,于是我自己开锁进去。里面的灯亮着,音响开着……"

她沉默了一会儿,全身的肌肉紧绷着。

"利德布洛克,发生了什么事?"

她迅速地瞟了我一眼,我们的眼神片刻交流,然后她又凝视前方,沉默如影随形。她的眼中蓄满泪水,然后泪水缓缓地滑下她的脸颊。

"到底发生了什么事?"我问。

"他自杀了。我到浴室去上厕所,发现他就在那里,上吊自杀了。他在浴缸里留了一张字条,上面写着……"她的声音崩溃了,"上面写着:'对不起,利德。'就那样。"

她将额头靠在膝盖上,开始哭了起来。

"根据法医的说法,他死亡的时间大约一个小时。要是那天我没有迟到的话……"

"为什么我就没有想到打个电话给他呢?为什么我要在外面按了那么久的门铃,而不早点拿钥匙自己开门呢?"

"哦,利德,我真的很难过。"

利德布洛克看着我,紧咬牙根强忍住泪水,无法言语。她低下头,然后又抬起头。

"抱我,好吗?"她要求着,"好不好?"

我抱着她,在女生厕所里。我把她拉过来,紧紧地把她抱在怀里。

劫后重生

巴比的自杀毁了我对我们两个人关系的所有想象。

我们花了很长的时间才从女生厕所回到教室,不过我们的情绪仍处于悲伤的状态。此时已近五点三十,可是我第二天的教材尚未准备。于是我吃了一颗阿司匹林,然后拿出我的计划簿开始工作。利德布洛克闭着眼睛趴在桌子上,一直到我工作结束,她依然闭目趴在那儿。

最后,我起身收拾我的东西,"我得去吃东西了。"我说,同时把计划簿放回档案抽屉中。

利德布洛克爬起来,擦擦她的脸和眼睛,"不要丢下我一个人,好吗?"她并没有抬头看我,"今天对我来说实在太让人难以承受了。我不认为在没有喝酒的情况下,我还应付得来。"

"你要和我一起去吃点东西吗?我的头快痛死了,我一定得去吃东西。你要一道来吗?"

她点点头。

"不过，先打电话通知汤姆吧。"

"为什么？"

"只是让他知道你在哪里，然后我们去吃东西。"

"他不会在乎我在哪里的。"

"反正打就是嘛，好吗？"

我们到一家小型自助餐厅。利德布洛克点了一碗汤和一杯牛奶，我则喝了一碗汤，吃了三个三明治，然后又点了一杯咖啡。

"你知道，"利德布洛克说，"巴比自杀对我伤害最深的是，我们是那么亲近，但我却一直看不出来他有那种倾向，事前完全感觉不到任何征兆。我们是那么亲近，而他却从未向我提到只言片语，从不说他的情绪抑郁。他向来都只是报喜不报忧。"

"我可以想象那一定很震惊。"

她点点头："我不停地自问为什么，即使到现在，有时我还是不免自问。为什么？他一切都那么顺利，有一份他热爱的工作，一份优渥的薪水，有女朋友，我想不通他为什么要自杀呢？"

我摇摇头。

"这件事一直啃噬着我，即使是现在，甚至未来。已经快六年了，六年来我的内疚没有一丝减少，反而越来越深。我觉得一切都是我的错，因为我没有事先察觉，没有及时阻止……我知道一再地想这些事情于事无补。"

"你无止境地责备自己也一样于事无补啊。"

她疲累地点点头："也许吧，但是叫我不去想是不可能的。我就连做梦都会梦到他自杀，可是即使在梦中我也没能救他。"沉默了片刻后她继续说，"我告诉过你巴比是个不太喜欢说话的人。现在我不禁怀疑，他也许也有着和我一样的问题。虽然他和人们相处融洽，但一直不容易开口说话。就某个角度而言，那是好的，因为他是唯一让我觉得不一定得开口讲话的人。可是现在我才明白，他心里一定有很多事情是我不知道的。而令人难过的是，如果连我都不知道他的心事的话，那肯定不会有其他人知道了。"

她叹了口气，"我到现在还想不通的是，他为什么选在那个时候自杀。"她抬头瞟着我的方向，"你多少有些了解我的家庭，我们都有着很不愉快的童年，两个弟弟和我，不仅是肉体上的不愉快，还有精神上……"

我点点头。

"大弟弟基特一直无法适应。不论在学校或家中，他从一开始就问题重重。约九岁的时候，他曾被送到感化院，因为他惹上了警察。直到现在，他也还没有改邪归正，进出监狱的次数数都数不清。但是巴比和我适应得还不错，我们互相鼓励，还曾发誓要彼此照顾。那真是个蠢举动，我们本来就是亲姐弟，何需发誓？不过它真的发挥了很大的作用，让我们度过了许多艰难，让我们活了下来。"

利德布洛克越来越陷入思考中："所以我才一直想不通，为什么他会选择人生路途很顺利的时候、他终于得到自由的时候自杀？如果他是会做那种事情的人，为什么不选在更早之前，在他有绝对理由自杀的时候自杀？"

"这种事情谁都说不准的。"

"巴比的自杀对我造成巨大的打击，有好长一段时间，大约一年多的时间，我完全麻木，一切都崩溃了，我不再相信我自己，我的精神、心智错乱，无法相信自己对任何事情的判断。突然间我发现我根本不认识巴比，突然间我觉得好像我也不认识我自己。"

她长长地吐了口气，然后慢慢地吸气。

"在那之后有好长一段时间我一直想自杀。以前，我根本想都不会想这种事，但从那时之后，感觉它似乎并不是一个坏主意。我最大的障碍是没有勇气去执行。我都已经计划好了，我计划了好几百次，每次都想把自己结果了，但总在最后关头退缩。就像我生命中的每件事情一样，这让我很看不起自己。"

"巴比的举动毁了我对我们两个人关系的所有想象。我一直觉得我们两人是一对真正的生还者，那种能够对抗环境的人，不管遇到什么困难，我们都会勇敢地走过去，我们两人一起走过去，因为那正是我们生存下去的意义。然后，一夕之间，他不再存活，我的世界就此分崩离析。"

"我不愿相信事实。你看，他什么都比我好：他比我聪明、有人缘、从不喝酒。活得一团糟的人是我，不是他，他是坚强的那个。然后……然后，我是说，在那件事之后，我还有什么希望呢？活下去的意义是什么呢？"

"可是你是个生还者，利德布洛克。"我说。

"我不知道。就算你曾溺水被救，也不意味着下次你再掉进水里时不会溺死。"

"可是我不认为你会再掉进水里。"

她不确定地耸耸肩。

"你已经生还了,利德布洛克,那是再实际不过的。你远比你想象的坚强多了。"

"我希望有时候我也能够有这种感觉。"

最后,利德布洛克和我回家,在我家过夜。一天的煎熬让我们累得无力再继续聊下去。

隔天放学后我到医院去看吉萝丹。虽然她的伤势并不严重,但因担心有可能会伤到经脉,于是医生们决定让她留院观察几天。

她和另外三个孩子住同一间病房,走进病房时我差点就认不出她。拿掉眼镜的她简直判若两人,看起来天真无邪,让我无法与先前的吉萝丹联想在一起。

"嘿,小女孩,"我说,"你还好吗?"

当认出是我时,她微笑起来。我想没有戴眼镜她是看不太清楚的。

"看,我带了些东西给你。"我递给她一个小包裹。

"是什么?"

"打开看看就知道了。"

她挣扎着用一只手打开,但弄了半天还是没有办法:"你可以帮我吗,拜托?"

我抓住包裹,让她撕开包装纸。那是只非常小的狮子布偶,她微笑地看着它,把它压在脸颊上:"谢谢你,小姐。"

"当我看到它的时候就想到你,"我说,"你就像只狮子一样勇敢。昨天,当那些人在锯木板时,你真的很勇敢。和卡顿先生待在救护车内时,你也非常勇敢。"

她静静地注视着我的脸："我那时好怕你会生我的气。"

"不会。虽然你那样做很不应该，但我没有生气。"

"利德布洛克会来看我吗？"

"呃，我想今天不会。不过，如果星期一你还在这里的话，我确定她会来看你的。"

"她生我的气吗？"

"没有。你把她吓坏了，我想她比你还要害怕，可是她没有生气。我们两人都没有生气。"

吉萝丹低头看着狮子玩具，温柔地抚摸着它。

我坐在病床旁的椅子上，看着她，"我不知道你昨天下午心情那么不好。"我平静地说，"如果我知道的话，或许我就可以帮上什么忙。"

吉萝丹轻轻地耸耸肩，低头不看我。

"你可以告诉我为什么你要那样做吗？"

她又耸耸肩："我不知道。"

"是因为席梦娜说她永远都不回去的缘故吗？"

"我不知道。"

"我可以了解她那样说一定对你伤害很大，有时候像那种很伤人的事情会迫使我们去做一些我们不该做的事。"

她还是玩着她的玩具："我刚刚已经说过了，小姐，我不知道。"

"也许你可以试着把不愉快抛掉。发生这种事情让大家的心情都不快乐，但既然已经发生了，或许我们就应该把情绪抛到脑后，专心想办法消除你心里的不愉快，以免你以后再做傻事。"

她耸肩不语。

"我就要去看精神科医生了,"她说,"贝蒂阿姨告诉你了吗?"

"是的。"

"他叫莫里士医生,我必须去看他,没得选择。"

"我相信那会有帮助的。"

"我不知道。如果阿姨省下那些钱,让我待在家里,那对我才会更有帮助。"

所有的孩子中只有夏米问到吉萝丹的手伤。他和她住在一起,当然有机会知道那是一种自责性的伤害。毫无疑问地,这个家庭中的成人必定讨论过这个问题,甚或吉萝丹本人也说了些什么。我不知道。总之,这件事让他很苦恼。终于,我在隔周的某日将他叫到一旁。

"她到底哪里不对劲,为什么要做那种事情?"他问。

"我想吉萝丹的生命中发生了很多让她无法接受的事情。"我说。

"但她为什么无法接受呢?席梦娜能够接受,我也能够接受啊。为什么吉萝丹不能呢?"

"每个人对事情的看法和感受都不同,夏米。吉萝丹想念贝尔法斯特,她想念她的家、她的家人,还有那里的生活方式和以前的一切。我们必须很宽容地对待她,因为她还有很多要适应的地方。那就是为什么你的阿姨、姨夫和医院的医生决定让吉萝丹接受更多治疗,那就是她为什么要去看莫里士医生。"

他在一张小桌子旁坐下,一脸的抑郁,"她毁了一切。"他沮丧地说。

"怎么说呢?"

"我只想平静地过日子,但她却毁了一切。她一天到晚又吼又叫的，说这里没有一样东西比贝尔法斯特好，没有任何东西会让她感到快乐。"

我没有立刻响应，因为不知该如何响应。我低头看着手，一边想着答案。再抬头时，我看到夏米的眼中满是泪水。

"她就像我哥哥柯林。"他低声地说。

"在哪一方面？"

"哦，她就是那样，她的想法和他很像。"他抬手擦掉眼泪，"她总是想要改变事情的原貌。你知道的，那是不真实的。她觉得，不论要付出多大的代价，只要我们回到贝尔法斯特，一切事情会变得很完美。那就是她的想法，不择手段地达到目的，然后一切会很完美。"

"你的哥哥也是这种想法吗？"

满蓄的泪水沉重地压在他那长长的睫毛上，他点点头。

"柯林在爱尔兰吗？"

夏米再次点点头。停了一会儿，他说："他现在在监狱里，他和布兰登两人。我爸爸已经大骂过他了，我们家一天到晚总是在吵架。我爸爸不停地骂柯林，说他根本就像别人的儿子。但柯林根本不以为意，他只在乎政治，整天不停地谈论政治。如果爱尔兰明天就统一的话，我不知道柯林将如何自处。他所做的每一件事都是为了反抗。"

"而现在你觉得吉萝丹和柯林一样？"我问。

夏米点点头："她是如此。现在她还是会争吵、会打架，就和在贝尔法斯特时一样。"

"你会想要回去吗？"

这句话引来他更多的泪水。他低下头，但还是忍着不哭。我搂着他的肩，然后在他旁边的地上坐下，如此一来变成我得抬头看他。

"你会想要回去吗？"

"我不能回去。"

"为什么不能？"

他没有回答。

"你还在担心发生在你家中的那些事情吗？"

他摇摇头，注视着他放在腿上的双手，然后转头看看我，然后又看着他的手。

"我一直觉得柯林根本在胡说八道，我一直都这样觉得。可是接着……就在警察逮捕了舅舅后，还有发生了那一切事情后……"停了好一会儿，"万一柯林是对的呢？"

我看着他。

"就算我们放弃，让他们统一我们，难道一切事情就会结束吗？也许柯林是对的。万一他是对的呢？到时候我该怎么办？"

30

爱莫能助

> 虽然我很不愿意承认,但我知道我已经失去她了。

只剩下五周了。在教室里,最后的安排正如火如荼地展开。山姆森太太已正式被聘用。5月的第一周,她来了三天,看看我们这个班级以及我们上课的情形。她是个和蔼可亲的女人,年纪约四十五岁,很幸运地没有留长发。

我成功地把夏米推出这个巢。先前是每周三的早上去上非学术课程,但现在我终于把他送到六年级班去上课。早上少了夏米和席梦娜参与,我们的教室显得有些冷清。玛莉安娜已经确定下学年要到她家附近的小学上三年级,她花了两天半的时间去那里认识她未来的新环境,我也陪她去见了她的新老师。

席梦娜被安排到伦何夫妇的小孩就读的天主教学校上一年级。利德布洛克和我陪她去参观了那所学校,认识了几位修女。席梦娜很高兴能和三位表哥表姐同读一所学校,所以我们也对这样的安排感到很放心。

整体而言，我对每个人的未来都感到很高兴。执教这么多年，对于孩子们未来的安排从没像今年这样顺利。另外，我花了很多时间思考利德布洛克的问题，思考着该如何帮她。汤姆建议换一个新治疗师的想法似乎是不二的选择，可是在感情上仍无法说服利德布洛克去接受治疗。虽然我知道利德布洛克比以前更能接受治疗的建议，但仍需要一些手段来说服她。最后，卡罗琳想到了一个点子。有一天下午她拿着一本手册来到我的教室，当时利德布洛克和我正坐在工作桌前忙着。"我想你可以看看这些。"她对利德布洛克说，那是附近一所大学设计的课程，"如果我想在1月份拿到硕士学位的话，这个暑假我就得修六个学分。我一直想选一门情绪困扰的课程。"卡罗琳转头过来看着我，"就算我未来没有机会教有情绪困扰的孩子，但我在想，经过吉萝丹的事件后，多了解有关这方面的信息是会有帮助的。"

我点点头。

"总之，我想我可以顺便把这些数据拿过来，也许你会用得上，利德布洛克。"

利德布洛克一脸不解的表情。

卡罗琳友善地微笑着："我是说，我想你可能会想要修个学位。"然后她看着我："她会继续留下来，不是吗？我们不会同时失去你们两个吧？""我还没有决定。"利德布洛克说。

"如果你想的话，这个暑假有很多课程可以上。乔伊斯目前就正在修这种学位。我也会加入，我们可以在同一班。"卡罗琳愉快地说，"而且我们可以共乘一部车，车程是六十四英里，但是如果我们共乘的话，可以平分车费。"

利德布洛克点点头。

"我得走了，再见。"

卡罗琳走后我转头看着利德布洛克："是不是有什么事情是她知道而我不知道的？"

"别难过，她似乎知道一些我不知道的事情。"利德布洛克突然爆发出咯咯的笑声。

利德布洛克开始看那些手册。我坐在那里想着我们两人这一路的关系，但怎么都不认为我们的关系好到让我能够用卡罗琳刚才的语气讲话。

"你在这方面很有天分。"我说。

利德布洛克专心看着那些手册，没有时间理我。

"你现在要去修学位，这听起来很合理啊。"

"我不知道我对她说过什么，怎么会让她有这种想法？"

"我想卡罗琳只是觉得你可能会喜欢，毕竟你已经在这里投入了这么多时间。她自己已经看出来你有这方面的天分，你真的有。"

"不，"她平静地说，"没有你的话，我就不做。我是为你留下来的，桃莉。如果只是为了这份工作，我可能在第一次见到德基，听到他说我的奶头很大时，就掉头离开不再回来了，我对这一切根本就不行。"

"你行的。"

"我不行，你别再捧我了。或许我现在很好，可是我心里很清楚我真的不行，我只是待在你和孩子们的身边。这里的气氛很不一样，只要一走进这个门就能够感觉到。我只是想要当这个班级中的一分子，我只是想在待了一段时间后,证明这一切困难是值得的,但我真的不属于这个领域。"

"你当然属于这个领域,利德布洛克,这是毋庸置疑的。"

"不,你不明白我的意思,是你才让我属于这个领域的。我爱它,那种感觉真的很棒,但我不属于这里。是你和孩子让一切变得有生命力,这种有生命力的气氛永远不会为我而存在的。"

"那么你有什么计划?"

"我想要回我自己的工作领域。"

我看着她。

她微微一笑:"我让你失望了吗?"

我摇摇头:"不,老实说,我根本还没有想到那么远,我对未来没有太多的感觉。"

"我不知道我到底想要做什么,只是很确定地知道我要回去。诚如你所说的,这里是个真实世界,而那个地方是个象牙塔,但那是我最擅长的领域,能够回到那个能让我发挥所长的地方是一件很棒的事。"

冗长的沉默后,利德布洛克将手册放到一旁,然后继续做着先前未完成的工作。我拿起我的笔,却呆呆地盯着计划簿。

"利德布洛克。"

"什么事?"

"我一直在想。"

"想什么?"

"你还记得詹姆士·麦肯吗?他是个精神科医生,1月份的时候来过我们这个班级几天,观察班上孩子们的状况。"

"是的，我记得他。"

"他是位非常杰出的精神科医生，我看过他工作的情形。他是我的朋友……"

她知道我想要说什么，于是低下头，揉了揉眼睛，然后抬头看着我，摇了摇头。

"我什么都还没有说啊！"我抗议道。

"不。"

"他很棒，你会喜欢他的。他在这里的时候，你和他相处得也很愉快，他私下也是这个样子。"

她摇着头，我却皱起眉头。

"听着，桃莉。经过很长一段时间的考虑后，我决定不去看任何医生。我想我可以应付得来。我是说，我知道很难，我知道我是个一团糟的人，可是现在的我已经改变很多了，而且我觉得我自己可以应付得来。"

"他真的非常棒，你会喜欢他的，你会喜欢他的方式的。"

"可是情况不会一样的，不是吗？不论去看哪位精神医生，它的结果都不会和这里一样，不是吗？"

"不见得需要和这里一样啊，"我回答，"只要有帮助就好了。你的表现已经这么好了，我可不希望我们努力了这么久之后，却在最后一刻功亏一篑。"

她研究着我的脸："你真是个奇怪的人。你有这么多的耐心，却一点都没有信心。"

"我有信心。"

"不，你没有，你对我根本没有信心。你不认为我做得到，就像复活节周末的时候你不信我熬得过去一样。就像2月的时候，当我说我要戒酒时，你不信我做得到一样。"

"我是一直没有期待，这和没有信心是不同的。"

她耸耸肩："你怎么说都行。"

我沉默着。

"现在你不高兴了。"

"我没有不高兴，"我回答，"我只是在想接下来要怎么办。"

"听着，以下就是我的计划。我会和普林斯顿的指导教授联络，我要回到我专门的领域工作，那才是我真正感兴趣的领域。我想我是不可能再回去当时那个研究小组了，不过我可以加入其他教授的研究小组，而这也意味着我必须去找约翰，看看他能不能帮我写封推荐信……"她笑了笑，盯着我的眼睛，"知道我走过多少艰辛路了吗？以前我从不觉得我有勇气再去面对我生命中的那些人，现在，我觉得我可以。我知道我可以，或者，至少我愿意努力。"

我对她微微一笑。

"难道你不为我感到骄傲吗？"

我微笑地点点头。

"如果事情顺利，如果约翰愿意为我安排的话，我就回那里工作。"

我又点点头。

"如果我再回去工作的话，我就会没事了。有了事情做，我的精神就会平静。总之，我不要看任何精神医生。"

我无言以对。4月初的时候我们也讨论过这个问题，当时她的态度抗拒，我的态度坚持，现在我们的角色却对换了。短短四周，事情竟然会有这么大的变化。难道这是新利德布洛克的老自我防卫把戏？

"那汤姆怎么办呢？"我问，"莉丝莱和家里的一切怎么办？"

利德布洛克深深吸了口气，然后缓缓地吐气："呃，我正好要讲这件事。我在想，我会先搬到西部去住一段时间，可能就是普林斯顿市，先把我的工作安顿好，然后再看看和汤姆这件事情该怎么解决。"

"你说的'这件事情'，是指和汤姆之间的婚姻关系？"

她点点头，然后垂下双肩，沉默了一会儿。

"我不知道，桃莉。我只能说我已经很清楚地知道我和汤姆不可能再在一起了，至少目前不可能。如果我们还继续在一起的话，我会疯掉的。我依然爱他，我也知道他还爱着我，但我不确定我们真的能够在一起。我不确定我们适合彼此。"

我一边听着她说话，一边想着她过去的种种，也想到她的弟弟巴比。突然间我似乎明白了些什么。

"我不认为汤姆喜欢现在这个新的我，"利德布洛克说，"我很不愿意承认我们之间的不适合，但如果那是事实就不能不接受。"

"你打算何时开始这一切计划？"我问。

她耸耸肩，"6月吧，我想。我已经写好了许多求职信，但是都还没有寄出去……"她瞄了我一眼，"我希望你可以帮帮我，帮我看看信的内容是否有需要修正的地方，你的文笔比我好太多了。"

我们彼此微笑着。"我得承认这一切对我还是很难。我害怕自己没有勇气打电话给约翰，于是我鼓起勇气写了一封信给他，如果信的内容看起来够专业的话……你在复活节的时候告诉我，说九个星期就够了,记得吗?那时我不相信你,可是你知道吗,也许九周真的够了。"

"很好,我很高兴。"我说。

她看着我好一会儿,唇间微微闪过笑容:"你根本无法面对无法控制的人和事物,对不对?"

令人难过的是,吉萝丹的手伤未能如我所愿有所改善,不过它让我们确定了两件事,一是必须有精神科医生的介入,二是我必须加强与吉萝丹的沟通。5月份的第一个星期她回到学校上课时,手上仍然绑着绷带,言行举止一如以往。

午餐时间,利德布洛克和我一起吃饭。她使劲打开牛奶盒,结果把牛奶泼洒得桌上到处都是。她起身到女生厕所去拿卫生纸,之后却带着一脸惊慌的表情回来。

"那里有些不对劲。"她说,并开始擦起桌子。

"哪里?午餐室吗?"

她点点头:"有人尖声惊叫着。"

"是我们班上的孩子吗?"

"听起来好像是。"她继续擦着桌子。

片刻之后,吵闹声已经传到我们的门口。我放下手中的三明治,走过去一探究竟。我看到其中一名助理一手提着吉萝丹的衣领,另一手拿着吉萝丹的餐盒。

我拉开门让她们进来:"发生什么事?"

吉萝丹没有哭,只是尖声喊叫着:"我没做!我没做!"

助理将吉萝丹推到利德布洛克和我的前面,并把她按坐到椅子上。

"看看这个。"她说,打开餐盒,饼干、糖果棒、小蛋糕塞满了整个空间。

"这些东西哪里来的?"我问。

"她又偷贝瑞小姐孩子的东西了。她老偷一些小东西,而且已经被我们逮到好几次了,我已经厌烦了她这种行为。我告诉她,如果再让我逮到一次,她就得来见你。"

我看着那些东西。

"她恐吓其他的孩子,大部分是利用在穿堂和厕所的时候。她要他们把午餐盒里的这些东西留给她,否则她就揍他们。她简直就是个小太妹。"

"我没有!"吉萝丹尖叫着,抓起利德布洛克的牛奶盒用力地朝助理丢去,没有丢到助理,却泼了一地的牛奶。

我把吉萝丹推到安静椅前,用力按她坐下去:"你乖乖地坐在这里,直到安静下来为止,然后我们来讨论这件事。"送助理出去后,我回到位子上继续吃着未吃完的三明治,利德布洛克则抹着地上的牛奶。

怒火填膺的吉萝丹决定全力破坏我们的午餐心情,我索性把吃剩的三明治包起来,塞回我的餐盒。利德布洛克站在角落,尽量避免做出进一步激怒吉萝丹的行为。

"过来这里。"我对吉萝丹说。她站起来,走到桌子前面。"这到底是怎么一回事?"我问,"发生了什么事?"

"没什么。"

"不,不是'没什么',安德森太太在你的餐盒里发现了这些不属于你的东西。我要知道你为什么会有这些东西,你打算怎么处理它们。"

吉萝丹耸耸肩，我等着她回答。

"夏米拿走了我的两块饼干，上个星期。"

"你是说，你拿走了——多少，让我们来数数看——九，十，十二，十四，你从贝瑞小姐的孩子那里拿走了十四样东西，就因为上个星期夏米拿走你两块饼干？"

"他不公平，那是我的饼干，那是阿姨给我的。"

"难道你觉得夏米拿走你的饼干是这三个小朋友的错吗？"

"不是。"

"那么你的借口显然就无法说服我。"

"他们是智障，那些孩子。"

"那不正代表他们更需要我们特别的帮助，而不是趁机占他们的便宜吗？"

"可他们是笨蛋。"

"那是非常不对的，吉萝丹。事实上我们真正要检讨的是你的错误行为，你恐吓那些比你弱小的人，你利用不当的手段强取那些不属于你的东西，而且这已经不是第一次发生了，不是吗？"

"可他们是笨蛋。"

"那并不是让你去占人们便宜的理由。如果有人也对你做这种事情，你又会有什么感觉呢？如果一个年纪比你大的孩子，每天在半路把你拦下来，强取你最喜欢的午餐食物时，你又会有什么感觉呢？"

"他们又不是比较大的孩子。"

"没错，我知道他们不是，可是我要你运用一下你的想象力。想象如果有人每天抢走你的饼干和蛋糕，你会有什么感觉。你会喜欢那样吗？"

"呃，就像我已经说过的，小姐，夏米上个星期拿走了我的饼干。"

"那你有什么感觉呢？"

"我恨他，那是不公平的。"

"那么当你对那些孩子做同样的事情时，你想他们会有什么感觉呢？难道你不认为他们也会觉得不公平吗？"

"他们是智障。"

"吉萝丹，他们也是人啊，他们的感觉和你我没有什么两样。你觉得他们会有什么感受呢？"

她直直地盯着我的双眼："我不在乎，真的。"

我不悦地叹了口气，别开头去。我把额头及眼前的头发往后拨，然后转过头来看着她："难道你看不出来你的行为有问题吗？"

她耸耸肩。

"你这个动作是代表是或不是？"

她又耸耸肩，一副更无所谓的模样。

我又叹了口气："好吧，吉萝丹，事实是你的行为是不对的。如果你看不出来的话，那你就得把我的话听进去。我不会让你继续这个样子的，我不会让你去伤害其他人，这点你心里很清楚。"

"你都站在他们那边，你一直都是。你都站在别人那边，就是不站在我这边。"

眼见沟通无效，我说："我不得不采取更严厉的措施，吉萝丹。虽然我不知道我们对这件事情已经谈过几次，不过显然已经太多次了。一开始我心想，可能是因为你不了解这种行为是不对的，可是现在我已经不这样想了。你明白的,但你选择继续那种错误的行为。"

"好嘛,那我去坐安静椅好了。"她不高兴地说。

"不,我想这次不需要安静椅了。首先你和我先到楼下,把东西还给那些孩子们,然后,你得给他们一些你自己的东西。如果你从他们那里拿走了东西,那么唯一公平的方式就是,用你自己的东西回报他们。"

焦虑的神情在她的脸上扩散着。

"今天早上你带了一盒小贴纸来,我想你可以把它带到楼下,分给被你偷过的小朋友。"

她开始发狂:"那些是我的!是贝蒂阿姨买给我的,让我放在我的贴纸簿里的。那样不公平!"

"我觉得很公平。你拿了不属于你的东西,那些东西也都是别人想要保留的,补偿他们是一个公平的方法。"

吉萝丹开始哭了起来。

我从椅子上站起来,将一只手搭在她的肩上:"走吧,我们去拿贴纸。"

从回到午餐室、归还饼干,到分送贴纸,整个过程吉萝丹未曾片刻停止哭泣。她简直气炸了,而且不让我搂她的肩。当我们回到二楼途中,我在楼梯的阶坎停了下来:"我们要不要坐一会儿呢?"

"坐哪里?"

"这里。"我指了指楼梯。

"为什么?"

我耸耸肩:"只是坐一下子。"

她点点头,然后我们就那样肩并肩地坐在那里。突然间,我发觉我无话可说，因此我们只是沉默地坐在那里约五或十分钟。

  我轻轻地摸了摸她，同时心中不禁想着，我们的机会到底都到哪里去了？我们之间的关系虽然一直称不上完美，但比和其他孩子之间的关系也坏不到哪里去。只是，我们之间到底出了什么问题呢？从什么时候开始我们的师徒关系变成了对立的呢？我在什么时候失去她的？虽然我很不愿意承认，但我知道我已经失去她了。

31

不再是另一个孩子

> 你已不再是我班上的另一个孩子,你将是我的朋友。

利德布洛克进入令人惊讶的稳定阶段。从4月的复活节之后,我们便不再于周末时碰面,但在教室里,她却是个越来越成熟、可靠的助手。偶尔,她也会自己一个人到教师休息室去,虽然样子不甚友善,但她的沉默也被大家自然地接受。她和卡罗琳建立起愉快的关系,经常和我们一起去游泳,聊天时也显得轻松自在许多。虽然偶尔还是会口吃,但已不影响她说话的流畅度。更重要的是,她已经有三个月滴酒未沾了。

由于我们两人的关系越来越好,利德布洛克也越来越敢当面质疑我的情绪。"你现在不高兴。""你要依你的方法做。""我让你很失望/生气/懊恼。"等等,而且大多时候她都是对的。我知道她在测试我的情绪底线,但同时我也知道她无意伤害我,因此对她这些举动也就不以为意。

当不受到她情绪上的包围时，我花了很多时间思考这样的改变，发现其中值得争议的地方越来越多。终于我知道原因了：利德布洛克不愿再让我一直站在主控的位置。我背负她太久了，现在她想要自己下来走，而她这样的举动动摇了我们两人的角色。为了让我们两人能够平起平坐，她得先把我的气势压到与她等齐。

考虑所有因素后，我觉得这样的理论似乎很合理，这其实也是成长的必然过程。问题是，我却很难适应利德布洛克如此的行为。在多年教学经历中，有时不免也会在年纪较大的孩子身上遇见这种行为，但他们不致让我感到恐慌。但是当对象是利德布洛克时，那简直让人犹如生活在炼狱中。她经验丰富又聪明，再加上多年来受到汤姆的洗脑，我知道要她放弃私下较劲的心态是很困难的事。

最后我想到的解决方法是，给我们彼此更多的空间。

有天早上，我因过于匆忙，便草草地做了个花生酱三明治当午餐。到了午餐时刻，我沮丧地望着那个三明治。

"明天中午我们去安瑞卡餐厅吃午餐吧。"我说。

利德布洛克扬了扬眉毛。

"这个实在太难下咽了。看看这个，这根香蕉我连一半都吃不下去，我想要吃像样一点的东西。"

"来，你要不要来点这个呢？"她端起她的沙拉容器，"把你包三明治的保鲜膜递过来给我，我挖一些过去给你。"

"不用了，没关系的。我只是说我准备好换换口味了。"

利德布洛克皱了皱鼻子。

"我喜欢墨西哥食物,"我说,"我已经吃腻三明治了。我早上就是没有时间为自己准备丰富一点的午餐。"

"我在前一夜就准备好了。你要不要我顺便也帮你做一份?我不在意,一点都不麻烦的。"

"不,我宁愿去安瑞卡餐厅吃。"

第二天中午,利德布洛克也跟着去了。我早就猜到她会去的,虽然她的社交技巧还是很烂,但她喜欢有伴。更何况这一年来,她和大部分员工的相处越来越进入状态,我相信她会很乐意到"安瑞卡"用餐的。这天只有六名教职员工到餐厅用餐,于是我们便凑成一桌,大家一边吃,一边愉快地交谈着。

第二天中午,利德布洛克还是坐在我的隔壁,但我并没有注意她在做些什么。与我们同桌吃饭的大多是我们两人不认识的人,卡罗琳因为比较晚到,所以坐到别桌去了。但是法兰克和我们同桌,所以我们三人的话题一直围绕着山姆森太太打转。

直到第三天我们遇到了问题。玛莉安娜要去看牙医,而她的母亲太晚来接她,所以利德布洛克和我直到十二点三十分才去安瑞卡餐厅。我们因找不到位子,只得分开坐。利德布洛克加入卡罗琳及办公室的女职员那一桌,我则加入法兰克那一桌。当时我也没有多想,只希望女侍赶快让我点菜,因为我们的时间不多。

当我吃完午餐去上厕所时,卡罗琳到厕所来找我。"你最好去解救利德布洛克,"她说,"她又变得冷冰冰了。"

我低吼了一声。

回到餐厅后,我拿起我的饮料,走到卡罗琳那一桌,拉过一张椅子，在利德布洛克的身旁坐下来。她的食物动都没动。

有好一会儿，我一边和一位秘书聊天，一边喝着我的饮料，等着看利德布洛克会不会自己回过神来。直到该离开的时候，她还是沉溺在自我世界中，于是我想我最好把她带走。

"你要不要走路回去？今天天气很好，坐车回去太可惜了。"

她点点头，站了起来，抓起桌上的餐巾纸，准备离开。

走出阴暗的餐厅，外头的天气是那么的温暖晴朗。我停下来深深吸了口气，但利德布洛克却头也不回地往停车场走去。

默默走了几分钟后，"卡罗琳告诉我说你有问题。"我说。

利德布洛克咒骂着："她跟你说那些干吗？"

"因为我想她觉得你真的有问题。"

利德布洛克加快脚步，我也快步地跟上。

"如果真的有问题，利德布洛克，也没有什么大不了的，但是没有必要假装没有。"

"我已经说过了，没有任何问题。"

我们进入校园。

"我只是不想去那里，如此而已，"她说，"我宁愿在教室里吃午餐。"这时我们来到教室门口，她推开门走进去，我跟着进去。

"呃，我可不想在教室吃。"我说，"我们刚好可以趁那个时候暂时离开学校，好好放松一下。我觉得那样比较好。"

她耸耸肩："那你就去那里吃，我留在这里。"

"利德布洛克，别闹了。"

"你越来越像汤姆一样坏，我想我也很乐意离开你了。你待我有如一个小孩子，但我不需要你为我做每件事，我还有能力可以自己吃饭。"

其实我要她去餐厅的用意是，如果她几周内就要到西岸去的话，那么先学会在餐厅里和那些点头之交闲话家常，或许对她的未来会有帮助。但我并没有把这些话讲出来，因为担心自己会言不及义，而只是发泄自己的挫折感。我转身开始拿出孩子们下午的功课。

"看，现在你生我的气了吧。"利德布洛克说。

"我没有生气，可是我必须告诉你，我很受挫。你可知道你最近的表现像什么吗？我怎么做你都不满意。我做也错，不做也错。"

她注视着我，表情深不可测。

"你爱怎样就怎样吧，利德布洛克。如果你要自己一个人坐在这里吃午餐，那就请便。如果你要去那里，然后像条死鱼一样地坐在那里不动，我也无所谓。如果对你而言那不是个问题的话，那对我更不会是个问题。你爱干什么就干什么吧，只要别找我麻烦就行了。"

她注视着我好几秒钟，"看，"她静静地说，"你生气了。"

我点点头，"是的，我是生气。"

下课，在操场上，我正靠着墙看孩子们玩，利德布洛克朝我走过来。

"听着，中午的事情我很抱歉。"她说。

"没有关系。"

她也靠着墙，"午餐的时候我有点慌张，我也不知道为什么，当我坐在那里的时候那种感觉就不断地涌上来。"

"别想太多。"

"我觉得全身麻痹，"利德布洛克静静地说，"我觉得越来越糟糕，因为卡罗琳看出我的慌张。我可以感觉到她看着我，我真的很想对她尖叫。"

"或许你是应该那样做的，有时候她不应该那么爱多管闲事。"

"我想要自己想办法解决，我不要她告诉你。天啊，那是我最不希望的事情，你们两人在厕所里讲别人闲话。"

"我们不是在讲闲话，利德布洛克。"

"反正……你知道我的意思。"

我扫视了操场一眼，数了数人头，孩子们都还在。

"我还是要去安瑞卡餐厅，"我说，"我真的觉得我需要利用那段时间休息。我很欢迎你和我在一起，你很清楚的，不过我不会回到教室里去吃三明治。"

利德布洛克看着她的双手："你还在生气，对不对？"

"不，我没有生气，我只是觉得那段时间正好可以让我换换环境。"

她皱了皱眉头，没有再说什么。

隔天早上，我一如既往地在七点三十分抵达，给自己倒了杯咖啡，然后坐了下来，开始整理上课要用的东西。几分钟后，有人推开教室门走了进来。我很惊讶，因为除了我之外，没有人会这么早来。我坐着等，想看看是谁。是利德布洛克。

"你今天怎么这么早？"我说。

她绕过角落，脚上穿着袜子，手上拎着靴子，走到我的前面站着。

"我昨晚喝醉了。"她说。

那一刻我以为她会失声痛哭。

"我已经快三个月没有碰酒了，然后昨晚一切前功尽弃。"

"坐下，利德布洛克。"

她还是站着，"我到底是哪里不对劲，桃莉？为什么我就是戒不掉？"

"你没有不对劲，是戒酒这件事情太困难了。"

"我只是要喝一杯，如此而已。就一杯。但为什么喝完一杯后我停不下来呢？"

"利德布洛克，坐下。"

她拉过一张椅子到对面，颓然跌进椅中，然后放下手中的靴子，猛然用双拳抱着头。我默默地注视着她。

"你知道为什么会这样吗？"

"我只是想要喝一杯，如此而已。"

注视着坐在对面的她，我看到她流露着绝望的神态。

"是汤姆的关系吗？你和汤姆是不是吵架了？"

她摇摇头："汤姆根本不在家。"

"难道是他的孩子过来了？"

她又摇摇头。

"你只是觉得想要喝酒？"

"是的。"

我将双臂放在桌子上，倾靠着桌面："是因为我吗，利德布洛克？"

她迅速瞟了我一眼，然后别开眼神，再次摇着头："不是。"

"你和我这几个星期来处得有些不自在，不是吗？我有同感啊。我也感受到你给我很大的压力。"

"我？"她惊讶地问。

我点点头："我觉得我怎么做都不对。当我想帮忙的时候，你不要我帮；当我不想帮的时候，你又气我不帮；我对事情提出看法的时候，你总是反对；我作了决定的时候，你就告诉我那个决定是错的。我都不知道该怎么做才好。"

利德布洛克一脸不相信地看着我。

"我不相信你没有注意到这种情况一直在持续着，"我说，"我一直希望那只是阶段性的，很快就会过去，所以也就什么都没说。不过现在我觉得该是我们谈谈的时候了。我的感觉是，你的压力一样很大。"

"压力的背后是什么呢？难道你在害怕结束？"我又说。

"不完全。"

"难道是面对最后期限的压力？你是不是觉得我把你推出去太快了？"

她轻轻耸耸肩："我并不觉得你把我推出去了。我真正的感觉是，也许你根本不会在乎我离开。"

"哦？"

她转头望着我："我还是搞不懂你。"

"你是什么意思？"

"你从不抗议，从不说对于即将结束的一切感到很难过。我们在这里有泪水、有欢笑，但它对你而言只是一份工作而已。安排席梦娜，安排夏米到正规六年级，让利德布洛克在安瑞卡餐厅讲一些话。也许对这一切你早已司空见惯，对你不再重要。"

"难道你真的这样觉得吗？"

"你对所有事情的态度都如此客观，我看不出来有哪些事情何时对你很重要、何时不重要。你似乎对每件事情都很在乎，然而同时我看不到你的在乎，因为没有一件事情会让你的情绪起伏。"

"事实不是那个样子的。"

"在我看来就是那个样子。就像昨天，我就知道你的脑海里在想什么，就是让我去安瑞卡餐厅，让我开口讲话，让人们接受我这样的人，好让我从此可以过好日子，而你的记录中又多了一个成功的案例。你并不是真的关心我的不快乐，你这种态度让我很害怕，我要的只不过是一些支持罢了。"

"嘿，等一下，利德布洛克，你昨天还告诉我你不要我的帮忙，还气愤我的介入，现在你却因为我昨天没有帮助你而生气。你到底要我怎么做？我很难同时两者兼顾。"

她强忍着泪水好一会儿。"我再也不知道我要什么了。"她颤抖着声音说，"所有的事情似乎都在一种变动状态中。我的意见，我的感觉，我的思想，都不再一样了。有时候我只是想做自己想做的事情，不希望每个人都把注意力放在我身上。"

"我觉得你的感觉都是很正常的，利德布洛克。我想我们两人都感受到了你对我的介入不知该抱什么样的态度，这是种正常反应。那就是成长，那就是你的人生，不是我的，最终你还是得自己去掌控你的人生。"

"我们这番对话又让你脱身了，不是吗？你就像一个让人捕捉不到的影子。"

我轻轻地微笑着。

"我需要了解你，桃莉。难道你不明白这一点吗？我可以面对即将到来的结束，也许我不喜欢，但那是无法改变的事实，我会适应的。但是……"她停了停，看着桌面，"我无法接受的是这一切只是你的工作的感觉。我必须了解你真正的感觉，否则一切就太没道理了。过去几个月来，我好不容易熬过了炼狱般的日子，只因为我觉得终于有人在乎我了，我觉得我有值得你在乎的价值。可是如果这一切只是你的工作，那么这一切就是你的一场大胜利，不是吗？"

我沉默无语，别开头去看着他方，然后低下头。利德布洛克则是直直地盯着我。

"这是一份工作，利德布洛克，这是无法否认的。若非有人聘请，我就不会来这个地方，就不会认识你。这是我的工作，我的专业领域。我所接触的对象、辅导的过程，都是问题。我介入他们的生活，帮他们解决他们自己解决不了的问题。当时间到的时候我就得离开，因为那是合约规定的。我对问题不会有太多情绪反应，如果我的情绪随着问题起舞，那么我的工作就没有效率可言。可是我想，私心和工作上，我对人们的感情是不同的。对你、夏米、席梦娜和班上所有孩子，我真的在乎，利德布洛克。我爱你们，否则，我就真的像你所说的那样了。别让你的问题困扰了你自己，利德布洛克。千万别为了那些问题再回去喝酒了。"

她轻轻耸耸肩："我也不知道我为什么要那样做。"

"呃，我想大多数人都一样，总在破了戒后希望不会有下一次。其实，最好是永远都不要再去碰。你这几个月来的表现真的很棒，利德布洛克，把这次的喝酒当作一场意外，忘掉它，然后继续努力下去。"

"你知道我一直在想些什么吗？"她问。

"什么？"

"我在想，如果没这些问题的话，我的人生会是什么样子？我看着你一点一滴地结束与这些孩子的关系……我知道你也许一辈子再也无缘见到这些孩子,然而你却能若无其事地继续工作,甚至在大家有了这么亲密的互动后。我是说,我不希望目前这个样子继续维持下去,我厌了。有时候我会觉得我们两人同时存在我的身体内,现在我要再次当我自己。问题是,我一次次地发现,没有了这一切,没有你背负着我往前走,我不知道自己该往何处去。我甚至不知道,你是否会有一点点想念我?"

我微笑了起来,用手捂住我的眼睛。

"什么事情这么好笑?"

"我没有在笑你,利德布洛克。只是这一切实在太有趣了,两个相处这么长时间的人,竟然都还摸不清楚对方。是的,当然,我当然会想念你的。我怎么可能会不想念你呢?"

她也会意地微笑起来。

"重点是,这并不是结束,不是吗?"我说。

"你是什么意思?"

"我的意思是说,你过去这几个星期来的情绪困扰不就是为了这个问题吗?时间更迭,你成长了。你已不再是我班上的另一个孩子,你将是我的朋友。"

32

离别在即

> 我现在已经看到所有尖锐的棱角了。

我的生日在5月的第四个星期,正好落在不方便的一个星期的中间,但我决定,管他的,我们就是要办个宴会,否则就没有机会再为班上举办任何形式的宴会了。汽球、彩带、可笑的帽子和游戏都齐备。

我把星期二一整天都用来开宴会。由于早上时段班上只剩下四个孩子,所以我让他们布置教室,结果引来一早上的喧闹。莉丝莱和德基融入宴会的气氛中,却帮不上什么忙,所以玛莉安娜和吉萝丹只好打理一切。

我们把气球吹起来,剪开彩带,还做了中国灯笼。我们准备了各式各样的饼干,当然也没有漏掉冰淇淋,它正放在教师休息室的冰箱里。快到中午时分,四个孩子坐下来做帽子。

"这真的很好玩,"玛莉安娜说,"我们应该常常办宴会。"

"如果常办的话,就没有那么好玩了。我们没有那么多时间常办宴会的。"我说。

"为什么呢？"玛莉安娜问。

"因为那样我们就没有办法上课了啊，我们来学校是要学习知识的。"德基说。

"我们这样也在学习啊！我今天早上就学会如何做中国灯笼，"玛莉安娜说，"再说，我又不是说每天都要开宴会，只要比现在多一些就行了。"

"现在已经没有时间了，"我说，"学期就快结束了。"

突然，大家都沉默不语。

"我很幸运。"吉萝丹突然说。

玛莉安娜抬起头来："怎么说呢？"

"我会留在这个班级。我、德基和莉丝莱，明年我们都会留在这个班级，可是你不会。"

"呃，我要升上三年级了。"玛莉安娜回答，声音听起来有些受伤。

"那又怎么样？"

"所以我就要到真正的班级去了，给真正的老师教。"

"她是真的老师啊。"吉萝丹望着我说。

"不，她不是，"玛莉安娜说，"而且这个班级也不是真正的班级。"

吉萝丹抬头望着我，微笑着："我很幸运，我会留在这个班级。"

利德布洛克吃完午餐回来时，发现我在图书馆深处，整个人趴在地板上。

"你在干什么？"她问。

"藏花生，寻宝游戏要找的东西。"

"你真的很用心，你知道吗？"

我站起来，拍拍膝盖上的灰尘："他们都是好孩子，我要他们玩得很快乐。更何况，今天是我的生日呀。"

"好吧，现在过来看看你的生日蛋糕。"

利德布洛克把盒子放在桌上，"现在先不要看，好吗？转过身去。这个一定会让你吓一大跳，相信我。"

当她允许我回头时，我看到她正拿着一张纸。"请看！"她说，同时掀开盒盖。

"天啊，太棒了。"我说。它真的很棒，高高的蛋糕加上美丽的粉红糖衣镶边，上面大大地写着我的名字。

"我练习了好久，才终于把两个蛋糕并起来。"

"你真的越来越厉害了。"

然后宴会时间到了。每个人都戴上帽子，音乐开始播放，游戏一个接一个，大家玩得忘我。到最后，莉丝莱、夏米和席梦娜笑成了一团，整个教室满溢着笑声。

下课之后，我们回到教室，围着桌子坐下来吃蛋糕、冰淇淋、饼干，喝饮料。

"小姐，"夏米说，"我现在可以放我带来的录音带了吗？"

我点点头。

他站起来，走到他的柜子前，拿出录音带，小心翼翼地打开盒子，拿出录音带在他的袖子上擦了擦，然后放进录音机里，陌生的异国音乐歌声旋即传来。夏米说，每次他们办聚会的时候都会放这卷带子。

"没错,"吉萝丹插嘴说,"而且大家都会跟着音乐跳捷格舞。"

我们一边吃东西,一边听着异国情调的音乐。

"哦,跳舞的歌来了。"吉萝丹说,这时一首新音乐正好开始,"我会跳那种舞。你也会跳,对不对,席梦娜?"

夏米看着我:"小姐,如果我重放一次这首歌,你可不可以让她们两人跳舞?"

"当然可以。"

三个孩子雀跃万分。

"你应该穿裙子的,吉萝丹。"席梦娜说,拉了拉她姐姐的短裤。

"没有关系。夏米,你准备好了吗?我们两个已经准备好了。"

等吉萝丹和席梦娜准备好了之后,夏米点了点头,重新播放那首舞曲。

我们齐坐在桌前欣赏她们的舞姿。吉萝丹和席梦娜肩并肩,面对着我们,开始跳起舞来。她们两人的舞步整齐轻快,默契十足。席梦娜的头发在空中飞舞着。相对于妹妹比较狂野的舞步,吉萝丹显然拘谨许多。她的眼神落于我们身后某个不知名的地方,表情内敛,显然她比席梦娜还熟悉舞步。我注意到席梦娜偶尔会瞄一眼她姐姐的脚以确定自己的舞步,可是吉萝丹的舞步坚定不犹豫,双脚犹如在空中飞舞。我们全被她们的舞步深深吸引,出神地看着。

音乐结束,吉萝丹筋疲力尽,席梦娜则高兴地咯咯笑个不停,我们全都热烈地拍手。

"太棒了,"利德布洛克说,"真的太棒了。"

"你们经常那样跳舞吗?"玛莉安娜好奇地问。

"不一定,"席梦娜说,"可是有时候在家时会跳。当我们想跳的时候,或当夏米放录音带的时候,我们就跳。"

吉萝丹朝我们走来,站到我的椅子后面,双手环着我的脖子,抱着我,脸颊贴着我的脸颊。

"跳得很棒,吉萝丹。谢谢你为我们跳舞。"

她依然紧贴着我的脸颊。"你看,"她柔柔地说,"北爱尔兰还是有好的地方的,并不是所有东西都是不好的。我只是要你们知道我们也有好的东西。"

接着是6月了。上一星期几乎都浪费掉了,因为大家都无心做功课,只有莉丝莱和德基专心做功课,因为他们两人还不知道结束的时间近在咫尺了。夏米的新欢是篮球,我们听说他已经加入本地的暑期篮球队。吉萝丹和她的一位表姐参加了夏令营。席梦娜连续一周在下课后被接去参观她未来要就读的教会学校。玛莉安娜的祖母从加州来访,她一再地向我们保证祖母每天都带她去公园玩,而且还会买口香糖给她。她还和吉萝丹拟好详细计划,要利用暑期的时候探望彼此。德基热切期待着和他的寄养家人去迪士尼乐园玩。只有莉丝莱对即将来临的假期没有特别兴奋的感觉,不过她的暑期也有了计划。她要到附近一所学校注册,加入他们的特殊暑期课程,以期能够继续保持进步。

星期二,距离学期结束只剩三天。利德布洛克坐在地上,我坐在桌前,各自忙着整理打包所有的东西。

"你的计划进行得怎么样了?"我问。

"还好。"

"接到你指导教授的任何消息了吗?"

"还没有,接到我的信之后他可能也还要鼓起勇气吧。不过我倒是接到了小组中另一名同事的消息。"

"他怎么说?"

"和我预期的一样。他觉得,如果我加把劲的话,可能会有机会回去,只是他不敢保证我是否能够直接回到原来那个研究小组,至少一开始的时候不可能。恐怕一切还得仰赖约翰为我写的推荐函,所以约翰才是最关键的人。"

"汤姆对这一切有何看法呢?"我问。

她耸耸肩:"我不知道。他不高兴,至于他心里有什么看法,我真的不知道。"

"他会想要阻止你吗?"

"呃,他没办法阻止吧,不是吗?"

我低头看着她。她抬头望着我,又耸耸肩:"也许那也是问题的一部分,但他永远都阻止不了。"

我们默默地做了一会儿事情。"那么莉丝莱呢?"我问。

"我不知道,"她说,"我想要把她带在身边,但我又不断地觉得也许她应该留在汤姆身边。"

"汤姆曾经跟我说,莉丝莱并不是他亲生的。"

利德布洛克惊讶地看着我:"真的吗?他什么时候告诉你的?"

"很久以前,我想应该是1月的时候吧。"

利德布洛克沉默了一会儿:"你知道吗,桃莉?我一直很惊讶你总是有办法让人把心事说给你听。"

我把打包好的纸箱放到地上。

"我从没想到汤姆会把这件事情告诉别人，就连他的母亲都不知道。"

"那件事情是真的吗？"

"没错，"利德布洛克回答，"莉丝莱是约翰的孩子。"

"你确定吗？"

"我想糖尿病的问题是最好的证据。汤姆和我的家族都没有这方面的问题，但约翰的家族有糖尿病的遗传。"

我转头望着她："可是她还是很有可能是汤姆的孩子，不是吗？"

利德布洛克摇摇头："我可不这么想。老实告诉你吧，大多时候汤姆都是不举的，他性无能。"

"哦。"我回头继续打包东西，"这会让莉丝莱的未来有什么不同吗？我是指汤姆不是她的生身父亲的事实。"

利德布洛克摇摇头，"不会，他是她真正的父亲。也许在基因上他不是，但他的心是。"她对着她腿上的某个东西皱了皱眉头，"我要她和我在一起。她是我的女儿，我爱她。不论我走到哪里，我都要带她走，只是我一直怀疑这样的做法是否正确。难道是因为我知道带走她就可以毁掉汤姆吗？难道我真认为我会变成一个好母亲吗？我知道，比起以前，我现在是个比较好的母亲，我更清楚地知道该怎么做。我可以把她控制得更好，所以也许我是个比较好的选择。但换个角度看，汤姆爱她，她也爱汤姆。还有康苏拉，她就像是莉丝莱的家人，对莉丝莱的生活了如指掌。我不得不承认，她给莉丝莱的稳定度可能远比汤姆和我加起来还要多。"利德布洛克望着我，"换成是你，你会怎么决定呢？"

"我不知道。"

她缓慢地摇头,"就某些层面而言,我的生活似乎越来越好。我是说真的,它的确如此。可是就另外的层面而言,我的生活其实越来越糟糕。嗯,其实不能说是糟糕,而是艰难,越来越难。我现在已经看到所有尖锐的棱角了。"

33

最后的野餐

> 我在远处看着他们和利德布洛克,过去的种种,一幕幕近距离地闪过眼前。

然后,结束了。同往常一样,我总在学年的最后一天办一次野餐活动。利德布洛克和我准备了许多食物和点心,伦何太太也送来一些饼干,德基的养父母送来一些造型非常可爱的糖果。这天的天气不似前一周那般晴朗,厚厚的云层笼罩着,不过还算温暖。

孩子们似乎都感受到学期结束的自由气氛,将他们带到户外正好可以适时地让他们发泄精力。他们在山坡上又跑又叫,嬉笑声不绝于耳,但我部分的心思仍是保持旁观。我在远处看着他们和利德布洛克,过去的种种,一幕幕近距离地闪过眼前。

这一天,利德布洛克似乎显得特别放松,快乐得像个自由的小精灵,顿时化身成小孩子中的一员。一阵子玩闹后,利德布洛克回到桌前帮我收拾东西。她将纸盘纸杯放到一个硬纸箱里,然后她停了下来。

"有一件事情我一直想要做。"她微笑地对我说。

我还来不及问,孩子们全都围了过来,兴奋地推挤着。

"嘿,各位,冷静一点。"我说。

他们全笑成了一堆。

我回头看着利德布洛克:"你刚刚说什么?"

"我说,在我离开之前做一件事。"她走过来友善地要拥抱我。在她碰到我的肩膀之前,玛莉安娜突然从利德布洛克的下面冒出来,撞得我们三个人都跌倒在草地上。

"玩叠罗汉啰!"看到我们倒在地上,吉萝丹尖叫着呼喊大家。

"我压到你了!我压到你了,老师!"德基尖叫着说。

"我也是!我也是!"

我被压在最下面,慢慢地,他们一个接一个爬上来,最后只剩下席梦娜还不舍地坐在我的腿上。然后她移坐到我的肚子上,双手捧着我的脸颊,弯下腰来和我碰鼻子。

"我爱你,小姐。"她轻松自在地微笑着说,"海顿小姐。桃莉·海顿,那就是你的名字。"

我点点头:"我也爱你,席梦娜。"

她一脸笑容:"是的,我知道。"

利德布洛克此时已离开我们身边,我看到她正和餐桌旁的一个男人交谈。他是个游客,穿着短裤,戴着太阳眼镜,一顶钓鱼帽。我站起来,拍拍身上的灰尘,她看到我起来,转过头来看着我。

"你们全都留在那里,"她喊着,"我要请这位先生帮我们拍照,我们全班的合照。"她拿起她的相机。

"你们听到了没有？"我对着孩子们说，"别走开哦。"

德基趁机塞了一大把饼干到嘴里。

"嘿！"夏米不高兴地喊着，"那些饼干又不都是你的。"他抢过德基手中的饼干盒。

"我也要，我也要吃一个。"玛莉安娜说，并从盒中抓起一块饼干。

"拜托，你们各位，别吵了好不好，"我说，"利德布洛克要拍照了。"

"我要坐在你旁边，老师。"德基说。

"我要坐在老师旁边。"玛莉安娜说，并把德基推到一旁。

"嘿，各位，大家赶快坐好，"我说，"位子够大家坐的。"

"不，不够，我要坐在这里，可是他挡到我了。"

"你坐到桌上去。你也是，吉萝丹。我们没办法全部坐成一排。"

"那利德布洛克要坐哪里呢？"夏米问，又抓起一块饼干塞到嘴里。

"利德布洛克和我坐在长椅上。你坐那里，夏米。夏米，拜托把饼干盒放下。德基，你坐那里。莉丝莱坐这里，席梦娜坐前面。吉萝丹和玛莉安娜你们两个站上去，排在我和利德布洛克的后面。"

"我要去上厕所，小姐。"

"忍一忍，好吗？一下子就好了。"

"拿去，小姐，把这个戴上。"夏米从纸箱中拿出一顶帽子。

"哦，我觉得还是不要戴比较好。"我回答，"利德布洛克希望我们拍一张美美的相片。"

"不，小姐，拜托戴上嘛。"

"是啊，小姐，戴嘛。"吉萝丹说。

玛莉安娜从夏米手上抓过帽子便往我头上戴："你戴起来很好看耶，

老师。你变成一个很娇媚的女士。"

那个人有点不知道如何操作相机,孩子们静静地等着他按下快门。利德布洛克教会他后,快步跑回到我的旁边。

"莉丝莱,站起来。"我说。她不站,我低下身将她拉起来,并将她抱起来放到我的膝盖上。

"你们好了没?"那个男人问。

"等一下。过来,坐进来一点,德基。"利德布洛克说。

男人对着焦距:"大家靠拢一点,我看不到每一个人。"

我们挤了挤,利德布洛克张开双臂环住我和夏米。

"你们好了吗?"

"我的头发整齐吗,老师?"

"很好,玛莉安娜。头低一点,这样那位先生才能从镜头里看到你。"

"现在,你们好了吗?"他问。

"笑一个。各位,笑一个。"

咔嚓。

后　记

自从那个多风的午后野餐后,时间已匆匆过了五年。利德布洛克和我一直保持密切的联系,每次回美国时,她都会拨出很多时间到我父母的农场上陪我和我家人。

那个学年结束后,利德布洛克真的回到西部做她真正想做的工作。大约八个月后,她和汤姆离婚,接着又结了婚。她目前这位丈夫为人谦和、低调又有幽默感,是位物理学家,他所从事的工作和利德布洛克的研究有紧密的关联性。两年前,利德布洛克生了一个健康的女孩。六个星期后,我也生了个健康的女孩。

利德布洛克偶尔还是会受困于过去的阴影,导致她的新婚姻关系和新母女关系都受到严重的挑战,不过绝大多数时候她都处理得非常好。在最近的一次聚会中我们相谈甚欢,对各自的成就都感到满意。她目前最得意的两件事是,有办法为家人煮三餐,不是罐头食物哦;还有,自从几年前的那个晚上后,她真的没有再碰过一滴酒。离婚后第一年,利德布洛克和汤姆共同拥有莉丝莱的监护权。那一年之后,莉丝莱便由汤姆全心照顾,偶尔才去探望利德布洛克。莉丝莱在她有限的能力下进步得很好，长大后不会有无法自立的问题。

德基还是没有什么改变，依然和他的养父母住在一起，目前加入青少年及成年重度障碍特殊研习营，而且可能还要在那里待上好几年。他们会训练他学习技艺，提升他自立的能力。

那年秋季，玛莉安娜进入三年级，而且读得很顺利。三年级结束后，他们举家他迁，从此便失去联络。

夏米长高了，也变得很英俊，再加上他那迷人的风度，简直成了少女迷恋的对象。虽然他对念书没有什么兴趣，但却在运动领域中找到自己的一片天，还以全额运动奖学金的方式就读大学。此外，他热心公益，自从青少年时期便加入小区的义工队。虽然他选择留在美国和阿姨、姨夫住一起，但每年都会回贝尔法斯特探望他的家人。他觉得现在他的国家已和平很多，并打算大学毕业后回国。

席梦娜，现在已是个亭亭玉立的少女，几乎完全美国化，对于她的生身父母、弟弟和位于贝尔法斯特的那个家的记忆，逐渐淡漠。

吉萝丹继续留在原来的班级一年，但并没有显著的进步。事实上，她变得越来越自我摧毁，最后被判定要接受强制治疗。她的家人决定，或许让她回到北爱尔兰能够改善这种情况。在她十岁生日之前，她回到家乡。但即便如此，她的情绪依然无法平静下来。一年后，她又来到美国和伦何夫妇同住，可惜问题依然无法改善。然后，她又回到贝尔法斯特，寄宿在某位亲戚家中，此时她已进入青春期，而且完全无法控制。最后她被送到精神中心，目前住在一个国家单位的儿童之家。自从那年我离开学校回到英国后，我们便再没见过面。

我回到英国后，不久便结了婚。现在我和我丈夫及女儿住在一栋小房子里，我将时间分割开来，部分用来写作，部分用来恪尽妻子与母亲的责任。

当我度完蜜月回来时，信箱中已躺了一封利德布洛克寄来的厚厚的信，里面是那个野餐的下午我们的合照，每张脸都那么开心和善地紧靠在一起，利德布洛克看起来很平常，孩子们看起来也都和其他平常孩子没有两样。

这一直就是我想要珍藏的样子。

桃莉老师疗愈成长之旅·系列
（精选八本精彩呈现）

桃莉·海顿——美国教育界盛誉为"爱的奇迹天使"

她凭借爱、好奇和永不放弃，以心的能量打开封闭受伤的童心

每段改变和成长源自真实案例

30多种文字，1200万册风行全球，撼动世界亿万父母老师的心灵！

*妙妈悦读会　木朵爸爸　儿童技能教养法中国推广第一人李红燕
父亲参与促进中心总干事温志刚　知心妈妈彭霞*　**联合推荐**

荣获台湾"好书大家读奖"和中小学生推荐读物　美国图书协会强力推荐

《围墙上的薇纳斯》

一本让你眼角有泪嘴角上扬的书，消除亲子压力，舒缓家庭情绪。

桃莉老师的新班开课了，一个个在传统班级不能适应的孩子来到这里……

孩子们形形色色的各类问题及老师间不同教育理念的冲撞，让桃莉老师焦头烂额。从一开始的互骂斗殴，到学会互相理解甚至保护同伴；从憎恶这个特殊班级，到哭着写下爱的留言"不想离开"。

《午后阳光里的孩子》

一个不会讲话的空洞男孩——布，
一个分不出O和L的活泼女孩——萝莉，
一个被逐出校园的暴力男孩——汤玛索，
一个怀孕的十二岁乖巧少女——克劳蒂亚，
在午后的阳光里，
拖着疲惫的心灵陆续来到桃莉老师的教室……

《猫头鹰男孩》

一个有阅读障碍的口吃男孩，一个资质聪颖的天才女孩，当他们遇上一只破壳而出的猫头鹰……

《玛拉的向日葵森林》

知道这个世界上有人在乎你是最重要的，心的能量能改变一切！

《微光中的孩子》

只有桃莉老师听到了三个没有被听到的声音……

《总想逃跑的席拉》

她是智商超过180的女孩
喜欢读《小王子》
热爱莎士比亚
但她也是没有安全感的女孩
桃莉的怀抱是她永远的归宿

《月球上有三棵树》

抱着猫玩具的自闭症男孩康纳
与他富有天才想象力的母亲萝拉
两条线索交叉铺叙，游离于真实与虚幻之间
惊人的秘密一点一点浮出水面……